코칭심리학
개론

니시가키 에츠요 · 호리 타다시 · 하라구치 요시노리 지음
박호환 · 이은희(시노 카에데) 공역 | 최해연 감수

박영사

역자서문

코칭을 처음 공부하는 이들은 대부분 코칭 기법을 중심으로 배우기 때문에 코칭의 이론적 근거를 배우고 싶다는 욕구가 강하게 일어납니다. 역자도 똑같은 경험을 가졌고, 그것이 본 역서를 출간하게 된 계기가 되었습니다. 국내에는 이미 많은 코칭 이론서가 번역되어 있긴 합니다만, 심리학을 전공하지 않은 역자가 읽고 이해하기에는 어려운 이론이 많았고, 번역의 오류 또한 많아서 초보자가 읽어내기엔 매우 힘들었습니다. 일반대학원에서 코칭이론 강의를 하면서 주요 원서들을 가지고 대학원생들과 다시 번역하는 작업도 해보았지만 결코 쉬운 일이 아니었고, 출판까지 하기에는 엄두가 나지 않았습니다.

그러던 차에 일본 도쿄코칭협회(TCA)의 시노 카에데(이은희) 회장님께서 저희 경영대학원에 코칭 전공 겸임교수로 부임하시면서 원저를 소개해주셨습니다. 원저의 저자들도 저와 똑같은 고민을 하였고, 일본의 초보 코치들에게 쉬운 개론서를 제공하기 위해 집필하게 되었음을 알았습니다. 내용을 봤을 때 코칭심리학의 본격적인 이론서는 아니고, 이론과 실무, 응용을 망라하고, 게다가 미국, 영국, 호주의 코칭 교육 현황과 학술적 활동도 부록에 담고 있어서 개론서로는 아주 적합하다는 판단이 들었습니다. 게다가 한일 양국 언어에 능통하신 시노 회장님께서 번역 작업을 도와주셨기 때문에 애매모호한 일본어 문맥들도 쉽게 번역을 해낼 수 있었습니다. 또한 심리학의 이론과 용어에 익숙하지 못한 역자에게 최해연 교수님의 감수 작업도 큰 도움이 되었습니다.

일본은 코칭을 우리나라보다 10년 정도 더 일찍 도입하였습니다. 이제는 대기업뿐만 아니라 중견기업에서도 비즈니스 코칭을 하고 있고, 사회 전반적으로 다방면에서 코칭이 일상화되고 있어서 우리나라에 많은 시사점을 주고 있는 것 같습니다. 비록 원저에 실린 사례들이 5, 6년 전의 것이긴 하나 선두 주자를 뒤따라가고 있는 우리로서는 그런 것들도 참고가 될 것 같아서 본서에 모두 실었습니다. 부디 본서가 초보 코치들에게 코칭의 이론적 기반과 코칭의 적용 영역에 대해 이해를 할 수 있는 기회가 될 수 있기를 기대합니다. 끝으로, 촉박한 출간 일자를 맞추기 위해 애써주신 박영사 편집부원 여러분의 노고에 심심한 감사를 표합니다.

2021년 4월
박호환, 이은희(시노 카에데)

저자서문

다른 사람을 도와주는 수단이긴 하지만, 스포츠 선수들이 받는 '코칭'과는 다르다고 하는 코칭에 대해 처음 들은 것은 약 10년 전의 일입니다. 코칭은 많은 상담기법을 사용하지만 상담과는 다르다고 하고, 심리학자들은 별로 관여하지 않으며, 비즈니스나 의료계에서 '스킬'의 하나로 사용하고 있다고 하여, 괴상한 기법이라고 생각하며 멀찍이 떨어져서 바라보는 것으로 나와 코칭의 관계는 시작되었습니다.

그 후, 일본임상코칭연구회의 의료계 관계자분들과 하라구치 요시노리(原口佳典)씨를 비롯한 국제코치연맹(ICF) 일본지부의 프로코치 분들과 많은 만남을 가지면서, 저 자신도 코칭 트레이닝을 받게 되었고, 결국 코칭을 조금씩 이해하고 체득해 갔습니다.

그런 도중에, 「코칭심리학 핸드북」을 감역한 호리 타다시(堀正) 선생님을 뵙게 되었습니다. 그분을 연구세미나에 초대하여 공부를 할 수 있었고, 2013년부터 과학연구비를 지원받아 본격적으로 코칭심리학 연구를 시작하게 되었습니다. 호리 선생님의 코칭계 인맥을 통해 많은 프로코치와 非프로코치의 도움을 얻을 수 있어서 연구는 대단한 성과를 거두었습니다. 게다가 코칭심리학계의 일인자인 파머(Palmer) 박사님을 런던에 가서 뵙고, 그 분이 개설하신 Centre for Coaching, UK의 코치 트레이닝을 받게 된 것도 매우 귀중한 경험이었습니다.

오늘날 코칭은 심리학과 다시 손을 잡고 보다 확실한 이론 위에 서서 명확한 증거에 기초한 학문적 기반을 갖고 접근하고 있습니다. 또, 일부 전문가들의 전유물이 아니고, 교사나 의료인, 기업 관리자 등이 자신의 영역에서 활용할 수 있는 것도 큰 특징입니다.

본서는 일본인 집필자가 쓴 코칭심리학의 학술서로서는 일본 최초의 것이라고 자부하고 있습니다. 본서의 집필진에는 코칭 연구자와 전문코치들이 포함되어 있는데, 각자가 중시하는 방법론이나 근거로 삼는 이론에는 차이가 있지만, 모두 과학자이면서 동시에 실천가입니다. 또, 코칭은 계속 발전해 가는 영역이기 때문에, 미래를 담당할 신진 연구자와 실천가도 집필에 참가해주셨습니다. 서양에서 출판되고 있는 코칭심리학의 전문서와 비교하면 아직 부족한 점도 있습니다만, 일본에서 코치와 심리학자 간의 협력 관계가 이뤄낸 기념비적인 성과로서 본서를 출판하게 된 것을 매우 기쁘게 생각합니다.

본서의 집필과 편집 과정을 통해, 출판사 편집자와의 신뢰관계가 얼마나 중요한지를 통감하는 사건이 몇 번 있었습니다. 그런 것을 극복하고 당초 예정된 기일에 본서의 발행이 가능했던 것은 집필자와 편집자를 비롯하여 여러 분들의 협력 덕분입니다. 한 사람씩 이름을 올릴 수는 없지만 진심으로 감사드립니다. 많은 고생을 하였고, 목표를 향해 건설적인 의견을 나누다가 논쟁도 하였지만, 기대와 격려에 힘입어 작업을 진행할 수 있었던 것은 매우 의미 깊고 행복한 날들이었다고 생각합니다.

본서의 출판 전부터 많은 기대를 걸고 있었던 코치님들과 코칭심리학에 관련된 분들을 포함하여 독자 여러분께서는 기탄없는 의견이나 코멘트를 주시길 기대합니다. 본서로 인해 더 많은 만남의 장이 형성되어, 함께 코칭심리학을 발전시켜 나가길 바랍니다.

2015년 8월 좋은 날
편저자들을 대표하여
니시가키 에츠요(西垣悦代)

목 차

제1부   총론

제2부 배경 이론

제3부 각론: 실천편

제 1 부

총론

제 1 장

코칭과 코칭심리학이란 무엇인가

니시가키 에츠요(西垣悦代)

I. 코칭과 코칭심리학의 정의

1.1. 코칭의 정의

종래, 일본어로 코치라고 하면 스포츠 지도자의 이미지가 강하였고, 코칭은 스포츠 코칭과 동일한 것으로 알았지만, 최근에는 비즈니스나 커리어 개발, 의료 등과 같은 다양한 분야에서, 개인의 성장이나 목표 달성을 도와주는 활동으로 인식되고 있다. 그러나 코칭이라는 단어에 대해 사람들이 갖고 있는 이미지는 모두 일치하는 것은 아니고, 여러 가지 혼란과 오해를 담고 있는 것으로 보인다. 그래서 본 절에서는 우선 코칭과 코칭심리학의 정의에 대해 정리함으로써, 본서에 소개되고 있는 다양한 이론이나 모델, 실행에 대한 이해에 도움을 주고자 한다.

일본어 사전 「고지엔(広辞苑)」(6판)에 의하면, '코칭'이란, "① 코치하는 것, 지도·조언하는 것, ② 본인이 스스로 생각하고 행동하는 능력을 코치가 대화를 통해서 끌어내는 지도법"이라고 명시되어 있다. 또 '코치'에 대해서는 "경기하는 기술 등을 지도하고 훈련하는 것. 그리고 그것을 하는 사람"(新村^{신무라}, 2008, p.973)이라고 되어 있다.

즉, 일본어에서 코칭이라는 단어는 경기의 기술지도를 하는 것과 대화를 통해 생각하는 능력을 끌어내는 지도법이라는 두 가지 의미로 사용되고 있음을 알 수 있다.[1]

---

1) 1998년에 나온 「고지엔」 제5판에는 '코칭'이란 단어가 수록되지 않았고, '코치'만이 수록되어

한편, 코칭의 원어인 영어의 coaching에는, ① 스포츠에 필요한 스킬을 개인 또는 팀에 가르치는 과정, ② 중요한 시험이나 특정 상황에 있어서 어떻게 대처할지 준비하는 것을 지원하는 과정(Summers, 2009)이라는 두 가지 의미가 있다. 이처럼 영어의 coaching에는, 일본 사전에서 보이는 대화를 통해 이끌어 내는 특별한 지도법이라는 의미는 없고, 일반적으로 사용되는 coach의 동명사이다. 또 명사로서 coach에는 여객마차2)를 비롯해 장거리 버스나 객차 등 탈 것이라는 의미와, 스포츠 경기 전반의 지도자 및 "특정 상황에 대처하는 준비를 돕는 사람"이라고 하는 의미가 있다. 그러나 여기에도 특정한 기법을 이용하여 그것을 실천하는 사람이라는 의미는 보이지 않고, 일반적인 용어로서 상대방을 이끌며 지원하는 사람이라는 의미뿐이다. 따라서, 영어의 문장이나 회화 속에서 coaching이라는 말이 나왔을 때는, 일반어로서 사용되고 있는지, 본서에서 다루는 기법과 프로세스를 가리키는 것인지 주의해서 볼 필요가 있다.

이제, '사람의 행동을 지원'한다는 의미의 코칭을 실제로 수행하고 있는 사람들, 즉 현업코치(practitioner)들이 코칭을 어떻게 정의하고 있는지 보자.

> "코칭이란, 다른 사람의 퍼포먼스와 발달을 촉진하는 기법(art of facilitation)이다."
> Downey, M.(1999)
> "코칭이란, 개인의 잠재능력을 개발하여 그 사람의 능력을 최대한 높이는 것이다."
> Whitmore, J.(1992)

있다. 그렇다면 '코칭'은 1998년 이후 대략 10년 사이에 일본에 보급되어 왔다고 볼 수 있다. 또 사전을 통해 볼 때, 적어도 2008년까지는 일본어로 '코치'는 경기 지도자의 의미밖에 없었으며, 대화를 통해 능력을 이끌어내는 코칭의 실천자라는 의미는 없었거나 보급되지 않았다고 할 수 있을 것이다(西垣니시가키, 2014a).

2) 영어의 coach는 헝가리의 지명 kocs의 형용사형 kocsi를 어원으로 한다. 원래 Kocsiszeker (Kocs cart)로 불린 마차를 의미한다. 이 말은 16세기 중반부터 거의 전 유럽에서 사용되고 있으며, 현재는 여객마차, 열차 객차, 장거리 버스, 여객기 이코노미 클래스, 배 선미실 등 여러 운송수단을 의미하는 말로 사용되고 있다. 지도자를 뜻하는 coach는 시험에 합격하기 위해 특정 과목을 지도하는 개인 교수(private tutor)를 지칭하는 말로 1848년 영국에서 처음 사용됐다. 옥스퍼드대 학생들의 은어였다. 과외교사의 힘을 빌어 시험에 합격하는 학생들을 편안한 놀이기구를 타고 다니는 학생이라고 야유하는 말이었다고 생각된다. 그 후 1885년에는 보트경기 지도자를 뜻하는 말로도 쓰이게 되었다(西垣니시가키, 2013).

"코칭은 개인지도와 지시·설명(instruction)의 형태로 다른 사람의 퍼포먼스와 발달을 향상시키는 기술-지시·설명식 어프로치이다." Parsloe, E.(2005)

"코칭의 핵심은 발견, 깨달음, 선택을 하는데 있다. 그것은 사람들이 스스로 답을 찾아내게 한다는 것이다. 삶에 풍요와 변화를 가져오는 선택을 반복함으로써 스스로의 길을 걸어갈 수 있게끔 효과적으로 지원해주는 방법이다."

Kimsey-House, H., Kimsey-House, K. & Sandahl, P.(2011; CTI-Japan, 2012)

"코칭이란, 사고를 계속 자극하는 창조적인 프로세스를 통해 클라이언트가 공적인 일과 사적인 일에 있어서 자신의 가능성을 최대화시킬 수 있도록, 코치와 클라이언트의 파트너 관계를 구축하는 것이다." (ICF 일본 지부 홈페이지)

이러한 정의에서 공통되는 것은, 코칭이란 개인의 성장이나 발달을 촉진한다는 점이다. 코칭의 정의와 실천을 검토한 그랜트(Grant, 2005)는 그 공통점으로 ① 코치와 클라이언트 간의 지원적, 협동적, 평등한 관계, ② 문제의 분석보다 해결법의 발견을 우선하는 것, ③ 협동적인 목표 설정 등을 들고 있다. 반면 윌슨과 맥마혼(Wilson & McMahon, 2006)은 ① 긍정적이고 ② 단정적이지 않으며 ③ 해결 지향적이고 ④ 도전적이라는 4가지 특징을 들고 있다.

거꾸로 말하면, 이런 공통점 이외에는 다양한 모습을 띤다고 할 수 있겠다. 코칭이 구체적으로 어떤 방법을 취하는가 하는 점에서는 상기의 정의에 있듯이 촉진(facilitation), 설명과 지시(instruction), 지원(support) 등 다양한 표현으로 나와 있어서, 한마디로 정해진 형태는 없다. 위트모어(Whitmore, J.)처럼 클라이언트의 자기발견을 강조하는 입장도 있고, 골드스미스(Goldsmith, M.)처럼 코치의 조언을 중시하는 입장도 있다. 게다가 딜츠(Dilts, R.)와 같이 코치의 역할에 가르침(teaching), 멘토링, 안내(guiding)를 넣는 경우도 있다(Dilts, 2003).

다음으로 일본에서는 코칭이 어떻게 설명되고 있는지를 보자. 일본 코칭계의 선구자인 혼마(本間, 2006, p.41)는 "코칭이란 인간의 무한한 가능성과 학습력을 전제로, 상대와의 신뢰관계를 바탕으로 하고, 개개인의 다양한 특성과 성장을 인정하며, 적재적소의 일을 맡기고, 현실적·구체적이고 달성 가능한 목표를 설정하고 그 달성을 위해 문제 해결을 촉진하는 동시에, 서로 배우고 지원하는 관계를 지속적으로 발전시키기 위한 커뮤니케이션 스킬이다"라고 하고 있다. 또한 코치 자격을 가진 의사(医師), 이데에(出江)는 편저서에서 "코칭이란 '코치'가 사용하는 커뮤니케이션 기술을 통해 상대의 자발적인 행동을 촉진시킴으로써 목표를 명확히 하고, 현 상황과의 갭을 분석함으로써 자신의 행동계획을 스스로 짜고, 실행하는 것을 목적으로 한 것이다"(出江이데에, 2009, pp.3-4)라고 기술하고 있다. 일본의 코치들이 말하는 코칭의 설명과 정의에서는 목표설정이 더 강조되고 있고, 코칭의 발상지인 미국 등과는 달리 코칭을 커뮤니케이션 스킬이라고 보고 있는 점 등이 부각된다.

　　나아가 "코칭이란 '보다 좋은 커뮤니케이션을 할 수 있도록 한다'라는 목적에 맞는 '유용한 기술'을 모아 만든 커뮤니케이션 스킬 향상의 체계이다"라고 설명하는 책도 있다(原口하라구치, 2008, p.24). 코칭은 분명 커뮤니케이션을 통해서 행해지지만, 커뮤니케이션 기법이라고 설명하는 것은 아마 일본만의 특징일 것이다(西垣니시가키, 2014a). 원래 미국에서 개인의 성장기법으로 알려진 코칭이 일본에서는 직원 교육의 일환으로 확산됐기 때문에, 사내 커뮤니케이션을 개선하고 경영효율을 향상시켜 실적목표를 달성하는 기술인 것처럼 흔히 이해되었기 때문일지 모른다. 또한 코치에게도 코칭을 위한 커뮤니케이션 기법이라고 하는 것이 받아 들이기 쉬웠던 사정이 있는지도 모른다.

　　이런 일본의 독자적인 특징은 국제코치연맹(ICF)이 2012년 코치를 대상으로 한 세계 규모의 조사에도 잘 나타나 있다. "당신에게 코칭이란?"이라고 하는 물음에 대해서, 일본 코치의 67.2%는 "스킬(기법)의 세트"라고 답하였고, 전문직이라고 생각하는 코치는 고작 23.0%에 불과했다. 한편, 전 세계적으로는 68.9%의 코치가 profession(전문직)이라고 답하고, 스킬 세트라고 생각하는 것은 26.2%뿐이었다(ICF, 2012). 코칭에는 다양성이 있고 언어나 문화의 차이에 따른 특색도 허용되지만, 커뮤니케이션을 위한 스킬의 집합체라고 이해하는 것은 외국과 비교해봤을 때 일본 코칭의 특이성의 하나라고 말할 수 있을 것이다. 니시가키(西垣, 2013)는 코칭을 커뮤니케이션 스킬로 파악하는 것에 대해서, 간편한 이해이긴 하지만, 코치와 클라이언트의 관계성, 개인의 성장 목표와 행동, 코칭 프로세스 전체에 대한 관점 등 코칭의 중요한 부분이 코칭을 처음 배우고자 하는 사람에게 충분히 전해지지 않을 우려가 있다고 지적하였다. 이런 우려는 충분한 훈련을 받은 코치에게는 해당되지 않을지 모른다. 그러나 단기 강습 수료자가 직장에서 코칭을 이용하는 경우에는 거저 사람의 마음을 휘어잡고 관리를 해가기 위한 단순한 스킬로 오해하고, 그 결과 ICF 등 코치단체가 내세우는 코칭 본래의 취지에서 벗어나는 방법으로 사용하는 일이 생길 수 있다는 점도 유의할 필요가 있다.

1.2. 코칭심리학의 정의

코칭의 다양한 정의에 비하면 코칭심리학의 정의는 명확하다. 심리학의 학술적 근거를 가졌기 때문에 그 정의를 코칭회사나 프로코치가 정하지 않고 학회가 규정하고 있기 때문이다.

"코칭심리학은 기존의 성인학습이론과 아동학습이론, 심리학 연구방법에 근거한 코칭모델을 원용하여. 개인 생활이나 직장에서의 행복(well-being)과 퍼포먼스를 높이는 것이다."
[Grant & Palmer, 2002의 발표]

"코칭심리학은 긍정심리학의 응용 분야이며, 확립된 심리학 연구방법을 바탕으로 발전시킨 것이다. 코칭심리학은 행동과학을 체계적으로 응용함으로써, 임상적으로 심리적 건강상 중대한 문제를 갖지 않고 특별한 고뇌에도 빠져 있지 않은 개인을 대상으로 그의 생활경험, 집단, 조직의 퍼포먼스를 높여 좋은 상태로 유지하는 데 이바지한다."

[호주심리학회(Australian Psychological Society) 코칭심리학 분회, 2007]

이러한 정의에서 알 수 있듯이, 코칭과 코칭심리학의 차이는, 코칭심리학은 심리학의 이론과 그 연구방법에 근거한다고 분명히 하고 있는 점이다. 또 각국의 코칭심리학회를 연결하는 국제코칭심리학회(International Society for Coaching Psychology: ISCS)3)는 여기에 추가하여, 코칭심리학은 심리학 학위나 대학원 수준의 수료자격을 갖고 적절한 전문교육과 수퍼비전을 지속적으로 받는 코칭심리사(coaching psychologist)에 의해 수행되는 것을 가리킨다고 설명했다(ISCS, HP).

코칭이 근거로 하는 주된 이론으로, 바히로바(Bachkirova, T.) 등은 사회심리학, 학습심리학, 인간발달심리학, 조직심리학 등 심리학의 여러 분야와 실존주의와 현상학과 같은 철학을 꼽고 있다. 그리고 코칭의 각 영역과 그에 적합한 심리학의

---

3) 칼럼 1 참조.

여러 이론의 조합을 <표 1-1>과 같이 나타내고 있다. 또한 국제코칭심리학회 초대회장인 파머(Palmer, S.)는 편저서 *Handbook of Coaching Psychology*(「코칭심리학 핸드북」)에서 심리학에 기초를 두고 코칭심리학에 응용될 수 있는 기법으로 행동요법, 인지행동접근법, 실존요법, 게슈탈트요법, 동기부여 면접법, 나레이티브요법, NLP, 인간성중심요법, 회화식학습, 역동적정신요법, 시스템역동적정신요법, 해결지향접근법(SFA)을 소개하고 있다(Palmer & Whybrow, 2007).

표 1-1 코칭의 각 영역과 적합한 심리학 이론의 조합

코칭의 이론적 전통	코칭의 영역과 내용										
	스킬 및 성과	발달 코칭	변혁적 코칭	임원 및 리더십	관리직 코칭	팀코칭	동료 코칭	라이프 코칭	커리어 코칭	이문화 코칭	멘토링
정신역학적 접근법	*	*		**		*				*	
인지행동코칭	**	**	**	**	**	**	**	**	**	*	
해결지향접근법 (SFA)	**	**		*	*	*					
인간중심적 접근법	*	**		*		*	**	**	**		*
게슈탈트접근법	*	*	*		*	**		*		*	
실존주의코칭	*		*	*				*	*	*	
존재론적 코칭	*	*								*	
내러티브코칭		**			*	*					
인지발달적 접근법		**	**			**				*	
트랜스퍼스널 어프로치	*	*	*	**		**		*	*		
긍정심리학 접근법	**	*				*	*	*	*	*	
교류분석				*	*	*		*	*	*	
NLP 접근법	**	*	*	*		*	*	*	*	*	

출처: Bachkirova, et. al., 2014를 바탕으로 작성

코칭심리학의 특징은 심리학 이론에 기초한 실천과 실증연구를 동시에 하고 있다는 점과, 심리사(psychologist)가 수행하는 코칭을 연구 대상으로 하고 있다 점이다. 서구에서는 심리사와 프로코치 자격을 모두 가진 사람도 있고, 심리학 박사학위를 가지고 있는 프로코치도 있으며, 심리학 전공 학위까지는 없더라도 대학이나 대학원에서 심리학을 어느 정도 공부하고 코칭 일을 하는 코치도 많다. 이들 모두는 코칭심리학과 긍정심리학 관련 국제학회에도 적극 참여하고 있다. 과학적 근거(증거)를 바탕으로 한 코칭을 지향하는 코치의 경우는 코칭심리사와 차이가 비교적 적어, 양자의 교류는 활발하고 코칭의 이념이나 목표를 공유할 수 있는 것으로 보인다.

임상심리학 분야에서는 과학자−실무자모델(scientist−practitioner model)이라고 불리는 실무자의 이상형이 있다. 이는 현업 실무를 하면서 동시에 연구도 하는 것이 중요함을 가리킨다. 연구 편향의 실무자, 또는 실무 편향의 연구자는 무게 중심은 서로 다르더라도, 중요한 것은 과학적인 연구를 하고자 하는 마음을 가지면서, 보다 나은 실천을 목표로 하여 연구하고 실천을 계속해가는 것이 아닐까 한다. 코칭심리학이 목표로 하고 있는 것은, 이론이나 연구를 모르는 실무자나, 실제 코칭을 할 줄 모르는 과학자가 아니다. 즉, 한 쪽에만 치우치지 않는 과학자−실무자 모델이라고 생각한다.

1.3. 코칭과 인근 분야의 차이점

심리학이나 상담 분야에서 코칭으로 들어온 사람이 처음 갖는 인상은 상담이라고 하는 것과 무엇이 다른가? 라는 의문일 것이다. 코칭에는 상담에서 차용한 스킬이나 개념이 매우 많이 포함되어 있기 때문이다. 또, 조직에서 부하나 후배를 지도하는 방법을 배워 온 사람은, 코칭이 멘토링과 무엇이 다른가? 라고 당황해할지 모른다.

앞 절에서는 코칭과 코칭심리학의 정의를 소개했지만 사람의 성장을 지향한다는 점에서는 멘토링이나 상담과 동일하다. 바히로바 등(Bachkirova et. al., 2014)은 "대부분의 코칭 책은 '사람들의 가장 큰 가능성을 이끌어내기 위한 지원 방법'이라는 정의에서 시작되는데, 그렇다면 멘토링, 카운슬링, 컨설팅 등과 차이가 드러나지 않는다"고 지적했다. 또, "코칭을 그 목적, 대상으로 하는 클라이언트, 프로세스와 그 조합에 따라 정의하려는 시도도 있지만, 그래도 아직 멘토링, 카운슬링, 컨설팅과의 차별화는 어렵다. 왜냐하면 이 세 가지는 근본적인 목적이 모두 같기 때문이다"라며, "코칭의 독자성을 창출하는 것은 미해결 과제이다"라고 말하고 있다(Bachkirova et. al., 2014). 본서에서 하나의 정의를 굳이 제시하지 않는 것도 이러한 이유 때문이다.

(1) 코칭과 상담, 심리요법의 차이

카운슬링과 코칭의 차이에 대해서는 미국에 본부를 둔 대형 코치양성기관 대표도 "유감스럽게도 상담과 코치 사이의 경계선이 어디에 있는지는 명확한 룰이나 조건으로 정의되어 있지 않다"고 말해, 양자에겐 중복되는 부분이 많이 있으며 사용되는 기법에도 공통점이 많이 있음을 인정하고 있다(Kimsey-House, Kimse-Blouse, & Sandal, 2011, p.225; CTI-Japan, 2012).

그렇지만 코칭과 상담이나 심리요법 간의 일반적인 구분에 대해서는 어느정도 합의가 되어 있다. 그것은 코칭에서는 임상 차원의 심리적 문제를 지닌 사람의 문제 해결은 다루지 않는다는 점과 설령 코치가 카운슬러나 치료사의 자격도 겸비한 경우라도 코칭하는 중에 심리요법은 시행하지 않는다는 점이다.

코칭이 대상으로 하는 사람은 원칙적으로 심신이 건강한 사람으로, 현재 큰 문제를 안고 있지 않고, 자신을 보다 성장시키거나 퍼포먼스를 올리려고 하는 사람이다. 임상심리사 자격을 갖고 있는 프로코치인 카우프만(Kauffman, C.)은 코칭과 심리요법의 차이를 "심리요법은 사람의 고통을 덜어주고, 코칭은 쾌적한 안주에 도전한다", "심리요법은 눈물과 치유의 여행, 코칭은 꿈과 번영의 여행"(Kauffman, 2011)이라고 표현하고 있지만, 코칭과 심리요법은 방향성에 있어서 비슷한 점이 있더라도 도달 목표점이 다르다. 또한 코치는 현재 심신의 고뇌에 시달리고 있는 사람이 코칭을 받고 싶다고 방문할 경우, 코칭이 가능한가를 판별해보고, 필요하다면 다른 전문가를 소개할 수 있는 네트워크를 갖추어 두는 것이 중요하다.

(2) 코칭과 멘토링의 차이

멘토란 원래 그리스 신화에 등장하는 오디세우스 아들의 가정교사 이름이다. 그래서 멘토는 자신의 풍부한 지혜와 경험을 이용해 후배나 제자를 동기유발하거나 임파워(empower)하는 교사 같은 이미지로 받아들여지는 경우가 있다. 그러나 로우 등(Law et. al., 2007)에 의하면, 최근의 멘토링에는 심리학 이론이 이용되는 경우가 많아져, 멘토와 멘티(멘토링을 받는 사람)의 입장이 보다 평등해지고, 멘티 주도로 진행되는 멘토링도 증가하고 있다. 그 때문에, 영국에서는 코칭과 멘토링의 차이가 과거만큼 명확하지 않다고 한다. 로우 등(Law, et. al., 2007)은 코칭과 멘토링의 주된 차이는, 코칭이 현재의 퍼포먼스를 향상시키는 것에 주안점을 둔 행동을 지향하는데 반해, 멘토링은 미래의 경력을 고려한 장기적인 계획과 관련된 것이 많아 코칭보다 장기간 지속되는 경우가 많다는 점이라고 말하고 있다.

(3) 코칭, 멘토링, 상담, 심리요법의 차이

바히로바(Bachkirova, 2007)는 코치와 멘토링, 카운슬링과 심리요법을 각각 하나로 묶어 둘의 차이를 <표 1-2>와 같이 보여준다. 둘 사이에 공통된 부분과 주안점에 차이가 있음을 알 수 있다. 또한 바히로바(2007)는 코칭-멘토링과 상담-심리요법의 현실적인 구별의 하나는, "누가 비용을 부담하고 있는가?"라는 점이라고 지적하고 있다. 만약 어떤 사람이 받는 코칭(멘토링)이 회사나 조직 주도로 실시되거나 비용을 회사가 부담하고 있는 경우에는 코칭의 목표는 조직의 형편을 우선하여 설정되기 때문에, 순수하게 개인의 성장을 목표로 하는 상담과는 차이가 명확해진다. 반면 개인이 비용을 부담하여 코칭을 받는 경우에는 그러한 제약이 없기 때문에 상담과의 차이는 상대적으로 작아진다.

표 1-2 **상담/심리요법과 코칭/멘토링의 차이점**

측면	상담, 심리요법	코칭, 멘토링
최종적인 목적과 이익	개인의 성장과 웰빙	개인의 성장과 웰빙 (비용 지원을 받고 있는 경우에는 그것을 제공하는 조직에도 이익이 됨)
개시 초기의 동기	심리적인 문제와 기능 문제를 제거함	인생을 더 좋게 하고, 성과를 향상시키는 것

개입 내용	클라이언트의 삶, 또는 모든 측면에 펼쳐져 있음	클라이언트의 목표, 코치의 전문 영역, 스폰서가 지시한 것 등 계약에 의해서 특정됨
클라이언트가 기대하는 변화	지극히 불만족스러운 상태에서 적당한 만족으로	적당한 만족에서 더 높은 만족으로
기대하는 결과	다양한 생활 영역에서의 웰빙 향상과 뜻밖의 긍정적 변화	웰빙과 생산성 향상
이론적 기초	심리학, 철학	심리학, 교육학, 사회학, 철학, 경영, 건강이나 사회 의료 등을 포함
주요 전문 스킬	경청, 질문, 피드백, 특정 접근법에서 사용되는 고유한 기법 및 방법	경청, 질문, 피드백, 분명한 목표 설정과 행동 계획
프로세스에 있어서 관계성의 중요도	높음	높음
클라이언트의 관여가 중요한 점도	높음	높음
프로세스에 있어서 시행자의 자아(self)의 역할	매우 중요	매우 중요

출처: Bachirova, 2007

2. 코칭과 코칭심리학의 역사

2.1. 코칭의 탄생 배경

제1절에서 기술한 바와 같이, 코칭은 원래 일반적인 동명사이며, 특별한 기법을 가리키는 말이 아니다. 또한, 코칭은 수많은 상담이나 심리요법과는 달리 특정 개인이나 특정 이론에 의해 개발된 것이 아니기 때문에, 그 역사를 더듬는 일이 쉽지 않다. 코칭의 창시자로 티머시 갤웨이(Gallway, T.)나 토마스 레너드 (Leonard, T.)의 이름을 들 수 있지만, 그들도 무에서 유를 낳지는 않았다. 코칭이 태어난 요인으로 1960~70년대 미국의 시대 배경을 무시할 수는 없을 것이다.

베트남전쟁과 그에 대한 미국 내 반전운동, 학생운동이 성행하던 당시 미국

서해안을 중심으로 붐이 일어났던 인간잠재력운동(Human Potential Movement: HPM)은 하나의 사회운동이었으며 히피문화를 비롯한 다양한 자기계발법과 공동체를 탄생시켰다. 그런 시대 상황속에서 리처드 프라이스(Price, R.)와 마이클 머피(Murphy, M.)는 1962년 에살렌연구소(Esalen Institute)라는 비영리조직을 창립했다. 두 사람을 연결시킨 것은 앨런 왓(Watts, A.)이라는, 동양의 선(禪)을 서양에 소개한 철학자였다(Wildflower, 2013). 에살렌연구소에서는 명상, 요가, 예술, 음악, 신체작업(bodywork) 등의 세미나가 개최되었으며, 여기에 학술계의 영향을 준 사람이 인본주의심리학(humanistic psychology)의 매슬로(Maslow, A. H.)였다. 1962년 출판된 매슬로의 저서 *Toward a Psychology of Being*(2판, 일본어 번역 「완전한 인간-魂의 목표로 하는 것」, 1998)은 에살렌연구소의 필독서가 되어 있었다.

에살렌연구소에는 매슬로 이외에도 게슈탈트심리학의 펄스(Perls, F. S.), 인간중심주의 카운슬링의 로저스(Rogers, C. R.), 가족요법의 사티어(Satir, V. M.), 행동분석학의 스키너(Skinner, B. F.) 등 많은 심리치료자와 심리학자가 방문해 세미나와 워크숍을 개최했다. 이 세미나를 수강한 사람들을 중심으로 하여 그후 성장과 성공의 기법으로서의 코칭이 탄생하게 되었다.

매슬로는 이론과 아이디어는 제공했지만, 구체적인 기법이나 프로세스는 제안하지 않았다는 지적이 있다(Hall & Duval, 2005/일역, 2010). 코칭 기법과 관련해서는, 오늘날 코칭에서 가르치고 있는 경청, 반영, 열린 질문 등은 로저스의 상담 기법으로부터 영향을 받았다. 매슬로와 로저스는 1961년에 미국인본주의 심리학회를 설립하였으며, 매슬로의 이론과 로저스의 방법론이 결합하여 코칭의 탄생이 가능해졌으며 자동차의 양 바퀴와 같은 역할을 했다고 생각된다. 인간잠재력운동(HPM)은 인본주의심리학에 심리요법과 동양사상이 결합되어 나타났고, 다양한 자기계발 세미나들이 개최되었다. 그 중 하나가 워너 에어하드 (Erhard, W.)에 의한 est(Erhard Seminars Training: 에스트)이다.

에어하드는 유능한 세일즈맨으로 나폴레옹 힐(Hil, N.)과 막스웰 맬쯔(Maltz, M.)의 성공철학에 강하게 경도됐고, 에살렌연구소에서 게슈탈트심리학을 공부하고 인카운터 그룹(encounter group)에 참여했으며, 매슬로와 로저스의 저서를 읽었으며, 이어 카네기 세미나와 교류분석 세미나도 수강했다. 이를 바탕으로 그는 1971년부터 에스트(est)라는 세미나를 개최하게 되었다. est는 기법 일부가 사회적으로 문제가 되어, 코칭의 역사 속에서 접할 수 없는 경우도 있지만, 다음 항에서 말하는 코칭의 원조라 불리는 갤웨이, 레너드, 위트워스의 접점은 est로 본다.

에어하드 자신이 밝힌 바에 의하면(Erhard, W. HP), 갤웨이는 언젠가 에어하드의 테니스 코치를 맡았고, 레너드와 그의 부하 위트워스는 에어하드의 회사 경리부에서 일하고 있었다. 그들은 당연히 est의 노하우를 숙지하고 있었을 것이다. 실제로 레너드는 에어하드의 회사로부터 세미나의 아이디어를 무단으로 차용했다고 해서 재판을 받았었다(Brock, 2010). 앤더슨(Anderson, 2004)에 의하면, 禪의 영향이 강했던 인간잠재력운동을, 비즈니스 정장을 입은 트레이너들이 강의하는 자기성장과 경제적 성공의 세미나로 변화시킨 것이 est였다고 한다.

2.2. 코칭의 탄생기

일반적인 견해에 따르면, 코칭은 에살렌연구소의 스포츠센터에서 '요가 테니스'를 가르치던 갤웨이가 1974년에 출판한 테니스 코칭의 서적 *Inner Tennis*에서 시작되었다고 한다(O'Conner & Lages, 2007/일역, 2012). 그러나 갤웨이는 오늘날 코칭에서 사용되는 대화의 기술을 가르친 게 아니라, '셀프1', '셀프2'라고 이름 붙인 마음가짐에 따라 어떻게 테니스 실력이 향상될 수 있는지를 설명하였다. 본인은 인정하고 있지 않은 것 같지만(Gallway, 1997/일역, 2000), 배경에는 갤웨이가 경도되어 있던 선(禪) 사상이 있다고 한다.

코칭의 기초를 닦은 최대의 공헌자로 여겨지고 있는 것은 재무설계사 레너드(Leonard, T. J.)로, 전술한 세미나에 참가한 것을 계기로 "가치 있는 인생과 일을 만들자"는 주제의 컨설팅(퍼스널 코칭) 코스 "Design Your Life"를 1988년부터 시작했다(O'Conner & Lages, 2007/일역, 2012). 그는 자신이 배워온 다양한 세미나를 바탕으로 프로그램을 체계화하고 커리큘럼을 만들었으며, 1992년에는 코치양성기관인 코치유니버시티(Coach University: Coach U.라고도 불린다)를 설립했다. 그것의 특징의 하나는, 전화에 의한 tele class를 도입해, 대면하지 않아도 수강자가 어디에서든 참가할 수 있는 시스템을 만든 것이다. 또 레너드는 후에 탈퇴하긴 했지만, 1995년에 국제코치연맹(International Coach Federation: ICF)이라고 하는 코치단체를 설립하였다.[4] 레너드가 시작한 코칭이 어떤 것인가는 그의 저서 *The Portable Coach*(1998/일역 「성공뇌로 변하는 책」, 2005)에서 일부를 엿볼 수 있다. 이 책은 그의 퍼스널 코칭의 핵심를 모은 '매력의 법칙'으로 일컬어지지만, "찬스, 돈, 행복한 인간관계, 자신에게 유용하고 가치있는 것, 만족감-이런 좋은 것들만 자신에게 끌어들이려면 '성공뇌(成功腦)'로 바꾸는 것이 지름길이다"(p.5)라고 하는 머리말에서 상징적으로 보이듯이 꽤 세속적인 성공법칙에 관한 책이며, 에어하드의 성공 철학의 영향이 곳곳에서 감지된다.

레너드의 부하였던 회계사 위트워스(Whitworth, L.)는 1988년 에어하드의 세미나에서 헨리 킴지하우스(Kimsey-House, H.)와 만났다(Brock, 2014). 또, 레너드의 *Design Your life*도 수강하고, 1992년에 개인코치 양성기관(Coaches Training Institute: CTI)을 캐런 킴지하우스(Kimsey-House, K.), 헨리·킴지하우스(Kimsey-House, H.)와 함께 설립했다. CTI의 설립에 즈음하여 레너드는 당초 워크샵 자료를 제공하는 등 위트워스에게 협력을 제의했지만, 세미나 직전에 그것을 반환하라고 강요했기 때문에, 위트워스는 그것을 사용하지 않았다고 후년에 말하고 있다(Brock, 2009). 대신에 CTI에서는 로저스의 개념을 많이 사용해 그의 비지시적인 카운슬링 기법을 적극적으로 도입하게 되었다(Brock, 2010). CTI의 특징은 co-active, 즉 '협동적'인 코칭의 개념에 근거해 대면방식의 워크숍을 실시하는 것이다. 코액티브 코칭이란 코칭을 하는 쪽과 받는 쪽이 함께 대등한 입장에서 서로가 갖고 있는 힘을 마음껏 발휘하면서 바람직한 변화를 함께 만들어 나간다는 생각과 그와 관련된 방법을 의미한다.

덧붙여, 미국의 프로코치 브록(Brock, V. G.)이 2005년에 북미를 중심으로 약 1,300명의 코치에게 "코칭에 가장 영향을 준 사람은?"이라는 설문조사를 한 결과, 1위가 레너드(득표율 8.0%), 2위가 에어하드(5%), 위트워스는 5위(2.1%), 그리고 갤웨이의 이름은 상위 10위 안에 들지 않았다(Brock, 2006). 코칭 역사의 무대에 별로 등장하지 않는 에어하드의 영향이 의외로 큰 것으로 나타났다.

유럽에 코칭을 가지고 온 사람은 F1의 레이싱 드라이버 출신의 위트모어(Whitmore, J.)이다. 그는 레이스를 은퇴한 후 1969년에 에살렌 연구소에 머물며, 1974년에 에어하드의 est를 수강하였다(Brock, 2010). 코칭을 영국에서 확산하는

---

4) Coach Ville HP, 칼럼 8 참조.

데 있어서 미국의(즉, 에어하드류의) 퍼스널 코칭을 그대로 들여오기 어렵다고 생각한 위트모어는 갤웨이에 협조를 구했고, 그의 트레이닝을 받은 inner game 코치들을 활용해 1980년경부터 회사 임원들을 상대로 테니스와 골프, 스키의 코칭을 시작했다(Whitmore, 2009). 임원들로부터 inner game을 비즈니스에 활용하겠다는 요청을 받은 갤웨이는 리더십, 영업, 매니지먼트, 팀워크 등에 응용한 inner game을 개발하여 비즈니스계에 본격적으로 나섰다.

한편 위트모어는, IBM의 인재교육 담당자로 1977년 est를 수강했던 그레이엄 알렉산더(Alexander, G.)에게도 협조를 구했다. 알렉산더는 나중에 코칭의 GROW모델을 개발하였고, 위트모어가 이를 확산시켰다. 위트모어는 퍼포먼스 코칭을 중심으로 한 컨설팅 회사(Performance Consultants사)를 비롯하여, 1992년 저서 *Coaching for Performance* 초판을 출간했다. 이와 같이 영국을 비롯한 유럽에서는 코칭에 대한 자기계발 세미나의 영향이 미국에 비해 약간 간접적이었다고 할 수 있다.

Coach U는 1997년에, CTI는 2000년에 일본에도 도입됐다. Coach U로부터 라이센스를 취득한 일본의 코칭회사의 대표자는 1980년부터 iBD(it's a beautiful day: 오늘은 멋있다)라고 하는 자기계발 세미나 회사를 운영하고 있었다(伊藤守이토 모리의 증언). 자기계발 세미나를 하는 회사는 일본에서도 1970년대부터 몇 개 탄생하고 있으며, 자기계발 세미나에서 코칭으로 넘어가는 흐름이 일본에도 있었다는 사실은 흥미롭다. 현재 활약 중인 일본 코치 중에는 과거 이 자기계발 세미나 회사의 트레이너를 맡고 있던 사람이 다수 있다는 점을 하라구치(原口, 2013)가 밝히고 있다.

코칭이 일본의 경영계에서 주목한 것은 1999년 닛산자동차의 COO(후에 CEO)에 취임한 카를로스 곤(Ghosn, C.)이 코칭을 이용해 회사의 조직풍토 개혁을 진행시킨(安部아베·岸기시, 2004) 사례가 영향을 주었다고 보인다. 미국에서는 주로 개인을 대상으로 했던 코칭이, 일본에서는 조직 활성화를 위한 관리직 연수라는 형태로 퍼진 것은 이와 무관치 않을 것이다. 갤웨이의 *Inner Game*(1976/일역「인너 테니스」)은 1978년에, 위트모어의 *Coaching for Performance* 초판(1992/일역「잠재능력을 이끌어내는 코칭의 기술」)은 1995년에 번역되었다.

이상에서 살펴본 것처럼, 1960년대에 동양사상과 인본주의심리학자의 영향으로 태어난 코칭은 그 바탕이 자기 성장의 사상이었는데, 1970년대에 들어서 개인의 성공을 목표로 하는 자기계발 세미나로 변모하였다. 원래 이들 자기계발 세미나는 수강자가 자신의 성장이나 성공을 달성하기 위한 것이지, 수강자 자신이 코치가 되는 것은 계획에 없었다. 코칭의 창시자들도 1980년대 후반부터 자신이 강사로 나서 세미나를 주최했지만, 처음에는 코치 양성이라는 발상은 없었을 것으로 생각된다. 코치 양성 비즈니스의 선봉장은 레너드의 Coach U와 그 이름에 '코치 트레이닝'이라는 단어를 넣은 위트워스 등의 CTI였다고 생각되고, 그 시작은 1990년대에 들어서면서부터였다. 특히 위트워스가 참고한 인간중심주의 상담은 심리적인 고민과 문제를 가진 사람에 대한 지원 기법으로서, 그것을 활용할 전문가를 양성하겠다는 뜻이 원래 들어 있었다. 그러나 다음 항에서 서술한 것처럼 코칭과 심리학이 다시 가까워진 것은 1990년대 말 경이다.

그림 1-1 코칭 창시자들과 영향을 미친 심리학자

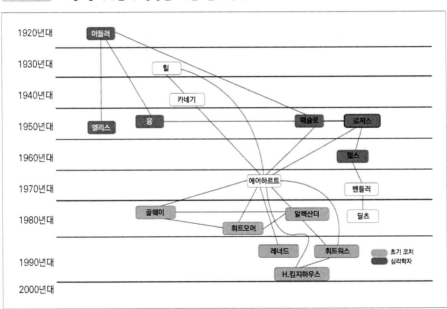

Brock, 2014의 그림22를 바탕으로 니시가키(西垣)가 작성

2.3. 코칭심리학의 발전

스포츠코칭과 심리학이 결합된 기원은 운동선수 육성을 위한 심리학적 연구에 종사한 심리학자 그리피스(Griffith, C. R.)에서 출발한다(Palmer & Whybrow, 2007). 그는 1926년 「코칭의 심리학(Psychology of Coaching)」이란 책을 펴내면서 후에 '스포츠심리학의 아버지'로 불리게 됐다. 그리피스는 메이저리그 구단 시카고 컵스의 오너에 고용되어 프로야구선수 지도에 관여하길 기대되었지만, 당시의 감독이나 선수들에게 받아들여지지 않았고, 재평가된 것은 1960년대가 되고나서이다(Palmer & Whybrow, 2007). 그의 공적은 스포츠계에 개인의 경험이나 신념에 근거한 지도법이 아니라, 심리학의 지식에 기초한 과학적 분석을 끌어들인 점에 있다고 할 수 있다.

그리피스의 저서가 일본어로는 번역되지 않았지만, 주목할 것은 1980년대 일본에서 스포츠코칭과 심리학을 접목한 인물이 있었다. 미국의 대학원에서 임상심리학을 배운 타케다 겐(武田建)으로, 근무하는 대학의 미식축구부의 감독이기도 하였는데, 카운슬링, 학습이론, 인지행동요법, 사회심리학의 리더십 이론 등에 바탕을 둔 스포츠코칭 기법에 관한 책을 출판하였다(武田, 1982, 1985). 타케다에 의하면, 계기는 1968년에 미국의 프로팀 합숙을 방문했을 때, 일본의 미식축구 코칭에 심리학을 어느 정도 도입하고 있는지 질문을 받은 것이라고 한다(武田, 1991). 타케다는 1980년대에 들어와 응용행동분석의 학술지에 발표된 조작적 조건화(operant conditioning)를 응용한 미식축구 코칭법에 자극을 받아 small step과 피드백, 나아가 모델링 등을 선수 지도에 도입했다고 한다(武田, 1995). 다만, 타케다가 심리학적 기법을 도입하기 전과 후를 비교했을 때 팀의 성적 그자체에 큰 변화가 없었던 탓인지, 그 당시에 심리학적인 스포츠코칭은 일본 스포츠계에 충분히 확산되었다고는 할 수 없다.

앞 절에서 살펴본 것처럼, 초기의 상업적 코칭은 과학적·객관적 연구와는 무관하며(Grant, 2007), 심리학의 영향을 받았다고는 하나, 그 발전과정에서 상당히 변모되어, 학문으로서의 심리학과는 확실히 구별되었기 때문에, 대학에서 가르칠 수도 없고, 심리사나 상담사와의 접점도 없었다. 또, 그랜트(Grant, 2007)에 의하면, 1990년대 말에 코칭 시장을 지배하고 있던 영미의 상업적인 코치양성프로그램은 주로 인간잠재력운동의 개념과 eat의 테크닉을 사용했을 뿐 이론에 근거하지 않은 것이었기 때문에, 임상 차원의 심리적 문제를 가진 클라이언트를 간파하지 못하고 악화시킨다는 비판도 듣고 있었다고 한다.

심리학계가 코칭에 주목하기 시작한 것은 1990년대 후반부터 2000년경까지로 코칭계의 이런 혼미의 시기이다. 코칭을 받다 '악화'된 환자가 다음으로 가는 데는 심리치료자나 정신과의사일 가능성이 높기 때문에 심리학이 코칭을 주목하게 된 것이다.

한편, 북미와 영국, 호주 등에서는 기업이 자사가 고용하는 코치의 질을 문제시하게 되어, 대학원 수준의 행동과학(즉, 심리학)의 학위 등 높은 자격 수준을 요구하게 되었다(Corporate Leadership Council, 2003). 그 때문에 코치 중에는 단지 대학원 졸업장만 보지 않고, 코칭의 배경이 되는 이론이나 과학적 방법론을 알고자 대학원에서 심리학을 배우려고 하는 사람도 나왔을 것으로 생각된다. 코칭이 다시 심리학과의 관계를 강화하게 된 것은, 이러한 코칭계의 요구와 다음에 설명하려는 심리학계의 접근이 함께 작용했을 것으로 보인다.

세계 최초로 코칭심리학 전공과정이 개설된 것은 호주 시드니대학교 대학원 심리학과였다. 학과장 그랜트(Grant)는 코치와 심리사 자격을 갖고 있으며, 코칭심리학 연구로 박사학위를 받았다. 한편, 영국에서는 당시 런던시티대학교 심리학 교수였던 파머(Palmer)가 의료인들에게 인지행동요법을 가르치면서 심리치료보다 코칭이 더 니즈에 맞다는 것을 깨닫고 코칭심리학 프로그램을 개설하였다. 그가 런던에 Centre for Coaching[5]을 설립한 것은 2001년으로, 동년에 발표한 논문에서 인지행동요법(CBT)을 건강한 사람에게 적용한 것을 인지행동코칭(Cognitive Behavioural Coaching: CBC)이라고 부른다고 선언하였다(Neenan & Palmer, 2001). 그리고 다음 해 2002년에는 그랜트와 파머에 의해 코칭심리학의 정의를 밝힌 논문이 발표되었다(Grant & Palmer, 2002).

2006년에는 파머를 회장으로 하여 코칭심리학의 국제적 조직이 결성되었지만, 그 시점에 이미 영국심리학회 상담심리분과의 코칭심리학연구회에는 2,000명 이상, 호주심리학회의 코칭심리학분과에는 500명 이상의 회원이 있었다고 한다(ISCP HP). 현재, 영국, 호주, 남아프리카공화국 외에 서방 국가를 중심으로

---

5) 칼럼 7 참조.

14개국에 코칭심리학회가 설립됐으며, 아시아에서는 이미 한국에 학회가 있다. 각국의 상황에 따라 코칭심리학의 실천과 연구가 진행되고 있으며, 국제코칭심리학회의 개최6) 등 국제적인 연대도 있다. 미국에서는 미국심리학회(APA)의 제13부회인 컨설팅심리학의 분회로 코칭심리학의 전문 영역이 설치되어 있는 것 외에, Seligman을 초대회장으로 하는 국제긍정심리학회(IPPA)에서도 코칭의 연구 발표가 활발히 행해지고 있다.7) 이유는 긍정심리학이 코칭의 이론적 배경 중 하나로 간주되고 있기 때문이다. 또, 코칭심리학의 학술지도 *International Coaching Psychology Review*를 비롯하여 5개가 발행되고 있다.8)

심리상담사에 의한 코칭의 첫 저서는 니난과 드라이덴(Neenan & Dryden, 2002)의 *Life Coaching: A Cognitive-Behavioural Approach*(일어 번역본 「인지행동 요법으로 배우는 라이프코칭」, 2010)이라고 생각된다. 그들은 영국의 유명한 REBT (Rational Emotive Behavior Therapy: 이성감정행동요법) 심리치료자며, 엘리스(Ellis, A.)의 REBT를 일반인들의 생활 퍼포먼스 향상에 적용하는 방법을 쓰고 있다. 니난은 파머와 함께 Centre for Coaching의 프로그램 디렉터에 이름을 올리고 있긴 하지만, 스스로를 코칭심리사라고 부르지 않고, 심리요법가의 입장에 머물러 있는 듯하다. 2007년에는 로우 등에 의해서 '영국 최초의 코칭심리학 학술서'라고 불리는 *The Psychology of Coaching, Mentoring and Learning*(일본어 번역서 없음)이 출판되어, 심리학에 근거한 보편적 통합 framework가 제안되었다. 같은 해, 파머 등이 편집한 *Coaching Psychology Handbook*(일역 「코칭심리학 핸드북」, 2011)도 출판되었다. 원서의 부제에 '실무자를 위한 안내'라고 하였듯이, 심리치료자가 자신이 전문으로 하는 심리요법을 코칭에 응용할 때 쓸 수 있는 가이드북이다.

코칭심리학의 발전은 영국과 호주가 앞섰지만, 미국에서는 2009년 임상치료사이자 임원코치인 카우프만(Kauffman, C.)에 의해 Institute of Coaching이 설립되었다. Institute of Coaching은 매클린병원(하버드 메디컬스쿨의 부속병원) 안에 있고 긍정심리학을 주축으로 하면서 헬스코칭과 임원코칭의 실천과 연구를 하고 있다.9)

---

6) 칼럼 1 참조.
7) 칼럼 5 참조.
8) 본서 끝의 참고도서 소개 참조.

2010년에 미국심리학화(APA)는 회원용 뉴스레터에 First-Class Coaching이라는 제목의 기사를 게재하고 있다. 기사의 저자 데안젤리스(DeAngelis, T.)는 교육이나 훈련의 기준이 애매하고 연구 기반이 없는 코칭계에서 사람의 동기 부여, 행동, 학습, 변화를 전공한 심리사 자격 보유자의 활약과 공헌의 여지가 크다고 말한다(DeAngelis, 2010). 동 기사에서는 심리사 자격을 가진 코치가 개설하고, 심리학 대학원 학위를 가지는 사람만을 대상으로 한 코치양성프로그램도 소개하고 있어, 요즈음 미국에서 심리사가 코칭으로 전향하는 움직임이 본격화하기 시작했음을 것을 알 수 있다.

호주 시드니대학교의 코칭심리학 전공과정이 설립되고 7년 뒤에는, 호주에서 3개 대학교, 영국과 미국에서는 각 7개 대학교, 캐나다에는 2개 대학교에서 대학원에 코칭 전공과정이 설치되어 있었다(Grant, 2007). 또, 미국에서는 2006년경부터 비즈니스 스쿨의 코칭과정이 급속히 증가하였고, IT의 진화와 함께 원격지에서도 수강할 수 있는 시스템을 가진 곳도 많아졌다.[10] 게다가 의학전문대학원에 헬스코칭 과정이 개설되는 등 보다 전문화된 커리큘럼도 나타나고 있다. 파머는 *Handbook of Coaching Psychology*의 초판이 나온 후 10년도 안 되는 사이에, 코칭심리학의 범위가 심리요법을 건강한 사람에게 응용한다고 하는 좁은 영역에 머무르지 않고, 넓은 학제영역으로 발전했다고 말하고 있다(2014년 ISCP 대회에서 파머가 한 발언). 대상은 개인에서 집단과 조직으로, 그 적용 범위도 생활 속에서의 성과 향상이나 스트레스 관리에서 교육, 의료, 건강 등의 영역으로 확대되고, 코칭심리사에게는 사회심리학이나 그룹 다이나믹스, 조직심리학 등에 관한 전문지식도 필요하게 되었다.

한편 일본에서는 2000년 민간기업에 의해 코칭이 실업계에 도입된 이후에도 심리학계에서는 코칭에 주목을 별로 하지 않았다. 그러나 2009년에 "코칭심리학의 전망"(堀, 2009)이라는 논문이 발표되고, 2010년에 니난과 드라이덴의 *Life Coaching*(Neenan & Dryden 2002/일역, 2010), 그 다음해에는 파머 등의 *Coaching Psychology Handbook*(2007/일역, 2011)이 번역되었다. 이 핸드북은 일본 프로코치들 사이에서 호평을 받았으며, 감역자 호리(堀)는 많은 프로코치들

---

9) 칼럼 6 참조.
10) 칼럼 2 참조.

과 친분을 쌓으며 심리학과 코칭 간 가교 역할을 했다. 2013년에는, 일본학술진흥회의 과학연구비를 지원 받아 이시카와(石川, 기반 연구(C) 2013~2015년)와 니시가키(西垣)·호리(堀)(기반 연구(C) 2013~2015년)가 각각 코칭심리학의 학술 연구에 착수했다.

니시가키 등은 프로코치와 ICF일본지부의 협력을 얻어, 일본의 코치에 관한 조사 연구를 실시하여, 코치의 현 상황과 심리학에 대한 요구를 잘 파악하였다(니시가키 등, 2014; 니시가키, 2014b).[11] 이에 따르면, 조사대상이 된 코치들은 동기부여, 감정, 리더십 등 심리학 이론이나 방법에 관심이 있긴 하지만, 대학이나 대학원에서 심리학을 전공한 사람은 8%가 채 안 되고 심리학 과목을 이수한 사람의 비율도 30% 이하로, 심리학의 배경을 가진 코치는 매우 소수인 것으로 나타났다. 그 이유의 하나로 대학에서 코칭심리학 교육이 빨리 이뤄지고 있지 않았음을 들 수 있다. 일본 대학에서는 코칭 회사로부터 파견된 코치가 강사로 강의하는 특별과정이나 공개강좌에서 진행하는 코칭프로그램(코칭심리학은 아님)은 존재하지만, 정규 교과목 중 학점이 인정되는 과목으로 '코칭심리학'을 개설하고 있는 대학·대학원은 몇 개교에 불과하고, 코칭심리학 전공과정은 2015년 현재 아직 존재하지 않는다.

앞에서 거론한 브록이 2005년에 실시한 조사에서는, 회답한 코치의 약 70%가 대학원 수료 자격을 가지고 있었다. 또, "코칭에 영향을 주고 있는 학문"이라는 질문에 대해 회답자의 20%가 심리학이라고 회답해, 컨설팅(11%)이나 조직개발(11%)을 웃돌고 있었다(Brock, 2006). 브록 자신도 그렇지만, 영국, 미국, 호주에서는 대학원을 나오자마자 바로 코치가 되는 사람보다, 이미 코치로 활약하고 있는 사람이 전문성을 높이기 위해서 대학원에서 석사나 박사학위를 취득하는 경우가 많아서, 코칭과 심리학 사이의 울타리는 결코 높지 않다.

반면, 니시가키가 일본의 코치를 대상으로 한 조사에서는, 대학원 수료증을 가지는 직업코치는 12%에 지나지 않았다(西垣, 2014b). 그러나 최근 일본의 코치들 중에도 상담이나 임상심리학의 대학원에 진학하는 사람이 나오고 있다. ICF 등의 코치단체가 코칭의 증거와 연구의 중요성을 강조하고 있기 때문에 일본에서도 향후 그런 경향은 가속화될 것으로 예상된다. 반대로, 카운슬러나 임상심

---

11) 칼럼 10 참조.

리사, 건강심리사, 학교심리사, 산업조직심리사 등이 심리학의 터전 속에서 코칭으로 활동의 장을 넓히는 사람도 나올 가능성이 있다.

2015년 현재, 일본에는 개인이 인터넷 상에서 자칭하고 있는 것을 제외하고, 코칭심리학자들이 조직하고 학술단체로 인정된 코칭심리학회, 코칭심리학연구회 혹은 코칭심리학협회 등과 같은 단체는 존재하지 않는다. 아시아 국가 중에는 코칭심리학 학술단체가 존재하며, 국제코칭심리학회에 대표를 파견하고 있는 나라도 있다. 코칭심리학의 기반이 일본 학술계에도 확립되어 코칭심리학의 연구와 실천이 더욱 진전하기를 기대한다.

참고문헌

安部哲也・岸 英光 (2004). カルロス・ゴーン流リーダーシップ・コーチングのスキル あさ出版

Anderson, W. T. (2004). *The upstart spring: Esalen and the human potential movement: The first twenty years*. Lincoln, NE: iUniverse.

Australian Psychological Society (2007). Definition of coaching psychology. <www.groups.psychology.org.au/igcp/>

Bachkirova, T. (2007). *Role of coaching psychology in defining boundaries between psychology*. Hove, East Sussex, UK: Routledge. pp.351-366. (堀 正(監訳) (2011). カウンセリングとコーチングの境界を明確化するさいのコーチング心理学の役割 コーチング心理学ハンドブック 金子書房 pp.412-430.

Bachkirova, T., Cox, E., & Clutterbuck, D. (2014). *The complete handbook of coaching* (2nd ed.). London: Sage.

Brock, V. G. (2006). *Who's who in coaching: Who shaped it, who's shaping it*. Proceedings of the 2006 ICF Research Symposium (St. Louis, MO, November, 2006).

Brock, V. G. (2009). Coaching pioneers: Laura Whitworth and Thomas Leonard. *The International Journal of Coaching in Organizations*, 7(1), 54-65.

Brock, V. G. (2010). The secret history of coaching: What you know and what you Don't know about how coaching got here and where coaching is going in the future. Proceedings of the17th Annual Coaching and Mentoring Conference (Dublin, Ireland, 18-20 November, 2010).

Brock, V. G. (2014). *Sourcebook of coaching history* (2nd ed.). CreateSpace.

Coach Ville HP <http://www.coachville.com/connect/founder-thomas-leonard/>

Corporate Leadership Council (2003). *Maximizing returns on professional executive coaching*. Washington, DC: Corporate Leadership Counsil.

DeAngelis, T. (2010). First-class coaching. *Monitor on Psychology*, 41(10), 48.

Dilts, R. (2003). *From coach to awakener*. Capitola, CA: Meta Publications.

Downey, M. (1999). *Effective coaching*. London: Orion Business.

Gallway, T. (1976). *Inner tennis: Playing the game. New York: Random House.* (後藤新弥(訳) (1978). インナー・テニス 日刊スポーツ出版社)

Gallway, T. (1997). *The inner game of tennis* (Revised ed.) New York: Random House. (後藤新弥(訳) (2000). 新インナーゲーム 日刊スポーツ出版社)

Grant, A. & Palmer, S. (2002). Coaching psychology workshop. Annual conference of the Division of Counseling Psychology, British Psychological Society. Torquay, UK. 18th May.

Grant, A. M. (2007). Past, present, and future: The evolution of professional coaching and coaching psychology. In S. Palmer & A. Whybrow (Eds), *Handbook of coaching Psychology: A guide for practitioners*. Hove, East Sussex, UK: Routledge. pp.23-39.

Grant, M. (2005). What is evidence-based executive, workplace and life coaching? In M. Cavanagh, M. Grant, & T. Kemp, (Eds.), *Evidence-based coaching* (vol.1) Bowen Hills. Australia: Australian Academic Press. pp.1-12.

Hall, M. L. & Duval, M. (2005). *Meta-coaching* (vol.1). Clifton, CO: Neuro-semantic (田近秀敏(監) 佐藤志緒(訳) (2010). メタ・コーチング VOICE)

原口佳典 (2008). 人の心を引き出すコーチング術 平凡社

原口佳典 (2013). コーチングの歴史を再構成する: 『人の力を引き出すコーチング術』からの原型生成の試み 日本支援対話研究, 1, 23-36.

本間正人・松瀬理保 (2006). コーチング入門 日本経済新聞社

堀 正 (2009). コーチング心理学の展望群馬大学社会情報学部研究論集, 16.1-12.

ICF (2012). 2012 ICF Global Coaching Study: Executive Summary <http://www.coachfederation.org>

ICF日本支部HP <http://www.icfljapan.com/>

International society for Coaching Psychology HP <http://www.isfcp.net/>

伊藤 守HP <http://www.itoh.com/profile/>

出江紳一 (2009). リハスタップのためのコーチング活用ガイド 医歯薬出版

Kauffman, C. (2011). Workshop at the 2nd World Congress on Positive Psychology: Basic Step to Implement Positive Psychology into Practice.

Kimsey-house, H, Kimsey-house, K, Sandahl, P. (2011). *Co-active coaching: Changing business, transforming lines* (3rd ed.). London Nicholas Brealey. (CTIジャパン(訳) (2012). コーチング・バイブル: 本質的な変化を呼び起こすコミュニケーション 東洋経済新報社)

Law, H., Ireland, S., & Hussain, Z. (2007). *The psychology of coaching, mentoring and learning.* Chichester, West Sussex, UK: John Wiley & Sons.

Leonard, T. J. & Laursen, B. (1998). *The portable coach.* New York: Scribner. (堀紘一(訳) (2005). チャンス, 金, 「成功脳」: 人間関係に変わる本 三笠書房)

Maslow, A. H. (1968). *Toward a psychology of being* (2nd ed.). New York: Van Nostrand Reinhold. (上田吉一(訳) (2014). 完全なる人間 誠信書房)

Neenan, M. & Dryden, W. (2002). *Life coaching: A cognitive -behavioural approach.* London: Psychology Press (吉田 悟(監訳) 亀井ユリ(訳) (2010). 認知行動療法に学ぶコーチング 東京図書)

Neenan, M. & Palmer, S. (2001). Cognitive behavioral coaching. *Stress News.* 13(3), 15-18.

西垣悦代 (2013). ヘルスコーチングの展望:コーチングの歴史と課題を基に支援対話研究, 1, 7-22.

西垣悦代 (2014a). 日本におけるヘルスコーチングの特徴と課題: テキストの分析を通して 日本ヘルスコミュニケーション学会誌, 5(1), 22-36.

西垣悦代 (2014b). 日本のコーチに対するウェブ調査: コーチの現状と展望支援対語研究, 2, 4-23.

西垣悦代・堀 正・原口佳典 (2014). コーチとはどのような人々なのか: コーチングに関するウェブ調査より 日本社会心理学会第55回大会論文集, 371.

O'conner, J. & Lages, A. (2007). *How coaching works.* London: A & C Black. (杉井要一郎(訳) (2012). コーチングのすべて 英治出版)

Palmer, S. & Whybrow, A. (2007). Coaching psychology: An introduction. In S. Palmer, & A. Whybrow (Eds.) *Handbook of coaching psychology: A guide for practitioners.* Hove, East Sussex, UK: Routledge. pp.1-20.

Palmer, S. & Whybrow, A. (Eds.) (2007). *Hand book of coaching psychology: A guide for practitioners.* Hove, East Sussex, UK: Routledge. (堀 正 (監修・監訳) 自己心理学研究会(訳) (2011). コーチング心理学ハンドブック 金子書房)

Parsloe, E. (2005). *Coaching, mentoring, and assessing: A Practical guide to developing competence.* New York: Kogan Page.

新村 出(編) (2008). 広辞苑 (第六版) 岩波書店

Summers, D. (Ed.) (2009). *Longman dictionary of contemporary English* (5th ed.) Harlow, Essex, UK: Pearson Education.

武田 建 (1985). コーチング:人を育てる心理学 誠信書房

武田 建 (1991). 行動心理学コーチンダ 日本行動療法学会大会発表論文集, 17, 4-5.

武田 建・柳 敏晴 (1982). コーチングの心理学 日本YMCA同盟出版

Werner Erhard HP <http://www.wernererhardinfo.com/related-links.html>

Whitmore, J. (1992). *Coaching for performance.* London: Nicholas Brealey. (真下 圭(訳) (1994). 潜在能力を引き出すコーチングの技術 日本能率協会マネジメントセンター)

Whitmore, J. (2009). *Coaching for performance* (4th ed.). London: Nicholas Brealey.

Wildflower, L. (2013). *The hidden history of coaching.* Maidenhead, Berkshire, UK: Open University Press.

Wilson, C. & McMahon, G. (2006). What's the difference? *Training Journal*, September, 54-57.

칼럼 1

국제코칭심리학회

니시가키 에츠요(西垣悦代)
노다 고우헤(野田浩平)

국제코칭심리학회(International Society for Coaching Psychology: ISCP)는 2006년에 런던에서 개최된 코칭심리학 국제포럼에서 설립이 결정되었고, 그 해부터 영국과 호주가 공동으로 *International Coaching Psychology Review*를 발행하였으며, 2008년에 코칭심리학회(Society for Coaching Psychology: SCP)로 공식 출범하고, 2010년에 제1회 대회를 개최, 2011년에 국제코칭심리학회라고 개칭하고 현재에 이른다.

설립 당시 영국심리학회 내에 2,000명이 넘는 회원이 있었고, 호주심리학회 내에는 500명 이상의 회원이 코칭심리학에 관심을 갖고 그룹을 형성하고 있었으며, 이들이 모체가 되어 코칭심리학을 보다 많은 나라와 지역으로 전파하려고 했다. 국제코칭심리학회의 설립 취지는 코칭심리사의 국가와 문화를 초월한 네트워크 조직의 구축, 코칭심리사의 인증, 국제적인 협력과 연구의 추진 등이었다. 현재는 영국, 호주 외에 아일랜드, 캐나다, 덴마크, 스웨덴, 이탈리아, 폴란드, 포르투갈, 그리스, 스페인, 미국, 남아프리카, 이스라엘, 한국, 중국에서 대표이사를 내고 있다. 그 중, 영국심리학회의 코칭심리학 분회 외에 호주심리학회 코칭심리학분회, 미국심리학회의 제13분과(컨설팅심리학) 등 각국의 심리학회 안에 있는 코칭심리학 관련 분회 및 학회와 연계해 국제학술집회를 개최하고 있다.

제3회 국제코칭심리학회(로마): 국제코칭심리학회에서는 2010/2011년도부터 각국에서 개최되는 코칭심리학 관련 학회를 모두 '국제코칭심리학회 시리즈'로 하고 있고 연도별로 여러 차례 개최하고 있다. 2013년 5월에 로마에서 개최된

제3회 시리즈에는, 일본에서 본 칼럼의 필자(野田) 외 1명이 참가해 포스터 발표를 하였다. 이틀간의 개최 기간 동안 오전에는 초청강연을 포함한 구두발표를, 오후에는 테마별 기술세션과 연구발표가 있었다. 강연에는 학회장 파마(Palmer, S.)를 비롯하여 영국의 카운슬링 심리요법계의 중진으로 비즈니스코칭에서도 유명한 레인(Lane, D.)과 미국의 유명 컨설팅 회사의 대표이며, 심리학 박사학위 가진 반다비아(Vandaveer, V.)가 등단하였다.

스페인의 카탈루냐코칭심리학회의 보고는 심리사와 코치의 협력이라는 점에서 일본의 코칭심리학계에 참고가 될 것 같다. 스페인의 코칭은 각종 코치 양성회사의 영향을 강하게 받고 있다. ICF 이외의 구미의 코치 단체들의 지부와 자격보유자가 많다. 코칭심리학의 발전에 수반하여, 최근에는 대학에도 코칭심리학의 교육과정이 생겼지만, 코칭심리학회의 설립 당시는 심리사가 소수였다. 거기서 준회원 자격의 코치들의 협력을 얻어, 2010년에 국제코칭심리학회를 성공리에 개최하였다. 현재 카탈루냐의 코칭심리학회는 ICF의 국제기준을 따르고 있고, 코칭심리학 강의연수(100시간) 및 실무(100시간), 시험(면접) 그리고 정기적인 자격갱신(5년 갱신, 슈퍼비전 등)의 방식으로 자격을 발급하고 있다.

제4회 국제코칭심리학회(런던): 제4회 대회는 'Changing Lives, Changing Worlds-Inspiring Collaborations'를 주제로 2014년 12월 런던에서 개최되었으며, 일본에서는 본 칼럼의 필자(西垣)가 구두발표를 했고, 2명이 참가, 발표하였다. 학회의 프로그램 구성은 로마의 것과 거의 같았다. 2014년은 영국심리학회의 카운슬링 분회 안에 코칭심리학분과가 탄생한 지 10주년이었기 때문에, 파머 회장 등이 주관한 심포지엄에서 코칭심리학이 지난 10년간 얼마나 발전·확대되었는지, 향후 어떠한 방향으로 가야하는지를 전망하였다. 영국과 호주 등 코칭심리학의 선진국의 참가자들은 심리학 학사학위를 갖지 않았는데, 대학원에서 코칭심리학을 전공한 사람들에게도 심리사 자격을 각국의 심리학회가 인정하도록 압력을 가해야 하는 것이 아닌가 라는 논의가 있었다.

초청강연에서는, 심리측정의 세계적 권위자인 케임브리지 대학의 라스트(Rust, J.)가 "온라인상의 발자취의 심리측정과 분석"이라고 제목을 붙인 21세기의 심리측정에 대한 강연을, 그리고 TED에도 등장한 기업가 헤퍼난(Heffernan, M.)이

"의도적인 맹목: 우리는 어떻게 일을 잘못하거나 잘하게 되는가?"에 대한 강연을 하였다.

국제코칭심리학회는 일반 심리학회와 비교해보면, 실천 성향이 강한 학회이며, 코칭심리사뿐만 아니라 일반 코치도 다수 참가하고 있다. 코칭심리학의 최첨단의 학술 동향을 알 수 있었고, 세계의 코칭심리학자와 교류해 각국의 상황에 대해 정보교환을 하기에는 최적의 학회라고 할 수 있다.

❖ 참고

International Society for Coaching Psychology HP(http:/www.isfcp.net/)
野田浩平(2013).2013年国際コーチング心理学会参加報告
    (http:/www.Balancedgrowth.co.jp/library/column/2013/07/GlobalCoaching.html)

제 2 장

코칭심리학의 스킬과 모델

니시가키 에츠요(西垣悦代)

본장에서는 국제코칭심리학회의 인증을 받은 영국의 Centre for Coaching(코칭센터)에서 하는 코치인증 트레이닝 프로그램(Certificate for Coaching)을 토대로 코치의 기본 자세 및 코칭의 기초적인 스킬과 모델에 대해 설명한다.[1]

I. 코치의 기본 자세

인본주의심리학이 코칭의 탄생기에 있어서 그 배경이 되는 학문의 하나였다는 설명은 제1장에서 하였는데, 그것의 인간관은 현재의 코칭에도 영향을 미치고 있다. 매슬로(Maslow, 1954)는 "심리학은 지금까지 인간의 긍정적인 측면보다 부정적인 측면의 연구에서 훨씬 큰 성공을 거두었다. 인간의 결점과 병에 대해 많은 것을 알게 되었지만, 정작 인간의 잠재능력, 미덕, 무엇인가를 완수하려고 하는 열의에 대해서는 거의 밝혀지지 않았다"라고 하며 인간의 긍정적인 측면에 초점을 맞출 것을 주장하고, "사람은 자신이 될 수 있는 것이면 전부가 되려고 하는 성질을 갖고 있다"라고 말하였다. 인간 존재의 가치를 존중하고, 성장을 통해 최고의 상태로 나아가려는 힘이 있음을 믿는 인본주의심리학의 생각은, "사람은 원래 창조력과 재능, 지혜가 충만하고 부족한 것이 없는 존재이다"(Kimsey-House, et. al., 2011/일역, 2012)라고 하는 코칭의 인간관에 계승되어 있다.

---

1) 칼럼 7 참조.

코치가 클라이언트²)를 대할 때의 기본적인 자세나 태도에 대해서는 다양한 코칭의 유파 간에도 어느 정도 공통된 인식이 있다. 거기에는, 매슬로와 함께 코칭의 성립에 영향을 준 로저스의 인간중심주의상담의 사상이 반영되어 있다. 로저스(Rogers, 1957)는 "치료적 인격변화의 필요충분조건"이라는 논문에서, 클라이언트와 심리치료자의 관계에서 가져야 하는 모습에 대해 다음 6가지 조건을 제시하고 있다.

1. 두 사람이 심리적으로 접촉하고 있다.
2. 한쪽(클라이언트)은 불일치의 상태, 즉 상처받기 쉽거나 불안한 상태에 있다.
3. 다른 쪽(심리치료자)은 클라이언트와의 관계에서 진정성(congruence, 또는 일치성) 있고 통합되어 있다.
4. 심리치료자는 클라이언트에 대해 무조건적인 긍정적 존중(unconditional positive regard)을 보인다.
5. 심리치료자는 클라이언트가 보이는 내면의 공감적 이해(empathic un-derstanding)를 경험하고, 클라이언트에게 그 경험을 전하려 한다.
6. 심리치료자의 공감적 이해와 무조건적인 긍정적 존중은 클라이언트와의 커뮤니케이션에 의해 전달된다.

이 중에서 3, 4, 5가 심리치료자의 태도다. 3의 심리치료자의 '자기일치(自己一致)'란 "심리치료자가 자신이 체험하고 있는 것을 의식할 수 있고, 그 체험 그대로 관계 속에 있을 수 있다. 심리치료자가 내면에서 체험하고 있는 것과 현재 인식하고 있는 것과 클라이언트에게 전달하고 있는 것이 조화를 잘 이루고 있는 것, 서로 일치하는 것"(Rogers, 1980)이라고 설명되어 있다. 심리치료자의 투명성이라고 말할 수 있는 것으로, 자기 안에 있는 감정이나 사고에 대해 방어적이지 않고 개방적인 태도를 취하는 것을 말한다.

4는 클라이언트의 인간성에 대한 근본적인 존중이라고 할 수 있는 것으로, 클라이언트에 대해 "만약, 이렇다면"이라는 조건부가 아니라, 전인격을 있는 그

---

2) 상담이나 코칭을 받는 사람을 Client라고 부른다. 영어에서는 같지만, 일본에서는 상담에서는 '크라이엔토', 코칭에서는 '크라이안토'라고 부른다.

대로 긍정·수용하는 태도이다. 다만, 모로토미(諸富, 2005)는, 로저스가 의도하는 것이 클라이언트를 막연히 통째로 수용하거나 발언 내용을 글자 그대로 모두 긍정하는 것은 아니며, 클라이언트에게 항상 주의와 관심을 기울인다는 의미라고 하였다.

5의 공감적 이해란, 단순히 동조나 찬성이 아니라 심리치료자가 클라이언트의 '거울'이 되고, '다른 나'가 되어 내적 세계를 정확하게 비추는 작업이며, 구체적으로는 '감정의 반영(reflection of feeling)'이나 '지각을 점검하기(checking perceptions)'라는 형태로 표현되는 것이다. 로저스는 "클라이언트의 내면 세계의 든든한 동반자"(Rogers, 1980)라고 표현한다. 게다가 만년의 로저스는, 이에 덧붙여 심리치료자의 "presence(존재감)"을 상대를 치유하는 힘이 되는 핵심적인 조건이라고 보았다(Rogers, 1986).

조세프와 머피(Joseph & Murphy, 2013)에 따르면, 로저스의 생각은 자기실현의 메타이론과 특히 잘 부합하고 인간성코칭에 계승되고 있다고 한다. 그 뿐만 아니라, 바히로바(Bachkirova, T.)가 프랙티셔너(코치나 카운슬러)와 클라이언트 간의 좋은 관계의 확립과 클라이언트의 코칭이나 상담에 대한 전념의 중요성은 코칭, 카운슬링, 멘토링에 공통적으로 유효하다고 말하는 것에서 알 수 있듯이 (Bachkirova, 2007), 로저스가 제시한 심리치료자의 기본 자세는 오늘날 심리치료뿐만 아니라 코칭에서도 기본자세로 인정받고 있다. 그렇게 된 한 요인은 제1장에서 기술한 바와 같이, 프로코치의 양성이라는 발상은 1990년대 이후에 나온 것이며, 그때 참고가 된 것은 그 당시에 이미 확립되어 있던 심리치료자 양성의 노하우였기 때문이다. 코치의 기본적인 자세와 태도로서, 클라이언트에 대해 항상 경의와 관심을 주고, 신뢰 관계를 쌓아 올리며, 말과 감정을 수용하고 그것을 피드백하는 것 등은 국제코치연맹(ICF)이 정한 핵심역량(국제코치연맹 일본지부, 2013)에도 코치가 코칭을 실시할 때에 필요한 핵심이 되는 능력 수준이라고 제시되어 있다.

2. 기본적인 코칭 스킬

Centre for Coaching(2014)은 코치뿐만 아니라 상담이나 멘토링 등에서도 공통되는 기본적인 스킬로서, 경청, 공감, 상세한 탐색, 확인, 요약, 도전, 이해, 탐험, 다른 말로 바꿔 표현하기, 반영, 목표설정 등을 들고 있다.

코칭의 기본스킬은 기능적인 관점에서 나누면, 경청스킬(listening skill)과 동기화스킬(moving on skills)로 나눌 수도 있다(표 2-1). 이런 스킬의 분류나 명칭에 관해서는 코칭의 유파에 따라 반드시 일치하고 있지는 않지만, 명칭은 달라도 닮은 것은 많다. 또, 일반적으로 '경청스킬'은 상담스킬과 공통된 것이 많은 것에 비해, '동기화스킬'은 행동 지향적인 것을 많이 포함하고 있어 코칭의 특징이 보다 현저하게 보이는 스킬이라고 말할 수 있을 것이다.

덧붙여, 일본의 코칭 초심자를 위한 책들에는 '3대(기본) 스킬'이라고 칭하며 특정 스킬 3개만 꺼내 강조하고 있는 것도 있지만, ICF가 정하는 핵심역량을 위시하여 구미의 코칭 서적에는 그러한 것이 눈에 띄지 않는다. 아마 무엇이든지 '3대 ○○'을 좋아하는 일본인이기 때문에, 책 저자의 개인적 경험이나 생각에 근거하거나, 선전 문구로서 만들어진 것이 아닐까 생각된다.

그림 2-1 코칭, 멘토링, 상담, 심리요법에 공통되는 기본기술

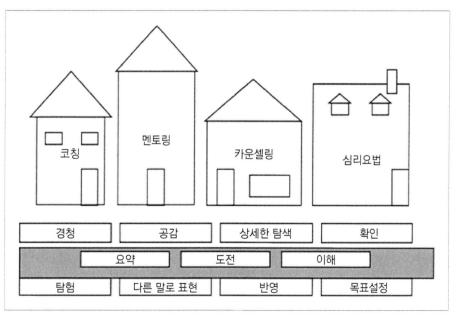

© Centre for Coaching, 2014를 바탕으로 작성

표 2-1 코칭의 기본적인 스킬

경청스킬	동기화스킬
주의해서 듣기 얘기를 끝까지 듣기 말을 다른 말로 바꿔보기(paraphrase) 감정의 반영(reflecting feeling) 확인(checking) 요약(summarizing) 구체적인 예를 찾기(eliciting examples) 침묵 열린 질문	입증하기(proving) 정보를 주기 적절한 자기 표현 도전과 대결 부정합(不整合) 목표의 설정과 행동 계획 격려와 칭찬 의사결정 진척에 대한 모니터링 브레인스토밍

3. 코칭심리학의 모델

코칭심리학의 배경이 되는 이론은 제1장에서 제시한 것처럼 다양하며, 코칭에서 이용하는 모델도 이론에 따라 매우 많다. 여기에서는 행동코칭의 GROW모델과 인지행동코칭의 SPACE모델을 소개한다.

3.1. 행동코칭: GROW모델

코칭의 행동주의적 접근은 '행동이 결과를 가져온다'는 입장을 취한다. 즉, 코칭이란 '행동의 변화'가 핵심이라는 견해를 갖고 있다. 행동코칭은 현 상황에 대한 평가, 가치와 동기부여의 검토, 측정 가능한 목표의 설정, 초점이 맞춰진 행동계획의 작성 등을 포함하며, 코치와 클라이언트는 구조화된 프로세스에 따라 형성된 관계로 있으며(Skiffington & Zeus, 2003), 대부분의 코칭 프로그램은 이러한 행동적 접근방식을 포함하고 있다(Eldridge & Dembkowski, 2013).

행동코칭의 고전이며 가장 유명한 모델이라고 할 수 있는 것이 GROW모델이다. GROW모델은 알렉산더(Alexander, G.)에 의해서 고안된 것이지만(Alexander, 2006; O'Conner & Lages, 2007/일역, 2012), 갤웨이(Gallway, T.)의 *Inner Game*의 영향도 있다고 생각된다. 위트모어(Whitmore, T.)의 개발인 것처럼 오해받을 수 있는 것은, 알렉산더와 함께 일하던 위트모어가 쓴 저서 *Coaching for Performance*(일역 「처음하는 코칭)에 소개되어 퍼졌기 때문이다. 그런 점에서는 위트모어도 공헌자의 한 명이라고 할 수 있을지도 모른다. 알렉산더에 의하면, 당초 그는 자신의 코칭 프로세스에 대해 특별히 의식하지 않았지만, 세션을 녹음·녹화해서 제3자에게 분석을 받아본 결과, 일정한 법칙이 발견되어 그것을 GROW라고 명명했다고 한다(Alexander & Renshaw, 2005).

GROW는 G(goal: 목표), R(reality: 현실), O(options: 대안), W(will: 의지, wrap up: 정리라고 하는 경우도 있다)의 머리글자이다. grow(성장)란 단어로도 읽혀서 코칭 이념에 잘 어울린다. GROW모델에 근거한 코칭 세션에서는, 코치가 우선 클라이언트가 지향하는 목표를 묻고 그것을 명확히 해 나간다. 다음으로 코치는 클라이언트의 현재 상황을 질문에 의해 밝혀간다. 세 번째 단계에서 코치는 목표달성을 위해 현재 장애가 되고 있는 것을 찾아내고, 해결을 위한 대안을 클라이언트와 함께 브레인스토밍 등을 이용하면서 가능한 한 많이 이끌어내고, 가장 현실적이고 적합한 대안을 찾아낸다. 마지막 단계에서는 선택한 대안을 구체적인 행동으로 옮기기 위한 행동계획을 클라이언트와 함께 가다듬어 수립한다.

GROW모델의 질문 예

Goal(목표)
이 세션에서는 어떤 주제를 의논하고 싶으세요?
당신은 무엇을 달성하고 싶다고 생각하십니까?
그것은 최종목표(end goal)입니까? 성과목표(performance goal)입니까?
그걸 언제까지 달성하고 싶으세요?
그건 얼마나 보람이 있나요?

Reality(현 상황)
현재 상황을 자세히 말해주세요(무엇이, 언제, 어디서, 누가).
당신의 이 문제에 대한 관심은 어느 정도인가요?
이 문제에 당신 말고 영향을 주고 있는 게 누구죠?
이 문제의 결과에 대해 당신은 어느 정도 관여하고 있나요?
지금까지 어떤 행동을 취했어요?

당신이 가지고 있는 자원은 어떤 거죠?

이것 말고 당신이 필요하다고 생각하는 자원은 있나요?

Options[대안]

당신이 생각할 수 있는 대안을 다 들어주세요.

필요한 조언이 있습니까?

대안들의 이점과 결점을 들어주세요.

그 밖에 무엇을 할 수 있습니까?

어떤 대안에 가장 끌리나요?

어떤 대안이 당신에게 가장 큰 만족감을 줄까요?

Will[의지]

어느 대안을 선택합니까?

성공에 대한 당신의 기준과 지표는 무엇입니까?

그것은 당신의 목표와 일치하고 있습니까?

목표달성을 방해할만한 것이 있나요?

어떻게 그걸 극복하죠?

당신을 지원하기 위해 제(코치)가 할 수 있는 일이 있나요?

저와 합의한 행동을 취할 때, 당신의 전념도는 1에서 10중 몇 점 정도입니까?

10점이 되는 것에 방해가 되는 것은 무엇입니까?

필자는 알렉산더가 코칭 강사를 상대로 GROW모델을 실현하는 세션의 DVD 를 시청한 적이 있다. 세션 분위기는 냉정한 컨설팅 같은 인상을 받았다. 그러 나, 대화 속에서 맞장구를 반복하고, 주로 클라이언트가 말하게 하면서, 요소요 소의 적절한 장면에서 날카로운 질문을 계속 하였고, 클라이언트는 때로는 대답 이 막히면서도, 극히 자연스럽게 스스로 결론에 도달하고 있어서, 확실히 명인 의 기예를 눈앞에서 보는 것 같았다.

GROW모델은 코치의 질문과 인정(認定)을 통해, 클라이언트가 자신을 동기 부여하는 자기보상적(自己報償的)인 행동시스템을 만들어가는 행동주의 모델이 다(Passmore, 2007). 목표가 행동적이며 비교적 명확한 경우, 예컨대 비즈니스나 스포츠의 경우에 잘 들어맞는다. 또한 개인뿐만 아니라 목표를 공유하는 직장의 팀 등에도 적용 가능하다. 퍼포먼스 코칭이나 비즈니스 코칭의 경우에는, 엄밀한 GROW모델을 쓰고 있다고 말하지 않아도, 현 상황의 검토와 목표 설정, 거기까지 가는 방법의 명확화라는 점에서 GROW모델이나 그와 유사한 모델을 사용하는 행동코칭을(경우에 따라서는 무의식적으로) 하고 있는 코치가 많다고 생각된다. 또한 와이브라우와 파머(Whybrow & Palmer, 2006)가 영국심리학회의 코칭심리학 분회 멤버들에게 실시한 조사에서는, 약 60%의 코칭심리사들이 행동코칭을 도입하고 있다 고 회답했다.

그러나, 사람은 목표와 거기로 가는 방법을 명확히 안다고 해도 항상 그 목표를 향해 똑바로 나아가지는 않는다. 클라이언트가 대인관계나 스트레스 등 내적인 갈등이나 심리적인 장애를 가지고 있는 경우에는, 알고 있어도 실행할 수 없거나 극복할 수 없는 경우도 있다. 그런 경우에는 행동 주체의 감정 면을 깊게 다루지 않는 GROW모델을 비롯한 행동코칭만으로는 문제의 근본적 해결에 이르지 못할 수도 있다.

3.2. 인지행동적 접근: SPACE모델

"사람은 대상 때문에 고민하는 것이 아니라, 그것을 받아들이는 방법 때문에 고민한다"라는 고대 그리스의 에피쿠테토스의 말에 나타난 것처럼, 인지론적인 생각은 오래 전부터 존재하고 있었다. 심리요법의 세계에서는, 사람은 상황에 대해 부여한 의미에 의해 자기 자신을 규정한다(仮想論)는 아들러의 관찰에 의해 주목을 받게 되었으며(Palmer & Williams, 2013), 엘리스(Ellis, A.)는 그 생각을 발전시켜, 계기가 되는 사건과 사람의 감정적·행동적 반응 사이에서 belief(신념이나 사고)가 수행하는 매개적 역할의 메커니즘을 정립하여, REBT(Rational Emotive Behavioral Therapy: 합리적 감정행동치료)를 완성하였다.

'인지행동코칭(Cognitive Behavioural Coaching: CBC)'이라는 명칭은 니난과 파머(Neenan & Palmer, 2001)에 의해 제창되었지만, 그 이전인 1990년경부터 영국의 REBT 심리치료자들은 조직의 문제해결 훈련과 스트레스 관리 대책으로서 임상장면 이외에 REBT를 활용하고 있었다. 다만, 니난과 파머의 논문으로 소개된 인지행동코칭은 웨이식(Wasik, 1984)에 의한 7단계의 문제해결기법이 중심이며, 감정적인 혼란이 있을 경우에만 REBT를 바탕으로 한 ABCDE모델을 사용한다고 되어 있었다. 현재의 인지행동코칭은 인지행동요법 외에 문제지향접근법, 해결지향접근법(SFA), 목표설정이론, 사회인지이론 등의 개념과 방법론을 통합하여 구성되어 있으며(Palmer & Szymanska, 2007), 인지행동적 접근이라고 불린다.

인지행동코칭에서는 선택한 주제의 외면적, 실리적, 목표지향적 행동의 측면과 내면적, 심리적, 인지적 측면을 조사하고, 필요에 따라서 그들 중 어느 한 쪽 또는 양면으로 접근한다는 이원시스템(dual system)을 채용하고 있는 점이 가장 큰 특징이다. 따라서 단순한 문제해결모델로 충분한 경우에는 이런 심리·인지적 측면에 초점을 맞추지 않는 경우도 있다(Williams, et. al., 2014). 반대로, 인지나 감정에 대한 개입만으로 해결되는 경우에는, 상세한 행동 계획이 필요하지 않는 경우도 있다.

그림 2-2 인지행동코칭의 2요인 시스템

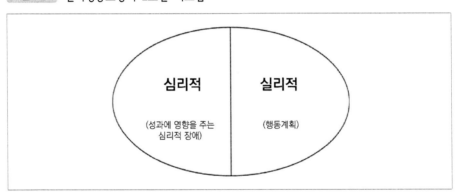

© Centre for Coaching, 2014를 바탕으로 작성

인지행동코칭의 모델의 하나인 SPACE모델은 라자르스(Lazarus, A. A.)의 다중모드치료(multimodal theraphy)를 바탕으로, 에저턴(Edgerton, N.)에 의해 개발되었다(Edgerton & Palmer, 2005). SPACE란 S(Social Context: 사회적 맥락), P(Physiology: 생리·신체반응), A(Action: 행동), C(Cognition: 인지), E(Emotion: 감정)이다. SPACE모델에서는 <그림 2-3>과 같은 다이어그램을 사용하면서 코칭 세션을 진행한다.

SPACE모델의 대화 단계는 3개이며, 각각 청색작업(Blue work), 적색작업

(Red work), 녹색작업(Green work)이라고 부른다. 청색작업에서는 클라이언트가 선택한 문제에 대해 구체적인 예를 들게 하여, SPACE 다이어그램의 각 영역을 메우면서, 문제가 발생한 상황을 구체화한다. 잘 될 때가 있다면 그것도 기입하고, 만약 다이어그램의 어딘가에 공백이 생긴다면, 그것에 대해서도 묻는다.

다음 적색작업에서는 특정된 위기적 상황에서의 S(사회적 맥락), P(생리·신체 반응), A(행동), C(인지), E(감정)를 밝혀 나간다. 이때, 클라이언트가 '인지'란 무엇인지를 이해하고 있는 것이 중요한데, TIME, 즉 T(Thought: 생각), I(Image: 이미지), M(Memories: 기억), E(Expectations: 기대)라고 설명하면 이해되기 쉽다. 적색작업을 진행해 나가는 가운데, 클라이언트는 코치의 질문에 대답하거나 SPACE 다이어그램을 보는 것으로, 생리·신체, 감정, 행동, 인지의 상호관련성을 알 수 있다.

청색과 적색작업은 평가를 거치고, 그 후 녹색작업이 해결을 위한 코칭이 된다. 녹색작업에서는 그 전의 적색작업과 동일한 상황을 이미지화 해달라고 하고, 지금까지와 다르게 반응할 수 있는지 질문한다. 여기에서는 소크라테스적

그림 2-3 SPACE모델

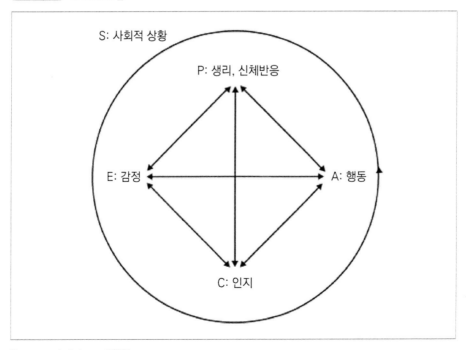

Edgerton & Palmer, 2005

질문을 활용해, 상황을 개선하기 위한 새로운 아이디어가 떠오르면, 그것을 기초로 다이어그램을 바꾸어 간다. 새로운 행동을 선택했을 경우에는, 어떤 감정이나 생리·신체 반응이 일어날 것 같은지, 0~10의 단계 평가를 이용해 회답하게 하기도 한다.

SPACE모델의 각 머리문자가 나타내는 내용은 다음과 같다.

S(social context: 사회적 맥락): 가족, 친구, 동료, 조직·직장, 문화(사회규범이
나 습관 등) 등
P(physiology: 생리·신체반응): 긴장의 레벨, 호흡·심박수, 수면, 질병, 호르몬
혈류, 발한 등
A(actions: 행동): 구체적 행동, 행동경향, 발언, 활동
C(cognition: 인지): 기억, 사고, 이미지, 기대
E(emotions: 감정): 분노, 불안, 죄책감 등 기분

SPACE모델의 기본형에서는 5개 영역에 관해 3가지 작업을 하기 때문에 꽤 시간이 걸린다. 그러나, 세션에서 취급하는 문제에 따라서는 5개 영역 모든 것이 관계하고 있다고는 할 수 없다. 에저턴과 파머(Edgerton & Palmer, 2005)는 ACE(action-cognition-emotion)모델이나 PACE(physiology-action-cognition-emotion)라는 약식모델도 동시에 제안하고 있으며(그림 2-4, 5), 필요에 따라 구분하여 사용할 것을 권하고 있다.

인지가 감정, 나아가 행동에 영향을 미친다고 하는 생각은, 벡(Beck, A. T.)의 인지요법과 엘리스(Elis, A.)의 REBT이론의 기본이다. 그러나 에저턴의 SPACE모델에서는, 인지와 감정, 인지와 행동의 관계가 서로 쌍방향이라고 한다(Edgerton & Palmer, 2005). 예를 들어, '이런(심한) 일이 있어서는 안 된다'라는 인지가 분노를 가져오는 것과 마찬가지로, 지속적인 분노의 감정이 새로운 상황에서 부정적인 인지를 만들어 낼 수도 있기 때문이다. SPACE와 동일한, 혹은 이와 비슷한 5영역을 이용한 경우의 개념화는 CBT에서도 사용된다. 그러나 파머 등은 코칭은 심리요법과는 다르므로, 그런 개념화하는 일에 너무 시간을 많이 들여서는 안 된다고 주의를 촉구하고 있다(Palmer & Szymanska, 2007).

그림 2-4 ACE모델

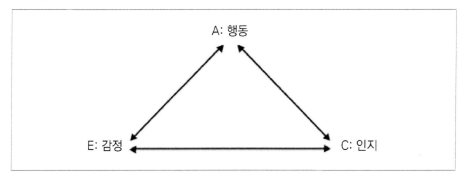

A: 행동

E: 감정   C: 인지

Edgerton & Palmer, 2005

그림 2-5 PACE모델

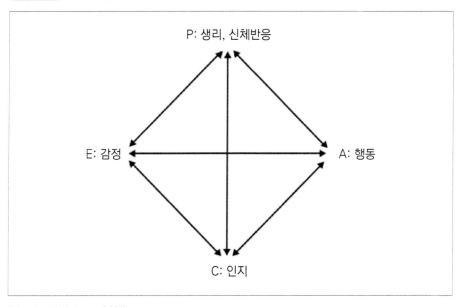

P: 생리, 신체반응

E: 감정   A: 행동

C: 인지

Edgerton & Palmer, 2005

　　필자는 런던의 Centre for Coaching에서 개발자인 에저턴으로부터 SPACE
모델의 훈련을 받았다. 처음의 청색작업 때에는 일견 관련이 없다고 생각되었던
영역 간에, 작업의 단계를 거듭해 가는 사이에 완전히 다른 관계성이 보이는 일
도 경험했다. 깊은 깨달음 덕분에 보이는 세계가 바뀌는 것이 인지를 포함하고
있는 이런 모델의 최대의 강점이자 특징이다. 다만, 클라이언트가 코칭에 가지

고 오는 주제에 따라서는, GROW모델로 충분히 가능하는 경우도 있을 것이다. 파머 등은, 인지행동코칭은 직장이나 학교에서 퍼포먼스의 향상, 스피치 불안, 시간관리, 의사결정, 문제해결, 감정관리 등에 특히 유효하다고 말하고 있다 (Palmer & Szymanska, 2007).

한편, 인지행동코칭에 적합하지 않은 클라이언트로서는, 다른 것에 책임을 전가하는 등 감정적인 책임을 받아들이지 않는 사람(자신의 감정에 마주할 수 없는 사람), 코칭의 책임을 받아들이지 않는 사람(과제에 맞서서 바꾸려는 행동을 일으킬 수 없는 사람), 우울증 등 임상적인 문제를 안고 있는 사람(이런 사람은 코칭이 아닌 심리치료를 받아야 한다) 등을 들고 있다.

본장에서 소개한 모델은 코칭에서 이용되는 모델의 일례에 지나지 않는다. 코칭의 효과를 내려면, 코치는 클라이언트의 특성이나 선택된 주제에 따라 최적의 어프로치와 모델을 구분하여 사용할 수 있도록 '여러 개의 주머니'를 갖고 있고, 코칭에 적합하지 않은 클라이언트를 분별하는 능력을 가지고 있어야 하며, 자신이 사용할 수 있는(혹은 자랑으로 하는) 어프로치 이외의 방법이 더 효과적이라고 판단되면 클라이언트를 다른 코치나 심리치료자에게 소개할 수 있어야 한다고 생각한다.

4. 소크라테스식 질문과 SMART목표

본 절에서는 행동코칭과 인지행동코칭에서 자주 사용하는 질문과 목표설정에 관한 용어를 설명한다.

4.1. 소크라테스식 질문

서양의 교육계에서는 전통적으로 '소크라테스식 문답법(The Socratic method)'이라 불리는 방법에 따라 수업이 진행되는 경우가 많다. 종래 일본의 고등교육에서 흔했던, 교사가 일방적으로 말을 하고 학생은 입다물고 그것을 들으며 필기를 하는 식의 수업은 거의 없다. 학생은 교사가 가르쳐주는 지식이나 정보로부터가 아니라, 교사가 던진 질문에 대답하려고 생각을 해보고 서로 토론하면서 배우는 방식으로 한다. 거기에는 교사와 학생 사이의 지적(知的) 긴장감에 의해서 만들어지는 창조와 그것을 공유하는 기쁨이 존재하고, 그것이 배움의 진수로 여겨지고 있다.

소크라테스식 문답법은 수업뿐만 아니라 소크라테스식 질문(Socratic questioning)이라는 형태로 심리요법에 도입되어 있으며, 특히 고전적 아들러심리 요법(classical Adlerian psychotherapy)과 인지요법, 인지행동요법에서 중요시되고 있다. 소크라테스식 질문은 심리치료자가 질문을 던지는 것으로 대화가 진행되 며, 클라이언트가 새로운 관점을 얻거나 깨달음을 얻는다. 심리요법에서 소크라 테스식 질문은 다음과 같이 분류된다(Centre for Coaching, 2014).

1. 명확화를 위한 질문(예, 당신은 OO에 대해 어떻게 생각하고 있습니까?)
2. (클라이언트의) 추측에 대한 탐구(예, 그것은 항상 일어나는 일입니까?)
3. 이유와 근거에 대한 탐구(예, 왜 그렇게 생각하는 겁니까?)

니난과 드라이덴(Neenan & Dryden, 2012)은 좋은 소크라테스식 질문은 간결 하고 명확하며, 개방적이고, 목적이 있고, 건설적이며, 초점이 맞춰져 있고, 단 정적이지 않고, 중립적인 것이며, 언제, 어디에서, 어떻게, 무엇을, 왜 등과 같은 의문사를 사용한다고 말하고 있다. 소크라테스식 질문은 인지행동코칭의 특징 중 하나이다.

4.2. SMART모델

코칭에서는 목표를 세우고 그것에 대한 행동계획을 코치와 클라이언트가 협력해 짜는 일이 많다. 이때 적절한 목표를 설정하는 것이 중요한데, 그 기준 으로 이용되는 것이 SMART목표다.

SMART목표란 S(specific), M(measurable), A(achievable), R(realistic), T(time-bound)의 첫 글자로(Neenan & Dryden, 2002/일역 2010), 다음과 같은 의미이다.

S(specific): 구체적인 것(예, 3개월에 표준 체형이 된다)
M(measurable): 측정 가능한 것(예, 체중을 측정한다)
A(achievable): 달성 가능한 것(예, 감량을 위해서 헬스클럽에 다닐 수 있는지)

R(realistic): 현실적인 것(예, 이런저런 장애가 있어도 감량 프로그램을 계속할 수 있는지)

T(time-bound): 실행을 위한 기한이 한정되어 있을 것(예, 설정기간 내에 목표 달성이 가능한지)

SMART목표는 위트모어(1992/일역, 1995)의 저서에서 인용처를 제시하지 않고 소개되었기 때문에 위트모어의 창작으로 오해받는 경우가 있지만, 경영 컨설턴트인 도란(Doran, 1981)이 경영학 학술지에 발표한 논문에서 최초로 제안한 개념이다. 도란의 위 논문에서는 조직에 있어서의 매니지먼트를 염두에 두고 있었기 때문인지, A를 assignable(지정 가능한: 누가 책임을 지는지 분명히 한다), T를 time-related(시간 한정: 언제까지 달성할지 기한을 정한다)라고 하였다. 도란은 목표(goal)와 목적(objective)을 구별할 필요가 없다고 하였으며, SMART의 5가지 조건을 모두 충족시킬 필요도 없다고 말하였다.

위트모어의 저서에서는 퍼스널코칭에 맞도록 A를 attainable(달성 가능)이라고 하였지만, 후에 agreed(합의된: 이해관계자들 간에 합의된 목표)로 바꾸고 있다(Whitmore, 2009). 또한 SMART에 덧붙여, PURE와 CLEAR도 제안하고 있다(Whitmore, 2009).

PURE:

P(positively stated: 긍정적으로 표현되어 있다)

U(understood: 이해되고 있다)

R(relevant: 적절하다)

E(ethical: 윤리적이다)

CLEAR:

C(challenging: 도전할 만 하다)

L(legal: 합법적이다)

E(environmentally sound: 친환경적)

A(appropriate: 적절하다)

R(recorded: 기록되어 있다)

기준은 너무 많으면 오히려 사용하기 어려워지고, 일부러 내세울 것까지는 없을 것 같은 것도 포함된다. 목표는 너무 높아도 너무 낮아도 의욕이 생기지 않고(A), 현실적이고(R), 도전적인(C) 목표를 설정하는 것은 중요하다. 달성했는지 여부를 측정할 수 있는 지표가 있는 것이 좋고(M), 막연한 표현이 아니라 구체적이고 충분히 좁혀진 목표(S)로 설정함으로써 목표달성에 대한 행동을 취하기 쉽게 한다. 또, "OO하지 않는다"라든지 "OO을 피한다"라고 하는 부정적인 표현보다, "OO한다"라는 식의 긍정적인 표현으로 목표를 나타내는(P) 것이 적극적인 마음으로 도전할 수 있게 만든다. 코칭의 기법 여하를 떠나, 적절한 목표설정은 그것을 달성하기 위한 제일보라고 말할 수 있다.

Alexander, G. & Renshaw, B. (2005). *Super coaching*. London: Random House.

Alexander, G. (2006). Behavioural coaching: The GROW model. In J. Passmore (Ed). *Excellence in coaching*. London: Kogan Page.

Bachkirova, T. (2007). Role of coaching psychology in defining boundaries between counseling and coaching. In S. Palmer &A. Whybrow (Eds.) *Handbook of coaching psychology: A guide for practitioners*. Hove, East Sussex, UK: Routledge. pp.351-366.

Centre for Coaching (2011). Certificate in coaching training manual. Course held by Centre for Coaching, London, 2-6. June, 2014.

Doran, G. T. (1981). There's a S.M.A.R.T. way to write managements goals and objectives, *Management Review*, 70(11), 35-36.

Edgerton, N. & Palmer, S. (2005). SPACE: A psychological model for use within cognitive behavioural coaching, therapy and stress management. *The Coaching Psychologist*, 2(2), 25-31.

Eldridge, F. & Dembkowski, S. (2013). Behavioral coaching. In J. Passmore, D. B. Peterson, & T. Freire (Eds.). *The Wiley-Blackwell handbook of the psychology of couching and mentoring*. Chichester, West Sussex, UK: Wiley-Blackwell. pp.298-318.

Joseph, S. & Murphy, D. (2013). Person-centered approach, positive psychology and relational helping Building bridges. *Journal of Humanistic Psychology*, 53, 26-51.

Kimsey-house, H., Kimsey-House, K., & Sandahl, P. (2011). *Co-active coaching: Changing business, transforming lives* (3rd ed.). Boston, MA: Nicholas Brealey. (CTI ジャパン(訳) (2012). コーチング・バイブル: 本質的な変化を呼び起こすコミュ.ニケーション 東洋経済新報社)

国際コーチ連盟日本支部 (2013). 国際コーチ連盟によるコーチングを行う際に必要な
核と,なる能力水準・国際コーチ連盟の倫理規定 新訳版 ビズナレッジ[非売品]

Maslow, A. H. (1954). *Motivation and personality*. New York. Harper.

諸富祥彦 (2005). 人格成長論--ロジャーズの臨床心理面接論の批判的発展的検討を中
心に 東山紘久(編) 臨床心理学全書 第3巻 臨床心理面接学その歴史と哲学 識信書
房 pp.101-156.

Neenan, M. & Dryden, W. (2002). *Life coaching: A cognitive-behavioural
approach*. London: Psychology Press. (吉田悟(監訳) 亀井ユリ(訳) (2010). 認知
行動療法に学ぶコーチング 東京図書)

Neenan, M. & Dryden, W. (2012), *Life Coaching: A cognitive behavioural approach*
(2nd ed.). Hove, East Sussex. UK: Routledge.

Neenan, M. & Palmer, S. (2001). Cognitive behavioural coaching. *Stress News*,
13(3), 15-18.

O'Conner, J. & Lages, A. (2007). *How coaching works*. London: A & C Black. (杉
井要一郎(訳) (2012). コーチングのすべて 英治出版)

Palmer, S. & Szymanska, K. (2007). Cognitive behavioural coaching: An integrative
approach. In S. Palmer & A. Whybrow (Eds.), *Handbook of coaching
psychology: A guide for practitioners*. Hove, East Sussex, UK: Routledge, pp.
86-117.

Palmer, S. & Williams, H. (2013). Cognitive behavioral approaches. In J. Passmore,
D. B. Peterson, & T. Freire, (Eds). *The Wiley-Blackwell handbook of the
psychology of coaching and mentoring*, Chichester, West Sussex, UK: Wiley-
Blackwell. pp.319-338.

Passmore, J. (2007). Behavioural coaching. In S. Palmer &A. Whybrow (Eds),
Handbook Of coaching psychology: A guide for practitioners. Hove, East
Sussex, UK: Routledge. pp.73-85.

Rogers, C. R. (1957). The necessary and sufficient conditions of therapeutic
personality change. *Journal of Consulting Psychology*, 21, 95-103.

Rogers, C. R. (1980). *A way of being.* Boston, MA: Houghton Mifflin. (畠瀬直子(監訳) (1984). 人間尊重の心理学-わが人生と思想を語る 創元社)

Rogers, C. R. (1986). A client-centered/person-centered approach to therapy. In I. L. Kutash & A. Wolf (Eds.), *Psychotherapist's casebook.* San Francisco, CA: Jossey-Bass. pp.197-208.

Skiffington, S. Zeus, P. (2003). *Behavioural coaching: How to build sustainable personal and organizational strength.* Sydney: McGraw-Hill.

Wasik, B. (1984). *Teaching parents effective problem-solving: A handbook of professionals.* Unpublished manuscript. Chapel Hill, NC: University of North Carolina.

Whitmore, J. (1992). *Coaching for performance: Growing people, performance and purpose.* London: Nicholas Brealey. (真下 圭(訳) (1994). 潜在能力を引き出すコーチングの技術 日本能率協会マネジメントセンター)

Whitmore, J. (2009). *Coaching for performance* (4th ed.). London: Nicholas Brealey.

Whybrow, A. & Palmer, S. (2006). Taking stock: A survey of coaching psychologist's practice and perspective. *International Coaching Psychology Review,* 1(1), 56-70.

Williams, H., Palmer, S. & Edgerton, N. (2014). Cognitive behavioural coaching. In E. Cox, T. Bachkirova, & D. Clutterbuck (Eds.). *The complete handbook of coaching* (2nd ed.). London: Sage. pp.34-50.

미국 대학원의 코칭 교육과정의 사례

시도 유미꼬(紫藤由美子)

필자가 2012년에 석사학위(MS)를 취득한 텍사스대학교 댈러스캠퍼스의 경영대학원(The University of Texas at Dallas(UTD), Naveen Jindal School of Management)의 코칭 교육을 소개한다.

경영관리과학과(Management and Administrative Science)의 조직행위·임원코칭(Organizational Behavior and Executive Coaching) 전공과정에서는 수업의 일부에서 코칭을 배운다는 틀을 넘어, 경영관리의 커리큘럼 속에 조직행위론과 코칭을 체계적으로 조합한 커리큘럼이 들어가 있다. 조직운영관리개념에 코칭의 이론과 실천을 받아들여 개인, 그룹, 조직에서 변화와 성장을 촉진한다는 데 초점을 맞추고 있다. 수업은 최신 온라인 시스템을 구비한 가상 클래스에서 진행되며, 활발한 토론도 가능하다.

여기서 배우는 코칭은 비즈니스, 의료, 교육 등 조직 내에서의 코칭에 특화되어 있다. 학생은 대부분이 사회인으로 그 직업의 폭이 넓다. 코칭 체계를 배우고 싶다는 코치, 자신이 일하는 조직의 변혁을 위해 왔다는 기업의 인사담당자, 자신이 속한 병원에 코칭을 도입하려는 의사와 사무직원, 커리큘럼 도입을 위해 강의를 들으려는 대학교수 등 다양하다. 특색 있는 커리큘럼에 매료되어, 2번째, 3번째 석사학위를 취득하려고 입학하는 사람도 많다.

UTD경영대학원의 코칭 교육은 일반적인 코칭을 가르치는 기관과 다른 특징이 세 가지 있다.

첫 번째는 전문코치를 양성하는 프로그램이 개설되어 있다는 점이다. 국제코치연맹(International Coach Federation)의 공식인정을 받은 프로그램이 도입되어 있다. 강의실에 앉아서 지식을 습득하기도 하지만 실천도 포함하여 전문코치

양성기관이 되고 있다. 10개월에 걸친 프로그램 종료 시에는 국제코치연맹 전문 코치 자격의 신청요건이 충족되도록 되어 있다(실제 코칭 실적은 제외된다). 코칭 강의를 하는 대학·대학원은 다수 있지만, 국제코치연맹의 인증 코치 자격신청 요건을 채우는 코스를 가진 대학은 미국에서도 아직 적다. 덧붙여서 학위를 취득하지 않고, 이 프로그램만 수강할 수도 있다. 그 경우는 Professional and Executive Coaching Program의 수료가 인정된다.

두 번째 특징은 코칭을 포괄적으로 배울 수 있다는 점이다. 코칭 이론과 실천을 배우는 과정에, 조직의 변혁·성장에 효과적인 코칭모델·툴·기법 등을 폭넓게 배운다. '코칭하는 방법'이라고 하는 핵심 부분뿐만 아니라, 근본적인 개념이 나온 학술 분야와 그 외 추가적으로 가치를 더해주는 다양한 요소들이 함께 포함되어 있다. 예를 들면, 클라이언트의 강점을 기반으로 한 코칭 어프로치와 목표설정과 행복도의 관련성, 효과적인 긍정성의 개입 등을 배우는 '긍정심리학', 어떤 특정 분야에 초점을 맞춘 코칭모델을 배우는 '근거기반코칭(evidence-based coaching)', '인지코칭', 코칭에 유효하다고 여겨지는 프로세스를 배우는 '전략적탐구(strategic inquiry)', '强點탐구(appreciative inquiry)', 그리고 개인이 아니라 여러 명에게 동시에 접근하는 방법을 배우는 '그룹코칭' 등 다양하게 배운다.

세 번째 특징은, 코칭을 비즈니스로 확립시키기 위해, 바꾸어 말하면, 코치로서 자립하기 위해 필요한 지식과 정보 습득이 포괄적으로 짜여져 있다는 점이다. 일본에서는 코칭으로 생계를 유지하기에 충분한 수입을 얻기 어렵다는 등의 목소리가 나오고 있고, 코칭이라는 비즈니스가 확립되어 있는 미국에서도 코칭을 직업으로 안착시킬 때까지의 프로세스를 알려주는 곳이 아직도 필요하다고 한다. 이 대학은 그런 수요에 부응하는 구성을 갖고 있다.

예를 들어, 배우는 과목에는, 제휴 파트너를 어떤 기준으로 선정하고, 자신이 제휴 파트너로서 매력적인 존재가 되는 법과 전략계획을 세우는 방법이나 마케팅 기법을 배우는 '코칭 비즈니스의 성장을 위한 전략', 코칭에서 평가를 활용하는 가치와 관련 과제, 시장에서 많이 이용되는 평가 정보나 평가 실시 등을 배우는 '코칭에 있어서의 평가', 정성적·정량적 코칭 리서치의 목적·유효성·리서치에 필요한 요소와 구체적인 기법을 배우고 실습을 해보는 '코칭 비즈니스에서 리서치의 적용', 조직·기업 내에서 구할 수 있는 코치의 요건 등과 조직구조를 이해하고, 조직 내에서 코칭 풍토를 배양하고, 경영층을 상대로 한 코칭 프로세스와 구체적인 인사관리와 근로계약서 작성 방법 등 구체적인 프로세스를 배우는 '조직에 있어서의 코칭' 등이 있다. 또한 사회와 조직의 구조를 이해하고, 비즈니스 기반을 다지기 위해 비즈니스를 둘러싼 경제를 분석하고, 비즈니스에 있어서의 리스크와 불확실성, 리더십론, 협상론, 권한과 사내정치, 조직행위론 등을 배울 수 있다.

대학원에서의 코칭 교육 사례로 UTD 경영대학원을 들었는데, 코칭을 조직과 사람의 성장을 위한 효과적인 프로세스로 파악하고, 코칭의 배경 이론과 사회와 조직의 구조를 이해하고, 그리고 그 안에서 어떻게 코칭을 도입할 것인지 고민하고, 코칭 프로세스와 전문코치로 자립할 수 있는 방법 등을 배우는 일은 앞으로 코치에게 있어서 필수요건이라고 말할 수 있을 것이다.

제 3 장

코칭심리학에서의 평가

이시까와 도시에(石川利江)

I. 코칭 심리평가의 필요성

코칭을 실시할 때에는, 먼저 코칭 대상자(클라이언트)가 처한 상황이나 성격, 능력, 스킬 등에 대해 이해하고 난 후에 목표나 해결책을 생각해 가는 것이 필요하다. 코칭을 진행하는 중간에도 진척 상황이나 효과의 확인이 필요하다. 그런데, 대화나 인터뷰만으로 이런 상황이나 고객의 생각을 충분히 밝힐 수 있을까? 코치의 주관적 평가뿐만 아니라 객관적인 평가도 활용하는 것이 코치뿐만 아니라 클라이언트에게도 도움이 된다. 코칭을 시작할 때에도, 평가를 통해서 코치는 클라이언트의 특징이나 반응하는 방식을 알아낼 수 있다. 한편 클라이언트는 평가 결과를 통해 자신을 돌아보는 자기 통찰을 깊게 할 수 있어서 목표 설정에 도움을 얻게 된다. 다시 말하면, 코칭을 진행해가면서 객관적인 평가를 적절히 활용함으로써 코칭 프로세스의 효과가 분명해지고 목표 달성 정도를 확실히 파악할 수 있다. 또한 평가결과는 클라이언트나 의뢰인에게 주는 피드백 자료로도 사용할 수 있다.

그러나, 이처럼 객관적인 평가의 필요성이 부각되고 있지만, 코칭뿐만 아니라 다른 심리적 개입 기법을 활용하는 데 있어서 객관적 평가는 한정적으로 사용되어 왔다. 그 주된 이유는 평가를 실시하려면 특별한 스킬이 필요하기 때문이다. 평가하려는 사람의 훈련부족이나 경험 부족의 문제와, 평가해달라는 요구를 받지 않았거나, 평가의 우선순위가 낮거나, 평가결과가 비판으로 이어지기도

하고, 비용이 너무 많이 든다 등과 같은 문제가 있다(McCain, 2005).

　이런 상황에 대해서, 코칭심리학의 대표적 연구자의 한 사람인 시드니대학
교의 그랜트(Grant, 2013)는 코칭 비즈니스가 활발해졌고 산업계에서 코칭의 중
요성이 인정받고 있는 오늘날, 코칭의 유효성과 타당도를 검증할 수 있는 신뢰
도를 지닌 지표가 필요하다고 말했다. 그리고, 코칭의 유효성에 관해서는 어떤
형태로 그 증거를 보일 수 있느냐가 중요하다며, 객관적 지표의 필요성을 지적
하고 있다(Grant, 2013). 코칭심리학의 유효성에 대한 증거는 앞으로 더욱 더 요
구될 것이므로, 평가에 대해 깊이 이해하고 사용하기 위한 훈련을 지속적으로
해야 할 것이다. 그래서 본장에서는 코칭심리학의 연구나 실천을 하는데 있어서
필요한 평가를 살펴보고자 한다.

2. 심리평가란?

　평가는 검사라고도 표현되며, 정보를 체계적으로 수집, 분석, 해석해나가는
과정이다. 코칭 심리평가에서도 문제 해결이나 과제 달성을 위해 클라이언트의
여러 가지 특성, 능력, 상황 등을 가능한 한 정확하게 파악할 필요가 있다. 평가
는 문제 해결과 과제 달성을 위한 방법을 찾는 데 쓸 수 있는 정보와, 이용된
방법의 유효성을 확인하기 위한 정보를 준다. 그런데, 코칭심리학이 아직 독자
적인 연구와 실천을 해가는 데 있어서 초기 단계에 있으므로, 코칭심리평가의
방법이나 내용에 대한 논의가 충분하지 않다. 여기서는 코칭심리학과 같은 응용
심리학의 영역인 임상심리학이나 건강심리학에서 논의하고 있는 평가를 참고로
코칭심리학의 평가를 살펴보고자 한다.

　임상심리학은 심리적 문제를 가진 사람을 주요 대상자로 하고, 평가는 장애
나 질병의 정도와 원인이나 치료의 가능성을 중심으로 이루어지고 있다. 건강심
리학에서는 건강한 사람도 대상자에 포함되기 때문에, 평가는 대상자의 건강 측
면을 포함한 질병의 예방이나 심신의 건강을 유지·증진에 관련된 다면적, 종합
적인 평가를 하게 된다.

　한편, 코칭심리학에서는 특정 증상의 치유와 같은 한 가지 측면에만 한정하
지 않고, 개인과 조직을 긍정적인 방향으로 변화시키려고 하므로, 코칭심리학의

평가에는 폭넓은 측면에 대한 평가가 바람직하고, 그래서 평가가 어렵다(Grant, 2013). 그러나, 코칭심리학을 증거를 바탕으로 한 과학적 학문으로 자리매김하려면 객관적이고 신뢰도 있는 평가를 실시해야 한다.

3. 심리평가의 타당도와 신뢰도

코칭에 있어서 심리측정을 다룬 저서에서 올워스와 패스모어는 코치 간에 평가를 수행하는 능력에 차이가 크다고 말한다(Allworth & Passmore, 2008). 그것은 코칭의 배경에 관한 이론이나 모델에 대한 이해가 불충분하기 때문이기도 하고, 평가에 요구되는 타당도나 신뢰도에 대한 이해가 부족하기 때문이라고 한다. 아래에서는 심리평가가 갖추어야 할 기본 조건인 타당도, 신뢰도, 실용성, 효율성에 대해 개괄적으로 설명한다.

3.1. 심리평가의 타당도

심리검사의 타당도는 평가하고자 하는 목적과 결과가 일치하는지 여부를 나타내는 것이다. 이 타당도는 내용타당도, 기준관련타당도, 구성타당도라는 3종류로 대별된다.

내용타당도란 검사가 측정하려고 하는 내용을 잘 대표하고 있는지를 가리킨다. 예를 들어, 리더십을 평가하는 검사를 새로이 작성하려면, 리더십을 나타내는 전체 내용을 명확하게 하고 그 중에서 대표적인 행동이나 사고방식 등을 뽑아서 문항을 만들어야 한다.

기준관련타당도는 사용하려는 검사가 그와 관련된 외적 기준과 어느 정도 부합되는지를 평가하는 것이다. 무엇을 외적 기준으로 할 것인가가 문제가 되지만, 이미 유사한 검사가 있으면 그 검사와의 관련성을 따져보는 것으로, 예를 들어, 영업성과 등과 같은 실제 성과를 외적 기준으로 하여 검사 결과 나온 점수와 관련성이 있는지 분석하는 방식이 이에 해당된다.

한편, 그 검사가 장래의 행동을 예측할 수 있는 정도는 예측타당도로 불린다. 예를 들면, 어느 적성검사를 만든 후 그것을 시행하여 얻은 검사 점수와 그 후의 실제 작업에서 거두는 실적과 관련성이 크게 나타나면, 그 적성검사는 예측타당도가 높다고 말할 수 있다.

구성개념타당도는 심리검사가 측정하고자 하는 개념을 전체적으로 적절하게 측정하고 있는지를 따지는 평가이다. 구성개념타당도를 평가하기 위해서는, 비슷한 다른 개념과 관련이 있는지, 혹은 요인분석을 하여 유사한 항목은 동일한 요인으로 정리되는지 여부 등으로 확인한다. 코칭에서 평가를 수행할 때는 이러한 타당도를 갖춘 검사인지 아닌지를 확인하고 나서 사용하는 것이 중요하다.

3.2 심리평가의 신뢰도

신뢰도는 평가자나 상황에 따라 평가 결과가 변하지 않는다는 일관성과 안정성을 나타내는 지표이다. 신뢰도의 확인은, 같은 검사를 시간 간격을 두어 여러 번 실시하고, 그 결과들이 서로 어느 정도 일치하는지를 확인하는 검사-재검사법이 가장 일반적이다. 행동관찰법 등에서는 여러 관찰자가 같은 대상을 관찰하고 관찰자 간에 관찰 결과의 일치도를 분석하여 신뢰도를 확인할 수 있다.

그 외에도 신뢰도의 확인에는, 절반법이나 I-T분석 등 다양한 통계적인 분석이 이용되고 있지만, 구체적인 방법에 대해서는 전문 서적도 다수 출판되어 있으므로 필요에 따라서 참고로 하면 좋을 것이다.

3.3. 심리평가의 실용성과 효율성

실시하려고 하는 평가가 어느 정도의 비용 대비 효과가 있는지, 실시에는 어느 정도의 시간이 필요한지, 클라이언트의 부담은 어느 정도인가를 보여주는 지표가 실용성과 효율성이다. 충분한 타당도와 신뢰도가 있는 평가법이라고 하더라도 실용성이나 효율성이 부족하면 실제 사용은 어려울 것이다.

4. 코칭심리학의 평가방법

심리평가는 행동관찰법, 면접법, 심리검사법, 관련된 정보의 수집 등 다양한 방법을 이용한다. 그렇다면 코칭 현장에서는 어떠한 평가방법이 이용되는 것일까? 젠킨스 등(Jenkins, et. al., 2012)이 2010년부터 2011년까지 영국에서 실시한 코칭 현황 조사에서, 코칭에서 사용하는 평가방법 대해서도 조사하였다. 최종 응답자 245명 거의 전원이 코칭 관련 전문자격 인증 단체[1]로 있는 Association for Coaching(AC), 영국인사협회(CIPD), 국제코치연맹(ICF) 등의 자격을 가진 코치이고, 평가방법 등에 대한 응답 결과는 <그림 3-1>과 같다. 결과를 보면, 예상대로 대상자에 대한 인터뷰가 가장 많았지만, 성격검사도 비교적 많이 이용되고 있었다. 또, 클라이언트의 성과평가를 어느 정도 하느냐는 질문에 대해, 실제 성과평가는 '전혀 혹은 거의 사용되지 않는다' 40.4%, '종종 사용'이 38.7%여서, 성과평가가 제대로 이뤄지지 않는다는 사실도 드러났다. 이 조사 결과는 영국의 코치 유자격자들도 코칭 현장에서 평가를 상당히 한정적으로 쓰고 있음을 보여준다.

그림 3-1 영국에서 쓰는 코칭 평가 수단

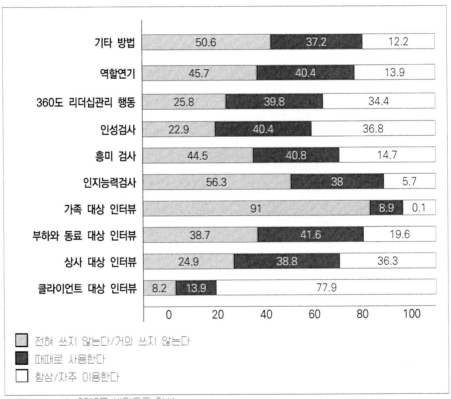

Jenkins, et. al., 2012을 바탕으로 작성

---

1) 칼럼 8 참조.

일본에서 코칭의 평가방법에 관한 학술적 연구는 찾아볼 수 없지만, 2013년에 프로코치로부터 코칭을 받았던 200명의 관리자에 대한 후지무라의 조사 보고가 있다(藤村, 2013). '코칭을 받고 도움이 되었다'고 응답한 113명의 클라이언트에 대해서, 일대일 대화 이외에 어떤 방법이 이용되었는지를 물었더니, 적성검사의 활용(38.1%)이라는 응답이 가장 많았다. 그 외, 상사 부하 등 주변으로부터 360도 피드백(28.3%), 코치에 의한 직장 동료에 대한 인터뷰(23.9%), 코치에 의한 직장 현장에서 행동관찰(23.0%) 등이 이어지고 있다. 그런데, 이 결과는 일본에서 평가방법으로 무엇이 사용되고 있는지를 분명히 밝혀낸 것은 아니었고, 어떠한 평가가 실시되고 있고 어떤 방법이 요구되는지에 대한 조사가 더 필요할 것으로 보인다.

위와 같이, 코칭심리학에서 활용하고 있는 평가는 현재로서는 매우 한정되어 있다. 그러나, 심리평가방법으로 개발되어 온 행동관찰법, 면접법, 심리검사법, 정신생리학적 측정법, 조사법 등에 대한 이해를 충분히 함으로써 코칭심리학에 적극 사용할 수 있을 것이다. 심리평가 중에는 지능검사나 성격검사 등 특별한 연수 등을 통해 시행자격을 얻어야 하는 방법도 있다. 그러한 심리평가방법의 특징이나 실시 방법을 충분히 이해하고, 미리 수립되어 있는 절차에 따라 실시할 수 있도록 교육훈련이 코칭심리학에서도 있어야 하겠지만, 여기에서는 간단하게 그러한 심리평가방법에 대해 개괄적으로 설명한다.

4.1. 행동관찰법

행동관찰법은 영유아나 언어장애가 있는 대상자에게 적용 가능한 방법으로, 행동의 질적·양적 특징이나 규칙성을 찾아내려고 실시한다. 이 행동관찰은 회사에서 부하에 대한 평가의 방법으로 일상적으로 사용되고 있으며, 대상자의 행동을 관찰만 해도 되는 간단한 방법이라고 간주할 수 있다. 그러나 행동관찰법에 의해 객관적인 자료를 얻으려면 충분한 준비와 훈련이 필요하다. 왜냐하면 같은 행동이 관찰사에 따라 선혀 다른 해석이 이루어질 수도 있고 관찰자의 선입견에 따라 관찰 결과가 크게 달라질 수도 있기 때문이다. 목적에 따라 관찰할 행동을 미리 정의해 두는 등의 충분한 준비가 필요하다. 예를 들어, '이 부하는 협동심이 없다'는 선입견을 갖고 관찰하면, 협동심이 없는 행동에 주의가 가고, 협동심이 보이는 장면은 간과하거나, 특별히 눈에 띄지 않으면 낮게 평가할 가능성이 있다. 어떤 언동을 '협동심'이라고 평가할지를 미리 구체적인 행동 리스트로 만들어 두고 이에 따라 관찰하는 방법과 기록 방법을 정한다. 즉, 관찰하는 장면을 정해 두는 등의 명확한 절차를 갖고 실시하는 것이 중요하다.

인사평가의 한 방법인 360도 평가는, 직속상관 뿐만 아니라 동료, 부하 등도 포함한 다각적인 관점으로부터 평가를 얻으려는 방법으로, 지금까지 비즈니스 현장에서 많이 이용되어 왔으며, 코칭에서도 활용이 기대된다. 그러나 기존의 360도 평가에서는 상사나 동료, 부하 등 주변 사람들의 평가가 클라이언트의 행동을 실제로 관찰한 결과라기보다 그의 이미지에 대한 평가인 경우가 많았다. 360도 평가를 행동관찰법으로서 사용하기 위해서는, 예를 들어, 미팅 장면이나 발표 장면 등 관찰하려는 장면을 정하고 관찰하는 행동 목록을 작성한 후에 실시하는 것이 바람직하다.

4.2. 면접법

면접은 평가인 동시에 코칭 그 자체이다. 클라이언트의 현재의 불만, 이루어지지 않은 꿈, 바라는 해결상, 가진 능력이나 스킬 등은 면접을 통해서 밝혀나갈 수 있다. 면접에서는, 클라이언트와의 관계 속에서 행동 관찰도 이뤄진다. 면접에서 심리검사를 실시하면, 그 때의 행동, 질문에 대한 반응이나 동작 등도 기록해 클라이언트의 모습을 그려볼 수 있는 한 방법이 된다.

면접법에 의한 평가는 구조화 면접, 반구조화 면접, 비구조화 면접으로 크게 나눌 수 있다. 구조화 면접에서는, 질문 내용, 질문의 차례, 소요 시간 등을 미리 결정해 두고 이에 따라 행해진다. 반구조화 면접에서는, 일정한 방향성을 가지면서도 대상자의 상황이나 응답에 따라 정해 둔 질문의 표현이나 내용을 바꾸거나 추가 질문을 하는 등, 유연하게 실시한다. 비구조화 면접은 자유롭게 질문과 응답을 하도록 두는 방법이다.

현재의 코칭 평가에서는 반구조화나 비구조화 면접이 주로 쓰이고 있어서 행동 관찰이나 심리 검사에 의한 평가는 별로 활용되지 않는다. 그러나 긍정코칭의 저자인 비스와스-다이너(Biswas-diener, 2010)는 1시간의 코칭에서 질문을 30개 정도밖에 못하지만, 심리검사를 이용한 질문은 직접 듣기 어려운 광범위한 질문 수백 개에 대한 답을 얻을 수 있다며 심리검사의 활용을 권하고 있다. 요약하면, 코칭심리학에서 평가는 면접 중심으로 하면서도 행동 관찰이나 심리검사 등을 포함한 다각적인 평가가 바람직하다.

4.3. 일본에서 사용되는 주요 심리검사

지금까지 많은 심리검사가 개발되어 사용되어 왔다. 이들은 크게 나누면 집단을 대상으로 한 집단검사와 개인을 대상으로 한 개인검사로 나뉜다. 임상심리학에서는 집단검사가 문제가 있는 사람을 선별하기 위해 사용되는 경우가 많지만, 코칭심리학에서는 집단검사를 활용함으로써 클라이언트의 특징을 전체적으로 파악(프로파일링)하기 위해 활용할 수 있다. 개인검사인 지능검사 등은 발달상의 문제나 장애 정도의 진단이 아니라, 언어적 능력, 공간 지각 능력, 처리속도 등 강점을 평가하기 위해 활용할 수 있을 것이다.

또한 정신질환의 세계적인 진단기준과 진단분류에 따른 정신질환 진단 및 통계 매뉴얼 DSM-5(American Psychiatric Association, 2014)과 ICD-10(WHO, 1992)에 대해서도 알아 두는 것이 필요할 것이다. DSM-5는 심리학 분야에서 많이 활용하고, 의학 분야에서는 ICD-10도 활용되고 있다.

그런데 무엇보다 코칭심리학의 대상자는 정신적 문제를 가지지 않은 사람이라고 보기 때문에 저런 정신질환 분석은 코칭심리학의 평가로서 필요 없다고 생각할지도 모른다. 그러나, 실제로 코칭을 희망한 사람 26%가 정신적 문제를 안고 있다는 연구 보고도 있다(Cavanagh, 2005). 코치도 정신질환과 정신위생에 대한 지식이 필수적이며, 필요하면 그 분야 전문가를 소개하고 넘겨줘야 하고, 그렇게 함으로써 코칭으로 인해 클라이언트의 문제가 더 악화되는 사태를 예방할 수 있을 것이다.

4.4. 코칭심리학에서 사용을 고려할 수 있는 심리검사

(1) 개인코칭에서 평가

일대일의 개인코칭에서 평가는 관찰법, 면접법, 심리검사법 등 모든 방법이 시행 가능하다. 자아개념과 자존감, 성격, 동기부여, 욕구, 가치관, 사회적 태도, 대인관계, 대인행동 등에 관한 다양한 심리검사를 비롯해 발달검사와 지능검사

표 3-1 일본에서 일반적으로 사용하는 심리검사

검사 카테고리	사용조건	검사명
지능 검사	×	WAIS-III
	×	WISC-IV
	×	다나카Binet(田中ビネー)지능검사 V
	×	Columbia Mental Maturity Scale(The Psychological Corporation,U.S.A.)(CMMS)
	×	Good Enough(グッドイナフ) 인물화지능검사(DAM)
	×	코스입방체조합테스트
성격·인격·감정에 관한 검사	△	YG성격검사
	×	미네소타 다면인격목록(MPI)
	△	도쿄대학식 에고그램(東大式エゴグラム, TEG)
	△	POMS
	△	CMI
	△	SDS
	△	일본판 STAI
	△	WHO SUBI(마음의건강 자기평가 질문지)
	×	Rorschach test
	×	회화(絵画)통각검사(TAT)
	×	문장완성테스트(SCT)
	×	회화(絵画)욕구불만테스트(P-F Study)
	×	H.T.P. 테스트
시각·지각에 관한 검사	×	Bender Visual Motor Gestalt Test(BGT)
	×	Frostig Visual Perception Test
신경심리학적 검사	×	Trail Making Test

* △: 가이드라인을 충분히 숙지하면 별도 훈련을 받은 전문가가 아니어도 사용 가능
  ×: 전문적 훈련 받은 전문가들과 함께 사용해야 함

등 다양한 평가를 실시할 수 있다. 발달검사, 지능검사 혹은 일부 성격검사에 대해서는 검사자가 대학원 등에서 심리검사 및 측정에 관한 과목을 이수하고 졸업하였거나, 그와 동등한 교육훈련을 마쳤다고 하는 요건이 부과되기도 한다. <표 3-1>에 기존의 심리학 분야에서 개인에 대한 평가로서 일반적으로 사용되고 시판되는 심리검사 목록을 제시하였다. 교육 배경이 심리학이 아닌 비즈니스 코치가 이런 심리검사를 활용하려면, 전문적 지식과 훈련을 받은 코칭심리학자와 협업을 할 필요가 있고, 그렇게 하면 클라이언트에 대한 이해가 다각적으로 가능해진다. 또, 다양한 배경을 가진 여러 코치 간의 제휴는 수행하고 있는 코칭에 다양성을 가져다줄 수 있다.

이외에 코칭에서 사용할 수 있는 일본어의 심리척도를 <표 3-2>에 나타냈다. 이것들은 논문이나 학회 보고에서는 그 타당도와 신뢰도가 확인되고 있지만, 시판되지는 않는 것들이다. 사용 절차에 세심히 유의하는 것은 당연하고, 연구 목적이라면 저자의 허락 하에 무료로 사용할 수 있다. 성격이나 행동 경향을 유형(type)으로 파악하기 위한 척도들이 구미의 비즈니스 코칭에서 많이 활용되고 있는데, MBTI, 에니어그램, DISC 등과 같은 척도의 대부분이 일본에서는 라이센스가 특정 회사나 단체에 속해 있어서 사용료가 비싼 점과 같은 문제 때문에 사용이 제한되어 있다. 이들 척도에 대한 타당도와 신뢰도에 관한 학술적 연구도 적어서, 앞으로 코칭심리학에서 사용하기에 적합한지는 충분히 검토해야 한다. 결론적으로 코칭심리학에서 평가하려고 하는 성과, 동기부여, 능력 등에 대해 평가방법의 개발이 일본에서는 아직 충분하지 않고, 향후 개발이 필요한 부분이다.

표 3-2 **코칭할 때 사용 가능한 일본어의 심리 도구**

	도구명	개발자	개요
감정 상태 평가	PANAS 일본어판	사또(佐藤)·야스다(安田)(2001); Watson, Clark, & Tellegen(1988)	긍정적 정동(情動, affect) 8항목, 네거티브 정동(情動) 8항목의 총 16문항의 간이 기분 평정 척도
	Stress Response Scale-18 (SAS-18)	스즈끼(鈴木)·시마다(嶋田)·미우라(三浦)·가다야나기(片柳)·우마노(右馬埜)·사카노(坂野)(1997)	스트레스 과정에서 일어나는 심리적 스트레스 반응을 평가하는 척도. 우울/불안, 불쾌/분노, 무기력의 3하위요인. 합계 점수
웰빙/긍정 감정 평가	진실성 척도	이또(伊藤)·고다마(小玉)(2005)	진실성(authenticity)을 측정. 자기 자신에게 느끼는 진짜다움의 감각(진실성, 본래성(本来性)을 평가. 7항목
	자존감 척도	야마모또(山本)·마쯔이(松井)·야마나리(山成)(1982); Rosenberg, (1965)	심리학에서 가장 자주 이용됨. 자신에 대해서 이것으로 좋다(good enough)라고 느낄 수 있는 나 자신에 대한 긍정적 감정의 포괄적인 well-being의 평가. 성장하고 있고, 목적을 가지고, 자기 결정하고, 따뜻한 인간관계를 쌓아올리고 있는 감각을 평가
	Ryff's Well-Being	니시다(西田)(2000)	Ryff(1989) 심리적 안녕감 척도(Psychological Well-Being scale)을 바탕

	(SPWB) 일본어판		으로 작성. ① 인격적 성장, ② 인생의 목적, ③ 자율성, ④ 적극적 인간관계
만족도/행복감 평가	일본어판 CE-II 척도	니시까와(西川) (2012)	Kasdan 등(2009)의 호기심과 탐구심의 평가(Curiosity and Exploration Inventory -II)의 일본어판. Stretching과 Embracing 의 2요인 구조
	삶의 만족 척도(The Satisfaction With Life Scale(SWLS)	가꾸노(角野)(1994)	구성타당도와 내용타당도 충분함. 단일 만족감, 5문항, 5점 척도
	주관적 행복 척도 일본어판	도리이(島井)· 오오다께(大竹)· 우쯔기(宇津木)· 이께미(池見)· Lyubomirsky (2004)	Subjective Happiness Scale(Lyubomirsky, 1999)의 일본어판. 다양한 장면에서 비교적 간편하게 주관적 행복감을 측정
성격과 대처 행동 평가	Big5척도	와다(和田)(1996)	사람의 기본적 성격은 5차원에서 기술 가능함. 외향성, 정서불안정, 개방성, 성실성, 조화성의 5하위요소
	The Proactive Coping Inventory, 일본어판	Takeuchi & Greenglass(2004), 가와시마(川島) (2010)	사전 대비(proactive coping)라고 하는, 다가올 스트레스 요인을 극복하는 행위를 평가. 7하위요소, 4점 척도
직장과 커리어 평가	성인 커리어 성숙 척도(ACMS)	사카야나기(坂柳) (1999)	성인(근로자)의 인생 커리어, 직업 커리어, 여가 커리어에 있어서 어느 정도 성숙한 생각을 가지고 있는지를 평가. 3계열 3영역 9하위요인 점수가 산출됨
	조직내자존감 (OBSE)	Matsuda, Pierce, & Ishikawa(2011)	개인이 조직의 일원으로서 자신을 유능하고 가치 있는 중요한 존재로 보는 정도를 평가. 8문항, 5점 척도
	Work Engagement(U WES-J) 일본어판	Shimazu, et. al., (2008)	일에 대한 지속적인 긍정 감정과 의욕 충만한 만족 상태를 평가. 1요인, 9문항
	조직지원(POS) 일본어판	가또(加藤)(1995)	조직이 어느 정도 자신들의 공헌을 평가해 주고, 안녕(well-being)을 배려해 준다고 지각하는지 평가. 1요인, 16문항, 5점 척도
	조직몰입 척도	다까하시(高橋) (1997)	일하는 사람의 태도. Allen & Meyer (1990)가 개발한 3차원 조직몰입 척도

			(정서적, 계속적, 규범적)의 일본어판. 24문항, 4점 척도
	LPC 척도	시라카시(白樫) (1991)	리더십 척도. 가장 인기 없는 동료(Least Preferred Coworker: LPC)를 대하는 태도, 관용성 평가. Fiedler & Chemers (1984)을 바탕으로 한 일본어판
	조직냉소주의(c ynicism) 척도	마쯔다(松田)(2011)	조직에 대한 의심, 싸늘한 직장, 조직에 대한 부정적 감정, 조직에 대한 비판적 자세. 4요인, 5점 척도
	일반해결 지향 커뮤니케이션 척도	기우찌(木内)(2012)	해결 지향 접근을 촉진하는 직장이며 양호한 커뮤니케이션이 이뤄지는지 평가. 자발적 행동(6문항), 심리적 거처감 *(4문항) 타인 존중(6문항), 낙관성(5문항), 활성 교류(5문항)의 5하위요인
개입의 효과 평가	사회적 정동(情動) 스킬 척도	Ishikawa, Matsuda, & Yamaguchi(2008)	각종 개입의 결과로 촉진되는 감정 통제와 커뮤니케이션 스킬을 평가. 타인의 감정에 대한 깨달음, 자신의 감정 활용, 자기 감정에 대한 깨달음, 주위와의 일체감. 4하위요인, 35문항, 4점 척도
	사회적 정동 스킬 척도의 축소판	이시까와(石川)· 마쯔다(松田)· 진바(神庭)· 오꾸다(奥田)(2015)	위 척도의 축소판. 16문항, 4하위요인
	목표 행동 스킬 척도	도꾸요시(德吉)· 와까자끼(若崎) (2012)	목표 행동 스킬인 7요인(목표에 도전성, 목표 설정 스킬, 문제 해결 스킬, 목표 관련 정보 수집 스킬, 목표에 대한 유연성, 자기 가치관의 반영, 목표의 실패 경향)을 평가. 45문항, 7점 척도
코칭의 평가	목표 지향 코칭 스킬 설문지 일본어판	도꾸요시(德吉)· 모리야(森谷)(2014)	The Goal-focused Skill Questionnaire (Grant & Cavanagh, 2007)의 일본어판. 목적 지향, 일의 협동관계, 해결 지향. 목표 설정, 발전과 책임의 관리. 5요인, 12문항, 7점 척도
	코칭역량-자기 효능감 척도	니시가끼(西垣)· 호리(堀)· 하라구찌(原口) (2014)	기본적이고 중요한 코칭 스킬을 평가하는 척도. 1요인, 25문항, 11점 척도
	코칭역량-자기 효능감 척도 개량판 (CCSES-R)	니기가끼(西垣)· 우쯔기(宇津木) (2015)	위 척도의 개정판. 코칭 경험이 적은 사람에게도 사용 가능. 3요인, 19문항, 6점 척도(4장 5절 참조)

* 심리적 거처감: 마음의 둘 수 있는 관계성과 안심을 느끼고, 있는 그대로의 자신이 받아들여 질 수 있는 장소가 있다는 감정으로, 물리적 측면뿐만 아니라 인간관계성에 기초한 심리적 공간도 포함함.

(2) 그룹코칭에서 심리평가

그룹코칭은 최근에 활용이 늘어나면서 주목받아 오고 있는 분야이다. 일대일의 개인코칭에 비해 적은 시간에 비용도 저렴하게 할 수 있는 방법이다. 그룹멤버 간의 시너지효과와 팀워크를 그룹 멤버들 간에 비슷한 체험도 할 수 있고, 생각할 시간도 주어지므로 편하게 할 수 있다는 장점도 있다. 반면, 평가의 관점에서 생각하면, 그룹코칭에는 신뢰의 확립과 사생활의 문제가 따르므로, 그룹코칭에서 평가를 실시하려면 많은 주의가 필요하다(Van-Nieuwerburgh, 2012). 그룹코칭의 평가라고 해도, 질문지 등 집단에게 실시하는 검사도 실시 가능하다. 그러나, 그룹 차원의 평가만으로는 코치가 클라이언트를 깊게 이해하는 것은 어렵고, 개인 차원의 평가 세션을 따로 마련하는 것도 좋을 것이다.

그룹코칭에서는 코치로부터 평가를 받을 뿐만 아니라 멤버 간 상호 평가도 받을 수 있는 장점이 있다. 그것을 활용해, 필자가 실시한 코칭 연수에서는 상대의 등에 그 사람의 강점을 종이에 써서 붙이는 활동을 했는데, 코치뿐만 아니라 멤버로부터의 다양한 평가를 보고는 다른 사람의 관점에 대한 이해, 자신에 대한 이해의 객관화, 자존심의 향상 등의 효과를 볼 수 있었다. 그룹코칭의 효과를 검토한 연구에서는, 코칭에 대한 만족도라는 주관적 평가뿐 아니라, 취업률, 체중 감소, 혈당치 감소 등의 행동이나 생리 데이터와 같은 객관적 지표에서 뛰어난 효과가 나타나고 있다(Collins, et. al., 2013).

5. 코칭심리학의 효과 연구

코칭이 실제로 어느 정도 효과가 있는지를 확인하려면, 주관적인 감상뿐만 아니라 객관적으로 타당도와 신뢰도가 확인된 방법을 이용한 평가가 중요하다는 점은 앞에서 말한 대로다. 그 밖에, 원칙대로 증거 기반의 코칭의 효과를 검증하려면, 코칭을 받은 피험자 집단뿐만이 아니라 다른 기법을 받은 피험자 집단을 통제집단으로 마련하고, 클라이언트들을 양 집단에 무작위로 할당하여 각각 코칭과 그외 기법을 실시한 후, 양 집단에서 나타난 효과를 비교하는 방법을 써야한다. 코칭심리학에서는 심리치료와 마찬가지로 다양한 모델과 개입 방법이 이용되고 있으며, 각 모델과 개입 방법에 들어가 있는 어느 요소가 어떤 반응을 일으켜 효과를 내는지를 밝히려고 시도하고 있다. 예를 들어, 관리자의 인지행동에 초점을 맞춘 해결형 코칭의 효과를 검증했던 그랜트 등의 연구에서는 통제집단을 설정한 연구를 하고 있고, 목표달성, 복원력, 직장 웰빙 등의 양적 지표와 자존심과 자기통찰, 관리능력의 구축 등과 같은 질적 지표를 둘 다 평가 비교하여 효과를 확인하고 있다(Grant et. al., 2009).

또, 밴-뉴워버그(Van-Nieuwerburgh, 2012)는 중학교, 고등학교, 대학 등 교육 현장에서 학생, 교사, 학부모 등에 대한 코칭 도입의 효과를 검증하였다. 자기효능감과 복원력 등의 심리적 지표뿐만이 아니라, 학교의 분위기 등 사회적 지표, 학업 성적이라는 외적 지표에도 코칭이 효과가 있다고 하였다. 헬스케어 영역에서는 건강행동, 체중, 혈당치, 콜레스테롤치 등 생리적 지표에도 코칭의 효과에 대한 평가가 이뤄지고 있다(예를 들어, Rickheim, et. al., 2002). 반면에, 일본에서는 코칭심리학 분야에서 코칭의 개입 효과를 검증하는 학술적 연구가 아직 적어(Ishikawa et. al., 2012), 효과 평가의 절차와 평가 방법의 개발에 대한 연구가 더 필요하다.

코칭이 유효하다고 믿고, 각종 코칭 기법의 효과 검증을 코칭 대상자를 무작위로 할당하는 방식으로 수행하더라도, 기법 간에 효과 차이가 나타나지 않을 수 있다. 또, 엄밀한 의학모델에서 제안하는 것과 같이 조건들을 통제하는 것이 코칭 상황에서는 현실적이지 않다고도 한다(Westen et. al., 2004).

필자 생각으로는 엄격한 의학모델을 토대로 한 평가에 한정하지 말고, 타당도와 신뢰도가 있는 평가방법으로 코칭 수행의 효과 분석을 실시하여 지식을 쌓아 가는 것이 우선 중요할 것으로 본다. 코칭모델과 개입식 방법의 효과는 클라이언트의 특징, 목표, 이용된 평가의 내용이나 방법 등에 따라 다른 검증 결과가 나올 수 있으므로 보편적으로 인정받을 수 있는 유효성 검증에는 아직 시간이 더 필요할 것이다.

5.1. 코칭과정에서 심리평가의 실시 방법

(1) Kirkpatric모델을 활용한 평가

비즈니스 영역에서 지금까지 여러 훈련프로그램이 실시되어 왔는데, 그것의 효과를 규명해야 할 필요성이 늘 있었다. 그 효과를 평가하는 지표로서 경영학자 커크패트릭(Kirkpatrick, 1959)이 제창한 커크패트릭모델이 일반적으로 쓰인다. 이 모델에서는, 반응(역주: 반응도 평가), 학습(역주: 성취도 평가), 행동(역주: 적용도 평가), 결과(역주: 기여도 평가)라는 4단계로 평가하도록 권장한다. 이 모델은 효과 평가 방법으로 오랫동안 널리 사용되고 있지만, 평가의 80%가 제1단계의 교육만족도에 대한 평가에 머물고, 이론에 근거한 모델을 기반으로 하지 않고, 각 단계의 이행에 영향을 주는 요인이 모델에 포함되지 않았다는 비판을 받고 있다(Kraiger et. al., 1993). 그러나 커크패트릭모델을 코칭에서 활용하기 위한 맥키(Mackie, 2007)의 제안을 참고하고, 앞에서 말한 심리테스트나 행동관찰에 의한 평가를 추가한다면, 다음과 같은 단계로 코칭평가가 가능할 것으로 생각한다.

제1단계: 매회 코칭 활동을 평가:

클라이언트가 코치의 방식과 코칭 내용에 대해 어느 정도 만족했는지를 평가한다(예, 만족도 질문지나 비주얼 아날로그 척도).

코치 자신의 자기평가(예, 코칭 스킬 척도)

제2단계: 코칭 내용의 학습도와 자기 인식의 향상:

클라이언트의 스킬과 지식이 증가했는지를 평가(예, 배운 코칭 롤 플레이에 의한 행동평가)

클라이언트의 자신에 대한 평가에 어떤 변화가 있는지를 평가(예, 자존감 등 기존 심리척도에 의한 평가)

제3단계: 직장이나 가정 등에서 특정 행동의 변화:

클라이언트가 현실에서도 실제로 행동할 수 있는지(예, 배운 코칭 기술을 현실에서도 하는지를 자기 평가나 행동 관찰, 또는 360도 평가로 실시)

제4단계: 목표 달성, 성과가 있는지 평가:

클라이언트의 목표달성도와 지속 정도, 주위에 좋은 영향을 미치는지(예, 체중 관리, 신체 데이터, 취직활동, 매출 등 최초로 설정한 구체적인 행동과 수치에 대한 목표가 달성되었는지, 코칭 종료 후에도 계속하고 있는지를 평가. 통원 회수의 감소, 의료비 저하, 취직률 향상, 프로젝트 성공 등)

(2) 심리적 개입 효과의 연구를 활용한 평가

심리적 개입의 효과를 검증한 많은 연구에서는, 커크패트릭모델과 같은 클라이언트에 대한 평가만으로는 충분하지 않으며, 개입 실시자나 사회적 요인 등도 개입 효과에 영향을 주는 요인으로 보고 검증에서 함께 고려된다. 따라서, 클라이언트의 요인 이외에, 코치의 요인, 코치와 클라이언트의 관계성 요인, 지역, 가정, 학교, 회사 등의 환경적 요인에도 주의를 기울일 필요가 있다.

코칭 효과에 대해서 어떤 평가를 어떻게 포함시켜 갈지는 클라이언트의 과제나 목표, 이용되는 코칭 모델, 개인인가 그룹인가의 코칭 형태 등에 따라서도 달라진다. 평가를 활용하는 경우의 예로서 <그림 3-2>과 같은 방법이 있다. 심리평가는 한번 실시하는 것만으로는 충분하지 않으며, 코칭 프로세스의 흐름 속에서 여러 번 실시하는 것이 바람직하다.

앞으로도 코칭심리학을 기반으로 하여 다양한 영역에 적용이 확대해 갈 것이다. 코칭심리학이 진정으로 신뢰할 수 있는 효과적인 방법인지를 보여 줄 필요가 있다. 타당도, 신뢰도가 높고 클라이언트의 부담이 적은 코칭의 평가법을 생각해 가는 것이 필요하다. 다양한 코칭의 성과를 평가할 수 있는 평가 기법의 개발이 시급한 과제이며, 코칭 실천의 효과를 검증해 나가는 것이 코칭심리학 연구자에게 부과된 과제이다.

6. 심리평가의 설명 후 동의와 사생활 보호

마지막으로, 평가에서 설명 후 동의(informed consent)와 사생활 보호에 대해 언급한다. 심리평가의 사용에 있어서는 평가의 목적과 이용 방법에 대해 클라이언트에 사전에 충분히 설명하고 동의를 얻어야 하는 것은 당연하다. 이러한 설명 후 동의를 확실히 받아 두는 과정이 클라이언트와의 신뢰관계 유지에 중요한 단계이다. 평가를 통해 얻을 수 있던 정보는 클라이언트에 귀속되는 것이며, 클라이언트의 동의 하에서 공개되어야 한다. 이것은 코칭 관계에서 클라이언트에 스폰서가 있는 경우에 특히 유의해야 한다. 얻은 정보를 어떻게 공개할 것인지 미리 명확히 해 둘 필요가 있다.

그림 3-2 평가 개입도

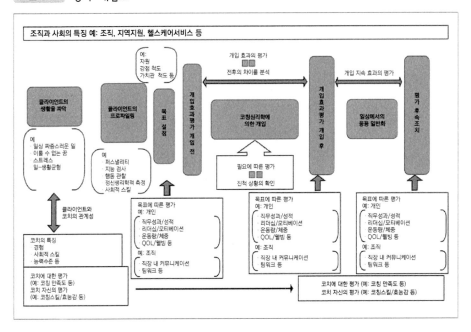

Allworth, E. & Passmore, J. (2008). Using psychometrics and psychological tools in coaching. In J. Passmore (Ed.), *Psychometrics in coaching*. London: Kogan Page, pp.7-25.

American Psychiatric Association (Ed.) (2013). *Diagnostic and statistical manual of mental disorders* (5th ed.) (DSM-5). Arlington, VA: American Psychiatric Association. (日本語版用語(監修) 日本精神神経学会(監訳) 高橋三郎 大野裕(監訳) (2014). DSM-5 精神疾患の診断 統計マニュアル医学書院)

Biswas-Diener, R. (2010). *Practicing positive psychology coaching*. New York: John Wiley & Sons.

Cavanagh, M. (2005). Mental-health issues and challenging clients in executive coaching. In M. Cavanagh, & T. Kemp (Eds.), Evidence-based coaching: The research and practice from the behavioural sciences. Bowen Hills, QLD, Australia: Australian Academic Press. pp.21-36.

Collins, M. J., Eisner, R., & O'Rourke, C. (2013). Bringing financial coaching to scales - The potential of group coaching models. *Research Brief*, 7, 1-5. Center for Financial Security, University of Wisconsin-Madison.

藤村直子 (2013). コーチングに関する実態調査. RMSmessage, 31, 14-21. (http://www.recruit-ms.co.jp/research/journal/pdf/j201305/m31_research.pdf)

Grant, A. M., Curtayne, L., & Burton, G. (2009). Executive coaching enhances goal attainment, resilience and workplace well-being: A randomized controlled study. *The Journal of Positive Psychology*, 4, 396-407.

Grant, A. M. (2013). The efficacy of coaching. In J. Passmore, B. D. Peterson. & T. Freire (Eds.), *The Wiley-Blackwell handbook of the psychology of coaching and mentoring*. Chichester. West Sussex, UK: Wiley-Blackwell. pp.15-35.

Ishikawa, R., Matsuda. Y, & Okuda, N. (2012). A pilot study for evaluating the effects of coaching seminar. Poster presented at the 26th Conference of European Health Psychology, August, 21-25, Prague, Czech.

Ishikawa, R., Matsuda, Y, & Yamaguchi, T. (2008). Study on the etftect of social and emotinal control skill on the stress response in Japanese male workers. 10th International Congress of Behavior Medicine.

石川利江 松田与理子 神庭直子 奥田訓子 (2015). 社会的情動スキル尺度 改訂版 SES-R作成の試み: コーチング心理学に基づく介入効果評価のために. 日本健康心理学会 第28 大会發表論文集.

伊藤正哉 小玉正博 (2005). 自分らしくある感覚(本來感)と自尊感情がwell-beingに及はす影響の検討教育心理学研究, 53, 74-85.

Jenkins, L., Passmore, J., Palmer, S., & Short, E. (2012). The nature and focus of coaching in the UK today: A UK survey report., *Coaching: An International Journal of Theory Research and Practice*, 5 (2), 132-150.

加縣尚子 (1995). 組織サポート尺度の分析. 日本産業 組織心理学会第11 回大会發表論文集. 77-79.

川上潤子 大塚泰正 中斐田幸佐 中田光紀 (2011). 日本語版The Positive and Negative Schedule (PANAS)20 項目の信頼性と妥当性の検討広島大学心理学研究, 11, 225-240.

川島一晃 (2010). 困難状況を個人の成長に結びつける対処に関する基礎的研究—Proactive Coping Inventory 日本語版(PCI-J)における信頼性 妥当性の検討. 心理臨床学研究, 28(2), 184-195.

Kirkpatrick, D. & Kirkpatrick, J. (2006). *Evaluating training programs: The four levels* (3rd ed.). San Francisco, CA: Berrett-Koehler.

Kirkpatrick, L. D. (1959). Techniques for evaluating training programs. *Journal of American Society for Training and Development*, 13(11). 3-9.

木內敬太 (2012). 一般解決志向コミュニケーション尺度の作成と信頼性 妥当性の検討. 日本産業 組織心理学会第28回大会, 32-35.

Kuriger. K. Ford, K., & Salas, E. (1993). Application of cognitive, skill-based and affective theories of learning outcomes to new methods of training evaluation. *Journal of Applied Psychology*, 78, 311-328.

Mackie, D. (2007). Evaluating the effectiveness of executive coaching: Where are we now and where do we need to be? *Australian Psychologist*, 42(4), 310-318.

Matsuda, Y. Pierce, J. & Ishikawa, R. (2011). Development and validation of Japanese version of Organization-based Self-esteem Scale. *Journal of Oecupational Health*, 53 (3), 188-196.

松田与理子 (2011). 組織シニシズム(Organizational Cynicism Scale)の開発と妥当性 信頼性の検討. 応用心理学研究, 36(2), 88-102.

McCain, V. D. (2005). *Evaluation basics*. Alexandri, VA: ASTD (American Society for Training and Development) Press.

西垣悦代 堀 正 原口佳典 (2014). コーチのコーチングコンピテンシー自己効力感 尺度開発の試み. 日本心理学会第78大会発表論文集.

西垣悦代 宇津木成介 (2015). コーチングコンピテンシー自己効力感尺度改良版(CCSES-R) の妥当性. 日本心理学会第79大会発表論文集

西川一二 (2012). 好奇心とその個人差. 感情心理学会第20回大会発表論文集, 3.

Rickheim, P. L., Weaver, T. W., Flader, J. L, & Kendall, D. M. (2002). Assessment of group versus individual diabetes education: A randomized study. *Diabetes Care*, 25(2), 269-274.

坂柳恒夫 (1999). 成人キャリア成熟尺度(ACMS)の信頼性と妥当性の検討. 愛知教育大 学研究報告(教育科学), 48, 115-122.

佐藤徳 安田朝子 (2001). 日本語版 PANASの作成. 性格心理学研究. 9, 138-139.

Seligman, M. E. (2007). Coaching and positive psychology. *Australian Psychologist*, 12(4), 266-267.

島井哲志 大竹惠子 宇津木成介 池見 陽 Sonja Lyubornirsky (2004). 日本版主観 的幸福感尺度(Subjective Happiness Scale: SHS)の信頼性と妥当性の検討. 日本公 衆衛生誌, 51, 845-853.

Shimazu, A., Schaufeli, W. B., Kosugi, S., Suzuki, A., Nashiwa, H., Kato, A., Sakamoto, M. Irimajiri, H., Amano, S. Hirohata, K., Goto, R., & Kitaoka-Higashiguchi, K. (2008). Work engagement in Japan: Validation of the Japanese version of Utrecht Work Engagement Scale. *Applied Psychology: An International Review, 57,* 510-523.

清水秀美 今栄国晴 (1981). State-Trait Anxiety Inventoryの日本語版(大学生用)の作成. 教育心理学研究, 29, 348-353.

白樫三四郎 (1991). 管理 監督者の勤務ストレス—条件即応モデル的分析. 組織科学, 25, 42-51.

角野善司 (1994). 人生に対する満足尺度((The Satisfaction With Life Scale (SWLS) 日本版作成の試み. 日本教育心理学会人会発表論文集, 192.

鈴木伸一 嶋田洋德 三浦正江 片柳弘司 右馬埜力也 坂野雄二 (1997). 新しい心理的ストレス反応尺度(SRS-18)の開発と信頼性 妥当性の検討. 行動医学研究, 4(1), 22-29.

高橋弘司 (1997). 組織コミットメント尺度の項目特性とその応用可能性. 経営行動科学, 11(2), 123-136.

德吉陽河 岩崎祥一 (2012). コーチング心理学の目標理論に基っく 「目標行動スキル尺度(G-BEST)」 の作成と妥当性の検証. 東北大学高等教育開発推進センター紀要, 7. 13-24.

藤南佳世 園田明人 大野 裕 (1995). 主觀的健康感尺度(SUBI)日本語版の作成と信頼性 妥当性の検討. 健康心理学研究, 8, 12-19.

Van-Nieuwerburgh, C. (Ed.) (2012). *Coaching in education: Gelling better results for students, educators and parents.* London: Karnac.

Westen, D., Novotony, C., & Thompson-Brenner, H. (2004). Empirical status of empirically supported psychotherapies: Assumptions, findings and reporting in controlled clinical trials. *Psychological Bulletin, 130,* 631-663.

World Health Organization (1992). *The ICD-10 Classification of mental and behavioral disorders: Clinical descriptions and diagnostic guidelines.* Geneva: World Health Organization. (融道夫(監訳) (2005). 精神および行動の障害—臨床記述と診断ガイドライン医学書院)

和田さゆり (1996). 性格特性用語を用いたBig Five 尺度の作成. 心理学研究, 58, 158-165.

山本眞理子 松井 豊 山成由紀子 (1982). 認知された自己の諸側面の構造. 教育心理学研究, 30, 64-68.

칼럼 3

호주의 심리학적 코칭의 현황

기우치 케이타(木内敬太)

대학교육:

뉴사우스웨일스 주에 있는 시드니대학교에는 세계 최초로 설립된 대학원 코칭심리학 과정이 있다. 이 과정은, "행동과학적 관점", "코칭의 기술(art)", "전문적·윤리적 실천"을 모든 과목에서 공통된 학습목표로 하고 있고, 강의 뿐만 아니라, 셀프코칭과 동료코칭의 연습을 통하여 코칭과 코칭심리학의 이론과 근거를 학습하고, 그것을 토대로 실천적 스킬을 습득시키고 있다(자세한 것은 제2장 참조).

각 과목은 ICF(국제코치연맹)의 핵심역량에 따라 작성되었으며, 수료생은 몇 가지 추가 조건을 충족시킴으로써 ICF의 코치 국제인정자격에 신청할 수 있다.

호주에서 심리학 관련 직업을 얻으려면:

호주에서는 호주심리학인정평의회(Australian Psychology Accreditation Council: APAC)가 인정하는 학사과정(3년)과 우등학위과정(honours degree),[2] 혹은 diploma 과정(1년)을 마친 후, 2년간의 석사과정이나 3년간의 박사과정을 수료함으로써 일반심리학자로 등록될 수 있다. 다만 전문가로서 일하기 위해서는 또 1~2년, 실천과 슈퍼비전, 지속적인 연수를 받는다. 대학원에서의 전공에 따라 임상심리학자 또는 조직심리학자 등 전문심리학자로 등록해야 한다. 시드니대학교의 코칭심리학 과정은 APAC의 인정을 받지 못해 본 과정 수료생은 전문심리학자로 등록할 수 없다.

---

2) 호주에서는 학사과정은 3년이고, 대학원에 진학하는 학생만 우등학위과정이라고 불리는 4년차의 학부과정에 들어간다.

AS 규격의 코칭 가이드라인:

호주에서는 코칭심리학이 심리학자의 전문영역으로 결국 인정되지 않았지만 산업계에서는, 2011년에 정부와 심리학계를 끌어들여 코칭의 가이드라인인 AS규격(Australian Standards)이 되도록 만들었다(Standards Australia, 2011). AS규격은 호주 국내에서 상품과 서비스의 질을 보증하기 위한 기준으로, 그 자체에 법적 구속력은 없지만, 정부가 AS규격을 법적 요건으로 요구하는 경우도 있어 호주의 산업계에 있어서는 중요한 규정이다.

본 가이드라인은 현장의 전문코치들에게 적용된다. 클라이언트의 직업상의 능력이나 스킬의 향상, 성장을 목적으로 한 코칭에 한정되긴 하지만, 코칭의 정의로부터 코치에게 요구되는 지식이나 능력, 코치와 클라이언트 관계, 코칭의 평가, 전문가 윤리, 코치 초빙 방법, 코치 제공 회사 등에 대하여 현장에서 기준이 되는 것을 망라하고 있다.

코칭의 가이드라인이 AS규격으로 제시된 것은 일반 시민의 코칭에의 인식을 높여 코칭 산업의 발전에 기여할 수 있다는 큰 의의가 있다. 또, 가이드라인의 수립 과정은 코칭에 관련되는 사람들에게 유익한 의견교환의 장을 제공했다. 본 가이드라인의 작성에는 정부와 심리학계의 대표자 외에 코치 단체, 코

시드니대학교의 쿼드랭글(quadrangle)

치 제공 회사, 기업, 단체, 대학, 직능코치연맹의 대표자 등 코칭업계의 다양한 이해관계자가 관여하였다. 가이드라인의 수립이라는 하나의 목표를 향하여 심리학자와 직업코치를 비롯해 입장이 다른 관계자들이 함께 서로의 생각을 이해하고 타협을 이뤄 좋은 관계를 구축할 수 있었다.

정리:

이상과 같이 국제적으로 코칭심리학을 견인하는 입장에 있는 호주에서도 코칭심리학이 전문 심리학자의 실천 영역으로서 확실한 지위를 확립하지는 못했다. 그러나 코칭에 관한 사회적 인식은 확실히 높아지고 있어 심리학자는 그 안에서 중요한 역할을 담당하고 있다.

❖ 참고

Standards Australia(2011). Handbook: Coaching in organizations. Sydney: Standards Australia.

オーストラリア心理学者登録プロセス(英文) 〈http://www.psychology.org.au/studentHQ/ studying/study-pathways/#1〉

コーチング・ガイドラインの概要(英文) 〈http://www.duncansutherland.com.au/images/ stories/downloads/coaching_guidelines_summary.pdf〉

제 4 장

고등교육에서 개설된 코칭심리학 과정

1. 니시가키 에츠요(西垣悦代)

2. 기우치 케이타(木內敬太)

3. 호리 세이(堀 正) · 니시가키 에츠요(西垣悦代)

4. 요시다 사토루(吉田悟)

5. 니시가키 에쯔요(西垣悦代)

I. 머리말

제1장에서 언급한 것처럼, 코칭은 그 성립 배경에 심리학이 관여했지만, 하나의 학문으로 발전하지 않았고, 한때는 사회 문제가 된 기법이 사용된 적도 있었다. 또 실용성에 치중하느라 이론구조나 효과의 과학적 검증에 관심이 적었던 것도 사실이다. 그리고 코치 양성을 담당했던 것은 주로 코칭 학원을 운영하는 영리기업으로, 대학은 관여하지 않았다. 코치 출신으로 심리학 박사학위를 가진 그랜트(Grant, M.)는 실증 증거에 기초한 코칭을 확립하기 위해, 세계 최초로 대학에 코칭 과정을 만들었는데, 이미 확립된 학문인 심리학의 이론과 방법론을 이용하여 '코칭심리학'이라는 이름을 붙이면서 비로소 가능해졌다. 코칭이 무엇인가는 그랜트와 파머(Grant & Palmer, 2000)에 의한 코칭심리학의 정의, "코칭심리학은 성인학습이론과 아동학습이론, 그리고 심리학 연구방법에 근거하여 코칭 모델을 구성하고, 개인 생활이나 직장에서의 행복과 성과를 높이는 것이다"에 나타나 있는 바와 같다. 이는 어떤 의미에서는 코칭이 파생되어 나온 심리학으로의 회귀이긴 하나, 코칭이 이론과 실천을 수반하는 학문이 되기 위한 자연스

러운 흐름일 수도 있다.

　그 후 15년 이상의 시간을 거쳐서 오늘날 세계 각국 대학교의 심리학과, 교육학과, 경영학과, 그리고 그들의 대학원에서 코칭을 가르치고 있다. 대학 등의 고등교육기관에서 학점으로 인정되는 정규 이수과목으로서 코칭심리학에는 다음과 같은 패턴이 있다. ① 여러 과목으로 구성된 코칭심리학 전공 과정 ② 심리학 전공 과목 2개 중의 1과목으로서의 코칭심리학, ③ 심리학 전공 과정 이외의 학생을 대상으로 한 코칭심리학 과목(과목 이름이 코칭심리학이 아닌 경우도 포함).

　Grant(2011)는 오늘날의 코칭이 학제적 영역으로 확대되고 있음을 볼 때, 대학원 수준의 코칭심리학 과정에 포함해야 할 핵심 과목으로는 실증 증거를 기반으로 한 이론적 기초, 윤리규정, 정신위생학 외에, 인지행동이론, 목표이론, 변화이론, 시스템이론 등을 꼽았다. 2015년 현재, 일본의 대학에는 코칭심리학 전공 과정이 아직 존재하지 않고, 몇몇 대학에서 과목이 개강되고 있을 뿐이다.

　본장에서는, 위의 ①의 코칭심리학 전공 과정에 대해서는 호주 시드니대학교 대학원 과정을 ②의 학부의 심리학 전공 과정에서 가르치는 코칭심리학의 예로서 영국과 일본 대학의 예를, ③은 간호계열 학생을 대상으로 한 인간관계론에서 가르치는 코칭심리학의 사례를 각각 소개한다.[1]

2. 호주 시드니대학교의 코칭심리학 커리큘럼

　시드니대학은 호주 뉴 사우스 웨일스 주에 위치하고, 1850년에 설립된 호주에서 가장 역사가 있는 대학이다. 2000년에 Grant는 시드니대학교 심리학과에 세계 최초로 코칭심리학 과정을 개설하였다. 그는 시드니대학 심리학과를 졸업한 후, 맥쿼리대학에서 행동과학 석사학위와 심리학 박사학위를 취득하였다(The International Coaching Research Forum, 2008). 박사 논문은 코칭에서의 인지적 접근과 행동적 접근에 관한 문헌연구를 바탕으로, 해결지향과 인지행동 코칭을 개발하고, 이 방법이 대학생의 정신력과 삶의 질(QOL)의 개선과 목표 달성을 촉진하는 효과가 있음을 정량적으로 보였다(Grant, 2001). 이 논문에서는 긍정심리학의 응용영역으로, 그리고 건강한 사람의 심리적 메커니즘에 대한 연구영역으로

---

1) 칼럼 3과 4 참조.

코칭심리학의 필요성이 강조되어 있으며, 그랜트는 박사논문의 집필과 대학원 과정의 설립을 통해 심리학계에 새로운 분야를 개척한 것이다.

2015년 현재, 시드니대학의 코칭심리학 과정에서는, 1년간 전일제(full-time)의 석사학위(학점 이수로는 2년간)와 diploma(학점 이수는 1.5년간), 1년간 학점 이수 대학원 자격(graduate certificate)을 취득하는 코스가 제공되고 있으며, 매년 25명에서 60명의 학생이 입학한다(The University of Sydney, 2015a). 본 과정의 목적은 코칭에 관한 이론 학습과, 직장에서의 코칭이나 헬스코칭에 필요한 기술을 습득시키는 것이고, 수료생에게는 과학자-실천가(scientist-practitioner)로서, 성과 컨설턴트, 관리자/임원 코치, 인사관리 업무 등에 취업을 기대하고 있다(The University of Sydney, 2015b). 본 과정에서 제공된 프로그램은 국제코치연맹(ICF)의 핵심역량을 따르고 있으며, 수료생은 별도로 멘토코칭을 받고 코칭 로그와 코칭 세션의 녹음을 작성하여, ICF의 코치국제인증자격을 위한 증명서류로 제출할 수 있다. 그러나 시드니대학의 코칭심리학 과정은 호주 심리학인증협회(Australian Psychology Accreditation Council: APAC)의 인정은 받지 않았고, 본 과정을 수료한 학생은 전문 심리학자로 등록되지 못한다.[2]

본 과정에서는, 3개의 필수과목과 5개의 선택과목이 제공되고 있다(표 4-1). 전 과목에 공통된 학습목표를 '행동과학적 관점', '코칭의 기술(art)', '전문적·윤리적 실천'으로 하고 있다. 과학적인 관점에서 심리학을 파악하고, 그것을 전문적인 실천에 있어서의 기술이나 윤리로 통합하려는 자세가 엿보인다. 각 과목은 강의 시간과 토론 시간으로 구성되며, 토론 시간에는 강의 내용에 대한 논의와 함께 셀프코칭과 동료코칭을 통한 스킬 습득이 이뤄진다.

표 4-1 시드니대학교 코칭심리학 과정의 과목

필수 과목	선택 과목
코칭심리학의 이론과 기법 코칭심리학의 기초 코칭 실천	집단, 팀, 시스템 Peak Performance의 심리학 코칭의 인지-사회론 응용긍정심리학 긍정조직코칭

2) 자세한 것은 칼럼 3 참조.

필수과목 중 '코칭심리학의 이론과 기법'에서는 코칭의 발전, 상담과 컨설팅의 구별, 인지행동이론, 인간중심 접근 등과 같은 각 방법을 배우고, 클라이언트와 각종 문제에 대응하는 해결모델의 창안과 이론 및 기법의 응용 등 코칭심리학의 기본을 배운다. '코칭심리학의 기초'에서는, 코칭의 마이크로 스킬(경청, 질문, 목표 설정, 과제 설정), 매크로 스킬(멘탈모델의 작성, 해결 지향), 코칭의 종류, 정신 건강의 문제, ICF의 윤리규정, 수퍼비전과 셀프케어 등을 배우며, 코칭 실천의 기본을 배움과 동시에 셀프코칭이나 동료코칭을 통한 연습이 이루어진다. 게다가 '코칭 실천'에서는 그룹코칭이나, 코칭 프로세스에서 생기는 문제, 성격장애, 정신역동적인 문제 등 보다 고도의 지식이 취급된다. 또한 여러 명의 학생에게 지속적으로 동료코칭을 해주어 코칭의 시작에서부터 목표달성까지의 프로세스와 클라이언트별 프로세스의 차이를 경험한다. 나아가, 코칭 기록도 작성하게 하여 자신의 실천을 이론이나 증거에 근거해 되돌아 볼 것을 요구한다.

선택과목에는, 코칭이나 코칭심리학에 관한 보다 전문적인 영역이 다뤄진다. 예를 들어, '집단, 팀, 시스템'에서는 보웬(Bowen, M.)의 시스템론과 자기조직화(self-organization), 복잡성이론(complexity theory), 집단 내 행동의 연구성과를 가족, 사회적 네트워크, 산업조직 등 각종 시스템의 실천에 응용하는 방법 등을 배운다. 또한 'Peak Performance 심리학'에서는 몰입(flow), 정신력(mental toughness), 멘탈 트레이닝 기법 등 스포츠심리학, 성과심리학(performance psychology), 긍정심리학의 이론과 실천에 관해 배우고 실제 실생활이나 코칭에 응용한다.

이처럼 시드니대 코칭심리학 과정은 세계 최초의 코칭심리학 과정으로, 코칭심리학과 관련된 최첨단 교육을 제공한다. APAC의 인정을 받지 않은 점이나 박사과정이 없는 점 등은 과학자이면서 실무자를 양성한다는 의미에서는 과제를 안고 있지만, 이론과 증거에 근거한 코칭 실천의 촉진이라는 점에서는 앞으로도 세계를 리드하는 존재로 남을 것이다.

3. 영국 레스터대학의 학부생을 위한 코칭심리학

근년, 영국에서는 전문직으로서의 코칭의 발전과 함께, 심리학 전공 학생이 학부에서 코칭심리학을 배워, 코칭 스킬을 습득해 기업에 취직하려는 논의가 행해지고 있다(Spaten & Hansen, 2009). 레스터대학은 1921년 설립됐고, 40개가 넘는 전공 과정과 18,000명의 학생이 재학 중인 영국의 명문 대학 중 하나이다. 심리학과 주임교수인 스틸 등(Steele & Arthur, 2012)은 심리학과 학생의 선택 과목의 하나로 '코칭심리학' 수업을 주 3회, 12주간 개설하였다. 수강생에게는 과학자–실천가모델이 적용됐고, 세션 기록과 학생의 개인정보 취급 등 윤리적 규정이 엄격히 지켜졌다. 강의 부분에서는 목표설정이론, 변화이론, 발달이론, 코칭에서의 심리평가가 다뤄진다. 실천 부분에서는 행동주의적 접근방법(GROW모델)과 인지행동적 접근방법(SPACE모델)이 소개되어 연습에 이용되었다. 학생들은 슈퍼바이저 밑에서 동료코칭을 했고, 각각 8차례씩 코치와 클라이언트로 참여하였다.

수업 중에, 학생이 코칭심리학을 어떤 학문 분야로 인식하고 있는지를 밝히기 위해, 2번째 주에 두 수강생이 짝이 되어 반구조화 면접을 진행하며 무기명으로 제출한 그 면접 기록을 분석한다. 또 수업에서 학생이 무엇을 얻었다고 생각하고 있는가를 밝히기 위해, 12주째에 학생이 쓴 성찰 기록을 제출시키고 주제 분석을 시행하였다.

3.1. 반구조화 면접

질문 1은 "수업 시작 전에 코칭심리학은 어떤 것이라고 생각했는가?"이며, 내용 분석 결과, "타인의 성장 지원", "스포츠 퍼포먼스", "상담과 같거나 비슷한 것", "잘 모르겠다"라는 4가지 주제를 찾아냈다.

"타인의 성장 지원"으로 분류된 회답에서, 학생은 코칭이 타인의 성장을 지원하는 것으로 알고 있었다. 그러나 "코칭은 지원하는 업무인 줄 알았다", "라이프코칭이라는 말을 들은 적이 있어서, 그와는 관계가 있다고 생각하였다. 뭔가 심리학적인 것을 이용해 사람을 돕거나 지원하는 것이라고 생각하였다" 등의 회답에서 나타나는 것처럼, 코칭은 생활의 향상에 관계하고 있지만, 그것이 어떻게, 또 누가 행할지에 대해서는 명확한 생각을 갖고 있지 않은 것이 밝혀졌다.

다음으로, 코칭심리학이 스포츠 퍼포먼스에 관계되었다고 회답한 학생들은 "코칭심리학은 심리학을 사용해 스포츠하는 사람들을 코치해, 퍼포먼스를 심리학적으로 개선시키는 것과 관계하고 있다", "스포츠 코치가 있기 때문에, 스포츠와 관계된다고 생각했지만, 그들이 무엇을 하는지 몰랐다. 평소 축구팀에는 매니저가 아닌 헤드 코치가 있다. 매니저와 헤드 코치가 어떻게 다른지 전혀 모른다” 등과 같이 회답하고 있었다. 여기서는 코치 및 코칭이라는 말에 대해 오해가 있음을 알 수 있다.

　“상담과 같거나 비슷한 것”으로 분류된 답변은 “상담 수업에서 코칭을 조금 배웠다. 상담이 마음의 병을 돕는 것과 달리, 좀 더 기본적인 모델로 일상적인 문제를 다루는 것이 아닌가 싶다”, “코칭은 상담과 같은 영역에 속하는 것이라고 생각하였다”라고 회답하고 있다.

　일부 학생들은 코칭심리학에 대한 인식을 전혀 가지고 있지 않으며, 이 수업에서 무엇을 기대해야 할지 몰랐다. 그들의 응답은 “심리학을 2년간 배웠지만, 수업이나 교과서에 코칭에 대해 언급한 것은 없었다”, “이 과목은 고급 과목이라, 비교적 새로운 영역이라고는 알고 있지만, 지금까지 코칭이라는 말을 들은 적은 없었다”라고 답하였다.

　질문 2는 “이 수업을 받기 전에, 사람들이 왜 코칭을 받는지 알고 있었는가?”이다. 이 질문에 대해서는 3개의 주제가 나타났다.

　주제 중 하나인 ‘해결을 위한 지원, 조언, 지시’로 분류된 답변의 대부분은, 자신이 친구나 가족에 대해 하는 것과 같은 지원과 조언을 코치가 해준다고 생각하고 있으며, “성공한 사람들은 심리적 문제가 없으므로 올바른 방향으로 자신들을 밀어주는 사람을 필요로 한다. 그것은 의료보험의 적용 범위가 아니고, 친구를 한사람 더 손에 넣는 것과 같다”라고 회답하고 있다.

　‘스포츠 퍼포먼스’로 분류된 대답의 대부분은 코칭심리학이 스포츠와 결합돼 있고, 퍼포먼스 수준이 높지 않을 때 수준을 높이기 위해 코칭을 받는 것이라고 생각하였다.

　몇 개의 면접 기록에는 “일이나 직업에 관련되는 문제 때문에”에 코치를 붙인다는 회답이 있는데, “코칭은 주로 조직 안에서, 목표나 이익의 개선을 위해서 사용되고 있다고 생각한다”, “예를 들면, 직장 등에 보다 좋은 일자리를 얻을 수 있도록, 경력 발달을 지원하는 것”이라고 쓰여져 있었다. 이런 응답은, 질문 1에서 “코칭심리학이란 무엇인가?”라고 물었을 때에는 나오지 않았던 것들이다.

3.2. 성찰 기록

성찰 기록은 수업 종료 후에 학생들이 제출하는 것이다. 기록 내용을 주제 분석한 결과, 4개의 핵심 주제가 나타났다. 면접 기록과 마찬가지로 주제 분석 방법론에 의거하여, 먼저 외부 연구자에 의해서 주제를 추출하고, 그 후에 수업을 담당한 조교 1명이 주제를 확인하는 과정을 거쳤다.

첫 번째 주제는 코칭심리학이 '심리학 이론의 응용'으로 역할을 한다는 부분인데, 많은 학생이 코칭심리학을 배움으로써 기존 심리학의 지식이나 그들이 배우는 다른 심리학의 연구 분야를 현실 세계에 응용하는 데 도움이 된다고 답하였다. 그들의 응답을 보면, "이론을 어떻게 응용하면 좋은지 알게 되었다. 이 배움으로 인해 자신의 전문 영역에 대해서도 이해가 깊어졌다"로 대표된다. 코칭심리학의 기법은 대부분 심리학의 주요 이론 속에 자리 잡고 있다는 점을 알아차린 학생도 있어서, "코칭심리학은 심리학의 이론 위에 확실히 자리 잡고 있는데, Watson과 Skinner 등 행동주의 심리학자, 칼 로저스 등 인본주의심리학자의 영향을 받고 있다", "특히 인상적이었던 것은, 코칭심리학이 정신역동이론, 인간주의 접근법 등 심리학의 여러 이론과 관계돼 있다는 것이었다"는 답변도 있었다. Steele 등은, 학생들이 자신들이 배운 코칭 지식을 심리학 이론의 본류와 연결시켰다는 것은 코칭심리학의 실증성을 깨달았다는 점을 보여준다고 말한다.

발견된 두 번째 주제는 '목표 설정과 직업에 초점 맞추기'이며, 응답의 대부분은 자신의 진로와 학습 계획을 지원하기 위해서 목표 설정을 이용하거나 응용할 수 있다고 언급하고 있다. 학생들은 "코칭이론을 만난 덕분에 무엇을 목표로 자신이 나아가고 있는지 다시 생각해 볼 수 있었다. 장래의 일에서도 이 원리를 응용하려고 한다", "코칭을 받은 것은 도움이 되었다. 스스로 목표를 설정하고 셀프코칭을 할 수 있게 되었다", "내가 배운 또 하나의 스킬은 달성 가능한 목표의 설정 방법"이라고 회답하였다.

학생 대부분은 수업에서 배운 스킬은 미래에 응용할 수 있다고 하였고, "여기서 배운 몇몇 스킬은 앞으로 어딘가에서 사용할 수 있을 것 같다. 직장에서 사용할 수 있을 것 같은 그 외의 스킬은 경영자에게 강한 인상을 줄 수 있을 것 같고, 취직하면 동료들에게 용기를 줄 수 있는 스킬로도 사용할 수 있다고 생각한다"라고 말하고 있다.

세 번째 주제로는, 수업을 통해서 다수의 '실전용 기술'을 습득한 것으로 나타났다. 예를 들어, "음성 커뮤니케이션, 문자에 의한 커뮤니케이션, 이야기를 듣는 스킬, 목표 지향적인 퍼실리테이션 기술이 향상되었다", "첫번째 세션 때부터 자신과 소통하는 기술이 향상되었다"와 같은 답변이 보였다. 고등교육에서는 학생의 취업 적성이 중요시 되는데, '목표 설정과 직업에 초점 맞추기'와 '실천적 스킬'의 주제는 심리학 학사를 취득하는 학생들에게 코칭심리학을 응용할 수 있는 스킬을 습득할 기회를 제공했음을 보여주고 있다.

네 번째 주제는 '자기 성장'인데, 학생의 자기 성장에 대한 답변에는 "자신의 강점과 약점을 깊이 알게 됐다", "나는 사람들과 잘 어울리지 못하기 때문에 모르는 사람과 함께 해야 하는 것은 불안하였다. 그러나, 나 자신이 성장하고 결과를 내기 위해서 앞장을 서야 했고, 다른 학생과 함께 하는 팀과제가 이 수업에 있어서 도움이 많이 되었다"라는 답변이 있었다.

이상의 결과를 기초로, Steele 등은 코칭심리학의 이론과 기법을 심리학의 기본 커리큘럼에 포함시키는 것이 가치가 있다고 결론짓고 있다. Steele 등은 "고등교육에 대한 관점이 바뀌어 대학 졸업생이 고용주의 마음을 끌 수 있는 명확한 기술을 가지고 직장 문을 두드릴 수 있도록 대학이 확실하게 교육하라는 압력이 강해지고 있다(Steele & Arthur, 2012)"라고 말하였는데, 이런 요구는 일본에서도 마찬가지이다. 코칭심리학은 실제 사회생활에 도움이 되는 실천적 스킬을 배울 수 있는 과목으로서 일본 대학의 심리학과의 커리큘럼으로서도 충분히 통용되리라 생각한다.

4. 일본 분쿄대학교(文教大学)의 REB코칭

4.1. 감정지능 개발의 필요성

심리학에서는 비즈니스에 있어서 필요 능력이란 무엇인가에 관해 오래 전부터 논의가 있어 왔다. 종래 기업 채용에 대해서는, 언어와 수학 능력을 기본으로 한 '지능'을 중시하고, 채용시험 전용의 지능검사(적성검사)를 개발해, 인재 선발의 지표로 사용해왔다. 그러나 90년대 이후, 영미에서 종래의 지능 개념과는 다른 감정지능(Emotional Intelligence: EE)이 주목받게 되었다. 감정지능은 종래형의 지능과는 다른 개념으로, ① 자기 감정을 알고 ② 자기 감정을 조절하고 ③ 자신을 동기부여하고 ④ 남의 감정을 인식하고 ③ 인간관계를 잘 처리한다 등의 5요인으로 구성된다(Goleman, 1995/일역, 1998, pp.85-87).

채용 때 인재 선발뿐만 아니라, 직장인의 능력 개발이라는 점에서 감정지능은 중요한 지표다. 왜냐하면, 감정지능이 높은 직장인일수록 직무만족과 실적이 높고, 그 사람이 리드하는 팀의 생산성이 높다는 것이 실증연구로 확인되고 있기 때문이다. 나아가, 실적과의 관계에서, 감정지능은 지능과 기술적 숙련도보다 더 강한 영향을 주고, 그 영향은 직급이 높아질수록 더 강해진다는 점 등이 밝혀지고 있기 때문이다(DIAMOND하버드 비즈니스 리뷰 편집부, 2005). 이상을 보면, 기업에서 높은 실적을 내는 인재의 육성이라고 하는 면에서 감정지능의 개발이 매우 중요하다.

4.2. REB코칭

REBT는 감정에 초점을 맞춘 이론이며, 구체적인 순서와 기법이 있고, 학습이 쉽다(Dryden & DiGiuseppe, 1990/일역, 1997 등 참고). REBT의 전문가는 "논리요법(＝REBT)의 자조(自助)의 방법을 이해하고 실천함으로써, 감정지능은 고조되어 더 행복한 인생을 즐겁게 살아가게 된다(Clark, 2002/일역, 2006, p.17)"고 주장한다. 전문가들은 실제 REBT를 학교에서 가르침으로써, 학생의 감정지능은 커진다고 주장한다(DiPietro, 2004 등 참고).

(1) 수업 방법

2007년도 이후, 분교대학교 인간과학과 학생(대학원생 참여도 허용함)을 대상으로, REB코칭(제7장 참조)의 교육과 훈련을 1년간 수업에서 가르치고 있다(1년간, 30회, 총 45시간, 이수자는 약 20명). 수업 구성은 매번 똑같은데, 이론 학습 40분, 체험 학습 50분으로 구성된다. 학습 내용과 수준은 REBT심리사보(心理士補)를 양성하는 교육프로그램과 비슷하다(일본인생철학감정심리학회 기본용어집 편집위원회, 2009, pp.40-41).

이론 학습에서는 5, 6명 정도가 한 그룹이 되고, 각 그룹에서 교재의 지정된

부분에서 질문사항을 찾아내고 대표자가 그것을 발표한다. 각 그룹에서 나온 질문사항은 정리돼 다음 주 수업 시간에 수강생 전원에게 문서로 작성하여 배포한다. 질문사항 중에서 특히 중요하다고 판단되는 것 몇 개를 골라, 레포트 과제로 부과한다. 교재는 전기에는 「실천논리요법 입문」(Dryden & DiGiuseppe, 1990/일역, 1997), 후기에는 「논리요법 입문」(Dryden, 1994/일역, 1998)이다.

체험학습은 REBT지도자에 의해 코칭의 시범, 스킬 트레이닝(동료코칭), 피드백으로 구성된다. 시연(전체 과정 30분 정도)은 각 학기의 처음과 마지막에 2번, 연중에 4회 정도 시행한다.

동료코칭이란, 전문가가 아닌 동료에 의한 코칭 지원을 의미하지만, REB코칭에서는 스킬 트레이닝으로 이용된다. 책상을 치우고 의자만 있는 공간에서 3인1조(코치, 클라이언트, 관찰자)로 하여, 3회 실시한다. 즉, 이 훈련은 코치, 클라이언트 및 관찰자 역할을 각자 한번씩 체험한다. 참고로, 본 수업에서 기술 트레이닝의 최종 목표는 8단계까지를 셀프헬프 양식을 사용하며 7분간 실시할 수 있게 하는 것이다(8단계에 대해서는, Dryden & DiGiuseppe, 1990/일역, 1997 참조).

각 세션의 종료 후에 피드백이 3분간 주어진다. 피드백은 중간에 있던 관찰자와 클라이언트가 실시한다. 피드백에서는 대상자에게 유익한 내용과 유의할 것, 좋았던 점을 반드시 포함하도록 하는 규칙을 지키게 하고 있다. 시간이 있으면 수업의 마지막에, 수강생 전원이 원형으로 둘러앉아, 체험 학습에서

동료코칭의 장면

의 깨달음이나 느꼈던 점 등을 공유한다.

(2) 수업 효과

이 수업을 1년간 수강하고, 현재 취업한 5명에게 30분 정도, ① 이수 후 본인의 변화, ② 취업 등 달성해야 할 목표가 있는 활동과 관련된 유효성 ③ 현재의 직장생활에서의 유효성 ④ 다른 심리기법과의 차이점 등에 대해 인터뷰하였

다(시행 시기는 2009년 5월).

　인터뷰 대상자는 2007년 이수자 3명, 2008년 이수자 2명이다. 학부와 대학원의 차이는 있지만, 전원이 심리학 전공으로, 학부를 졸업하거나 대학원을 수료하고, 현재 전원 취업하고 있었다. 2명이 교육과 의료 기관에서 상담 지원 업무를 하고, 나머지는 일반 기업에서 근무하고 있다. 그들이 일상 생활에서 REBT를 포함한 심리 기법을 어떻게 활용하고 있는지를 파악하기 위하여, 그 외 기법의 학습 경험이 있는 5명을 인터뷰하게 되었다. 그들은, REBT외에 고든 모델(Gordon, 1995/일역, 2002), 경청 기법, 교류분석 등의 학습 경험이 있었다.

　이수 후 본인이 느끼는 변화로는 대체로 다음과 같이 말하였다. 첫째, 자기 수용성이 높아졌다(4명). 둘째, 욕구 불만에 대한 내성이 높아졌다(3명). 셋째, REBT기법과 셀프헬프 양식을 사용하고 감정 관리에 임하게 되었다(3명). 넷째, 감정 관리할 수 있게 되니, 목표 달성을 위한 건설적인 행동을 할 수 있었고 대체 방안 등을 논의하고 행동을 취할 수 있게 되었다(3명).

　취직 등 달성해야 할 목표가 있는 활동에 관해서는, 모두가 감정 관리를 할 수 있게 되어, 나쁜 감정에 대처하고, 목표 달성을 방해하는 자해 행동을 취하는 일이 없었고, 목표 달성을 위해 건설적인 행동을 취할 수 있었다고 말했다. 즉, 취직활동의 성공에 이 수업이 도움이 된다고 말했다. 현 직장 생활에서의 유효성에 관해서도, 같은 말을 했다. 직장에서 직면하는 나쁜 일들은 차이가 있지만, 감정관리를 할 수 있게 되어, 나쁜 감정에 대처하고, 자멸적인 행동이 아닌 건설적인 행동을 할 수 있다고 말했다. 즉, 모두가 현재의 직장 생활에 이 수업이 도움이 된다고 말했다.

5. 간호학과 학생의 수업에 도입한 코칭심리학

5.1. 코칭심리학의 범용 가능성

　학생 상호간의 동료코칭의 유효성은 심리학 전공 학생 이외에도 교직 과정의 학생이나 이학요법 전공 학생 등에서도 이미 확인되고 있다(Prince, et. al., 2010; Ladyshewsky, 2010). 앞에서 소개한 Steele 등(Steele & Arthur, 2012)이 코칭심리학 수업의 효과로 제시한 4개 중 '목표 설정과 직업에 초점 맞추기', '실천 기술의 획득', '자기 성장'은 지금 시대에는 전문 분야에 관계 없이 학창 시절에 획득해야 할 중요한 능력이다. 후생노동성의 지도 요령(후생노동성, 2012)에 의하면, 간호사 교육의 기초 분야 과목은 "가족론, 인간관계론, 상담이론과 기법 등이 포함된다"고 정하고 있어서, 인간과 사회를 폭넓게 이해하고, 과학적 사고력 및 커뮤니케이션 능력을 높이고 감성을 닦아, 자유롭고 주체적인 판단과 행동을 배양할 수 있는 내용을 담도록 요구하고 있다.

5.2. 수업의 목적과 개요

필자는 이전부터 간호학과 학생들에게 인간관계론 수업을 담당하고 있었지만, 2014년에는 코칭심리학의 이론과 모델에 근거한 훈련 위주의 수업으로 구성하였다. 위의 후생노동성의 수업 지침에도 합치한다고 생각했기 때문이다. 수업의 행동 목표는 ① 인간관계의 기본 원리를 배우고, 적절한 의사소통이 가능, ② 간호학과 학생으로서 환자에게 적절한 의사소통이 가능, ③ 스트레스 관리가 가능하며, ④ 자신과 타인의 목표 달성의 길을 찾아준다 등이었다. 수강생은 40명의 간호학과 학생으로, 90분×10회의 수업에 참여하였다. 첫 회는 수업의 목적과 진행 방법, 프라이버시 보호에 관한 설명과 평가를 실시하였다. 사용한 코칭 이론과 모델은 GROW모델, 인지행동코칭(ABC모델)(제2장 참조), 긍정심리학의 강점의 발견이었다.

5.3. 학습사이클을 바탕으로 한 수업 진행

수업은, Kolb의 학습사이클이론(Kolb, 1984)에 기초하여, ① '실전 경험' ② '회고' ③ '개념화' ④ '실험적 응용'의 프로세스를 반복하면서 진행하도록 계획되었다(그림 4-2).

① 실전 경험(연습)에는 1대 1의 동료코칭, 3인 1조의 동료코칭(한 명은 관찰자), 사례연구, 4명의 그룹토론, 상호 피드백, 표정과 몸짓의 판독, DVD를 이용한 관찰 학습, '강점'의 진단을 포함한 심리평가 등이 이루어졌고, 수업의 핵심 부분이었다.
② 회고 프로세스로, 수강생은 매회 수업의 마지막에 성찰 보고를 하였다.

또, 수업 중에 실시하는 심리평가는 수강생이 자신의 결과에 대한 피드백을 읽어보고 성찰할 수 있도록 준비되어 있었다. ③ 개념화 과정에서는 '자기 개시(自己開示)', '경청', '공감', '회복탄력성', '자기효능감' 등 코칭이나 인간관계에 관한 심리학적 개념에 대해 교재 「발달·사회에서 보는 인간관계」(西垣니시가키, 2009)를 이용하여 설명함으로써 실천과 개념의 연계를 도모하였고, 시간은 각 회 20분을 넘지 않는 범위로 하였다. 수강생에게는 다음 강의까지 해야 할 실천 과제가 부여되었다. 일상생활속에서 실험적으로 시도해보고, 다음 수업의 처음에 그 결과를 그룹 내에서 공유하는 시간을 가졌다. 덧붙여 최종 수업에서는 수업 전체를 되돌아보고, 성찰 보고서를 제출받았다.

그림 4-1 코칭심리학 수업에서 학습 사이클

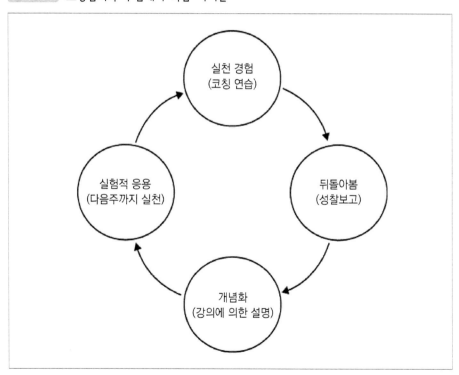

Kolb(1984)을 바탕으로 나시가키가 작성

5.4. 수업 효과

10회 수업 후, 코칭역량-자기효능감 척도(CCSES-R: 西垣니시가키 · 宇津木우즈키, 2015) (표 3-2 참조)로 측정한 학생의 코칭에 대한 자기효능감을 시작 전과 비교해보니 대화스킬 요소에서 유의한 상승이 나타났다(Nishigaki, 2015).3) 또한, CCSES-R의 각 요소는 강점테스트(VIA간략판)(Seligman, 2011/일역, 2014)의 '인간성'과 '초월성'의 각 하위 항목들과 유의한 상관관계가 높게 나타났다(Nishigaki, 2015). 본 절에서는 수강생의 성찰 보고의 결과를 행동목표에 따라 보고한다.

이전의 간호 학생은 사람과 접하는 것을 힘들어하지 않는 학생이 많았으나, 최근에는 커뮤니케이션을 잘하지 못하는 학생도 증가하고 있다. 성찰 보고에서는 일상의 인간관계나 커뮤니케이션과 관련하여, "연습으로 다양한 사람들과 이야기할 기회가 많아서, 평상시에 별로 관계없는 사람과의 대화를 이전에 비해 더 부드럽게 할 수 있게 되었다"라고 하였고, 자기 자신에 대해 "주변 사람들에게 보이는 방법이나 태도, 자신의 성격이나 경향을 알 수 있었다", "다른 사람들과 이야기하는 것으로 내 생각이 확장되거나, 알아차린 것이 여러가지 있었다"라고 하여, 자기 이해가 깊어지는 것을 볼 수 있었다. 스킬 면에서는 경청이 인상에 남았다는 코멘트가 많았는데, "경청에 집중하는 것이 상대에게도 도움이 되는 것을 알았다"라는 말이 대변하는 것으로 생각된다.

간호 학생으로서 갖춰야 할 커뮤니케이션 능력과 관련해서는, 수업 직후에 예정되어 있던 병원 실습의 목표가 '환자와의 커뮤니케이션을 통한 정보수집'이었기 때문에 경청, 질문 등 배운 기술을 곧바로 활용할 수 있었다는 보고가 많았다. "간호는 환자의 마음을 듣는 데서 시작된다. 환자를 좋은 방향으로 이끌 수 있도록 이 수업에서 배운 것을 최대한 살려 성실한 자세로 대하고자 한다" 또한 "다음 실습의 리더가 됐으니 리더십을 높이겠다. 친구 중에 리더십이 있다고 생각되는 사람이 있으니, 그의 행동과 발언을 관찰해 보고 싶다. 그룹 모두가 도와준다면 열심히 할 수 있기 때문에, 어려울 때는 모두에게 도움을 요청하려고 생각한다"라고 자기 나름의 목표를 찾아낸 사람도 있었다.

---

3) CCS-R(코칭역량-자기효능감 척도)에 관한 문의는 개발자(칸사이의과대학 심리학교실 西垣니시가키 교수)에게 하길 바람.

동료코칭을 통한 목표의 설정과 행동 계획에 대해서는, "목표나 계획을 세우는 것이 매우 어렵다"라는 소감도 있었지만, "코칭에 의해서 단기목표와 그것을 위해 지금 해야 할 것과 현재의 내 상태를 알 수 있었다", "하나의 관점만이 아니고, 다양한 각도에서 문제를 깊게 파들어가면 자연히 해결책이 발견되어 목표를 세울 수 있다는 것을 알게 되었다" 등, 확실한 방법을 파악한 수강생도 있었다.

스트레스 관리에 관해서는, "앞으로 스트레스를 느끼는 경우가 분명히 증가할 것이지만, 자신의 생각 때문에 생기는 스트레스일 가능성도 있으므로, 객관적으로 생각하고 감정을 잘 컨트롤해나가고 싶다"라고, 장래 직업상 생기는 스트레스도 우선 살펴본 후에 배운 것을 활용하고 싶다는 의견과 그 외에 감정 관리에 대해 언급한 것이 여러 개 있었다.

5.5. 전망

간호 교육의 '인간관계론'에 코칭심리학을 도입한 수업은 수강생의 대화 스킬을 향상시켜 학생들의 긍정적인 평가를 받았다. 이번에는 제한된 수업시간 중에 시행하였지만, 다음에는 코칭의 확실한 습득에 시간을 더 들이면 더욱 효과가 있을 것으로 보인다. '인간관계론'은 간호 교육뿐만 아니라, 비서직 자격의 교육 과정에도 있는 등, 인간 행동 관련 과목으로서 많은 인문·사회계 학부나 단기대학에서 개설되어 있는데, 이러한 학부·학과에서도 코칭심리학은 유용할 것이라고 생각된다. 고등 교육에서의 코칭심리학 수업은 대인관계의 실천력, 자기 파악하기, 스트레스 관리, 목표 달성의 길잡이 등 학생생활이나 취직 후에 일어나는 문제 해결에 필요한 능력을 높이는 등 다양한 효과를 기대할 수 있을 것이다.

Clark, L. (2002). *SOS help for emotion: Managing anxiety, anger and depression* (2nd ed.). Bowling Green, KY: Parents Press. (菅沼憲治(監訳) (2006). 感情マネジメント: アサーティブな人間関係をつくるために 東京网書)

DIAMONDハーバード・ビジネス・レビュー編集部(編訳) (2005). EQを緞える ダイヤモンド社

Dipietro, M. (2004). Rational emotive education in school. *Romanian Journal of Cognitive and Behavioral Psychotherapies*, 4(1), 69-77.

Dryden, W. (1999). *Invitation to rational-emotive psychology.* London: Whurr. (國分康孝・國分久子・國分留志(監訳) (1998). 論理療法入門:その理論と実際 川島書店)

Dryden, W. & DiGiuseppe, R. (1990). *A primer on rational-emotive therapy.* Champaign, IL: Research Press. (菅沼憲治(訳) (1997). 実践論理療法入門: カウンセリングを学ぶ人のために 岩崎学術出版社)

Goleman, D. (1995). *Emotional intelligence.* New York: Bantam. (土屋京子(訳) (1998). EQこころの知能指数 講談社)

Gordon, T. (1995). *Good relationships: What makes them. what breaks them.* Unpublished. (近藤千恵(訳) (2002). ゴードン博士の人間関係をよくする本:自分を活かす 相手を活かす 大和書房)

Grant, A. & Palmer, S. (2002). Coaching psychology workshop. annual conference of the Division of Counseling Psychology, British Psychological Society, Torquay, UK, 18th May.

Grant, A. M. (2001). *Towards d psychology of coaching: The impact of coaching on metacognition, mental health and goal attainment.* Doctor of Philosophy, Macquarie University, Australia. Retrieved from <http://files.ric.cd.gov/fulltext/ED478147.pdf>

Grant, A. M. (2011). Developing an agenda for teaching coaching psychology. *International Coaching Psychology Review*, 6(1), 84-99.

Kolb, D. A. (1984). *Experiential learning: Experience as a source of learning and development*. Upper Saddle River, NJ: Prentice Hall.

厚生労働省 (2012). 看護師等養成所の運営に関する指導要領(平成2年7月9日区政発0709第11号)

Ladyshewsky, R. K. (2002). A quasi-experimental study of the difference in performance and clinical reasoning using individual learning versus reciprocal peer coaching. *Physiotherapy Theory and Practice.* 18(1), 17-31.

日本人生哲学感情心理学会基本用話集編集委員会(編) (2009). 人生哲学感情心理学(REBT)基本用語集 文教大学出版事業部

Nishigaki, E. (2015). Effects of positive coaching approach introduced to the Japanese nursing students. Poster presented at the Fourth World Congress on Positive Psychology Lake Buena Vista, FL, USA, 25-28, June.

西垣悦代(編著) (2009). 発達・社会からみる人間関係: 現代に生きる青年のために 北大路書房

西垣悦代・宇津木成介 (2015). コーチングコンピテンシー盲己効力感尺度改良版(CCSES-R)の妥当性 日本心理学会第79回大会発表論文集

Prince, T., Snowden, E., & Matthews, B. (2010). Utilising peer coaching as a tool to improve student-teacher confidence and support the development of classroom practice. *Literacy Information and Computer Education Journal*, 1(1), 1-7.

Spaten, O. M. & Hansen, T. G. B. (2009). Should learning to coach be integrated in a graduate psychology programme? Denmark's first try. *The Coaching Psychologist*, 5(2), 104-109.

Steele, C. & Arthur, J. (2012). Teaching coaching psychology to undergraduates-perceptions and experiences. *International Coaching Psychology Review*, 7(1), 6-13.

The International Coaching Research Forum. (2008). Tony Grant. Retrieved 23rd, March 2015, from <http://qualityoflifc101.com/wordPress/?page_id=371>

The University of Sydney. (2015a). <http://sydney.edu.au/handbooks/science_PG/ course work/psychology/psychology_coaching. shtml>

The University of Sydney. (2015b). COACHING PSYCHOLOGY. Retrieved from <http://sydney.edu.au/science/psychology/future_students/doc/coaching_psych _flyer.pdf>

영국의 대학교에서 코칭 교육

이시카와 토시에(石川利江)

영국에서는, 일본의 석사 과정과 마찬가지로 풀타임 1년 이상의 과정 수료와 석사 논문 작성이 석사학위 취득의 기본이지만, 파트타임으로 2년 이상의 과정을 이수하고 논문 작성하는 석사학위 과정, 석사 논문을 작성하지 않는 準석사과정(diploma), 규정된 학점만 취득해도 되는 인정코스(certificate) 등 다양한 학습 방법이 있다. 실천적이고 전문성을 갖춘 인재의 양성을 목표로 하는 것으로, 평생학습 사회에 대응한 학위나 자격을 충실히 부여하고 있다.

영국의 대학원 수준에서 가장 빨리 코칭심리학과가 설치된 University of East London(UEL)의 대학원에도 그런 3개 자격 코스가 설치되어 있다(다음 페이지 그림). 모든 코스의 학생들은 '실증 증거를 바탕으로 하는 코칭 이론과 실천'을 수강해야 하고, 인정자격과정에서는 '리더십과 조직의 코칭', '교육 현장의 코칭', '헬스코칭', '경력과 능력 개발을 위한 코칭' 등 3개의 선택과목 중에서 적어도 1과목을 이수하고, 60학점을 취득해야 한다. 준석사를 위한 코스에서는, 위에 추가하여 '코칭에 있어서의 자아의 심리학'을 이수하고, 선택 과목에서 2과목을 이수하며, 120학점을 취득해야 한다. 석사학위 코스에서는, 추가로 '연구와 활용 파트 1'과 '연구와 활용 파트 2'의 60학점을 이수하여 180학점 취득해야 한다. 이들 커리큘럼 내용은 조금씩 변화하여 발전하고 있다.

Oxford Brookes University(이하 Brookes)의 코칭 및 멘토링 프로그램은 경제학과에 설치되어 있다. 구성 과목의 내용은 UEL과 다르지만, 비슷한 자격을 얻을 수 있도록 되어 있다. City University of London은 석사과정은 없고 코칭심리학 박사과정이 있으며, 코칭심리학 박사학위를 받는다.

UEL와 Brookes에서 코칭 교육 커리큘럼은 개개의 과목이 모듈로 불리며,

강의뿐 아니라 토론, 역할연기 등과 같은 많은 연습, 여러 번의 레포트, 코칭의 사례 보고와 슈퍼비전 등이 포함되어 있다. 과제로 읽을 도서도 많이 제시되어 있고, 독후감 제출이 요구된다. 인터넷을 활용한 토론과 코칭 실천 장면의 녹화를 갖고 평가도 실시되고 있다. 모든 과목의 달성 기준이 상세하게 제시되어 있어서 달성도가 엄격하게 평가되고 피드백 되고 있다.

이수 방법은 파트타임이나 단위제 등 유연하고, 일을 하면서 파트타임으로 배우는 학생수가 증가하고 있어서 대학원에서는 파트타임 학생이 더 많다. 한 모듈의 대부분은 인터넷을 활용한 것으로, 오프라인 강의는 월 1회 주말에 집중적으로 이뤄진다. 그렇기 때문에 예를 들어, 대학과는 멀리 떨어진 스코틀랜드에 사는 직장인이라도 비행기를 이용해 주말 강의를 들으면 코칭심리학 자격증을 얻을 수 있다.

전문코치의 자격을 부여하는 단체도 많은데, 경력을 갖춘 사회인이 대학에서 코칭심리학 자격을 취득하려는 가장 큰 이유는 학술적 연구에 기초한 이론과 방법을 대학교육을 통해 배울 수 있기 때문이라고 한다. 이것은 대학이 제공하는 프로그램에 대한 신뢰를 보여주는 장면이다. 영국에서 코칭심리학의 확산 방식은 향후 일본의 대학이나 대학원 교육에 참고할 수 있을 것이다.

그림　University of East London의 대학원 코칭심리학 코스

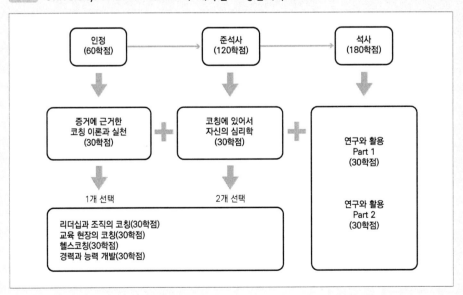

제 2 부

배경 이론

제 5 장

코칭의 배경 이론: 아들러심리학과 인본주의심리학

무코 지하루(向後千春)
도사카 사라야카(堂坂更夜香)
이자와 사치요(伊澤幸代)

우리는 코칭의 원류로 아들러심리학과 인본주의심리학을 꼽고자 한다. 20세기 초에 활약한 알프레드 아들러(Alfred Adler)가 세운 아들러심리학은 인간의 삶에 대해 새로운 시각을 보여주었는데, 더 좋은 인생을 보내려면 어떻게 해야 하느냐에 대한 전체 그림을 보여주었다. 그의 생각은, 매슬로와 로저스의 인본주의심리학 실천자들에게 계승되어, 초기 코칭의 이론적 배경이 되었다. 그런 의미에서 아들러는 매슬로와 로저스에 사상적 영향을 끼침으로써 간접적으로 초기 코칭의 성립에 영향을 줬다고 할 것이다.

본장에서는, 아들러의 생각으로부터 출발해, 매슬로와 로저스를 거치면서, 그들이 제시한 인간에 관한 관점이 어떻게 코칭에 계승되어 왔는지를 살펴본다. 그리고, 만약 아들러심리학에 근거하는 코칭이라고 하는 것을 구상한다면 어떤 모습이 될 것인지 그려보고자 한다.[1]

---

1) 집필: 1절 도사카 사라야카(堂坂更夜香), 2절 이자와 사치요(伊澤幸代), 3절 무코 지하루(向後千春)

I. 아들러심리학

1.1. 알프레드 아들러와 아들러심리학

알프레드 아들러(Alfred Adler, 1870~1937)는 오스트리아의 정신과 의사이며, 심리학자, 사회이론가로도 활약한 인물이다. 프로이트(Freud, S.)와 융(Jung, C. G.)과 함께 세계적으로 '심리학의 3대 거두'로 불리지만, 일본에서는 프로이트와 융만큼 소개되지 않아서 널리 알려져 있지 않다.

아들러는 1870년에 유대인 가정에서 7형제의 차남으로 빈에서 태어났다. 1888년에는 빈대학교 의대에 진학하였고, 졸업 후에는 빈에서 병원을 개원하였다. 1902년에는 프로이트의 초청을 받아, 정신분석협회의 연구그룹에 참가하였다. 1911년에 학설상의 갈등으로 프로이트와 결별하고, 자유정신분석협회를 설립하였다. 이 협회는 이듬해에 개인심리학회로 개명하였다.

아들러가 '개인심리학(individual psychology)'이라고 부른 것은 '개인'이라는 것이 '분할할 수 없는 통일체(in-dividual)'라는 사상에서 나왔다. 프로이트를 비롯해 많은 학파가 인과론을 따르지만, 아들러가 제창한 심리학은 "분할할 수 없는 전체로서의 개인이 어떤 목적을 갖고, 그것을 달성하기 위해 행동한다"며 목적론을 취하는 것이 특징이다. 아들러는 치료보다 예방이 중요하다며 교육에 힘을 쓴다(Adler, 1929; 일역, 1996). 그의 활동은 보통 사람들의 모임을 통해 이뤄졌으며, "나의 심리학은 '전문가만의 것이 아니라' 모든 사람의 것이다"라고 선언한 바 있다(岸見^{기씨미}, 2010). 일본에서는 그의 이론체계를 '개인심리학' 또는 창시자의 이름을 따 '아들러심리학'이라고 불린다.

아들러는 낙관적인 식견을 갖고 있어서, 개인심리학을 통해 세상을 더 잘 만들기 위한 기회를 갖게 될 것이라고 확신하고 있었다. 아들러는 미래에 대해 다음과 같이 말하고 있다. "내 이름을 아무도 기억하지 않게 될 때가 올지 모른다. 아들러파가 존재했던 것조차 잊혀질지도 모른다. 그래도 상관없다. 심리학 분야에서 일하는 모든 사람이 우리와 함께 배운 것처럼 행동할 것이라고 믿기 때문이다"라고 하였다(Manaster, et. al., 1977/일역, 2007).

아들러 시대부터 100년이 된 지금 아들러의 이론은 심리학자뿐만 아니라 넓은 영역에서 많은 사람들의 사색이나 저작에 영향을 주어 왔다고 말할 수 있다. 그러나 그 영향이 아들러의 사고방식에서 유래되었다는 언급은 그동안 거의 없었다. 이 일에 대해서, 정신의학자인 엘렌버거는 "아들러의 학설은 '공동 채석장'과 같은 것으로, 누구든 아무런 구애를 받지 않고 거기서 무언가를 캐낼 수 있다"라고 소개하고 있을 정도이다(Ellenberger, 1970/일역, 1980).

1.2. 열등감

우리가 평상시 느끼는 이른바 '열등감'을 발견한 것은 아들러다. 일반적으로 열등감은 부정적인 이미지로 사용되는 경우가 많다. 그런데 실은 그것이 아들러가 말하는 '열등콤플렉스'에 해당하는 것이다. 아들러가 '열등감'과 '열등콤플렉스'를 구별하는 것에 주목해야 한다. 아들러가 말하는 열등감은 누구나가 일반적으로 느끼는 감정이며, 보통의 감각이다.

열등감은 영어로 inferiority feelings, 즉 자신이 조금 열등하다는 느낌이다. 사람은 원래 '뛰어난 사람이 되고 싶다'라는 목적을 가지고 있다. 그 이상의 상태(플러스)에서 보면, 지금의 자신은 반드시 조금 뒤떨어져 있는 상태(마이너스)에 있다. 이때 드는 감정이 열등감이다. 이 열등감은 누구나 갖고 있는 감각으로, 아주 보통의 감정이다. 어떤 사람이든 모든 영역에서 완벽한 사람은 없다. 사람들은 모두 오늘보다 내일, 내일보다 모레 더 나아지기를 바라는 마음을 갖고 살고 있다. 누구나 조금씩이라도 진보하려는 목표를 갖고 살고 있다. 사람은 항상 현재보다 높은 상태를 마음에 그린다. 하지만 현재는 그것에 미치지 못하기 때문에 그 차이로 인해 열등감이 생긴다.

이것으로부터, 아들러는 열등감이야말로 행동을 위한 원동력이라고 생각하였다. 열등을 느끼기 때문에, 사람은 지금보다 더 좋아지려고 노력한다. 이 행동은 열등감을 '보상'하는 것이라고 말할 수 있다. 그러나 이때 자신이 열등하다는 감정에 얽매여, 여러가지 이유와 핑계를 대어 그것을 실체화해 버리는 것을 아들러는 '열등콤플렉스'라고 불렀다. 예를 들면, 신체적으로 뒤떨어져 있는 부분('신체기관열등성')이 있어서, "A이기 때문에(혹은 A가 아니기 때문에) B를 할 수 없다는 논리를 일상생활에서 많이 쓰는 경향"을 볼 수 있다. 즉, 해야 할 과제를 앞에 두고 처음부터 하지 않겠다고 결정해 버리고, 그 할 수 없는 이유를 나중에 여러가지 제시하는 행동을 한다. 열등콤플렉스를 '수단'으로 하여, 당면 과제를 회피하려 하고 있다. 여기에 열등콤플렉스가 작동하고 있다.

열등감과 열등콤플렉스를 구별하려면, '열등을 느끼기 때문에 노력한다'는 경우에는 '열등감'이고, '나에겐 열등콤플렉스가 있어서 노력을 안 한다'는 경우에는 변명으로서 '열등콤플렉스'를 이용한다고 이해하면 좋을 것이다. 이처럼 열등감은 노력을 위한 원동력이 된다. 즉, 열등감에는 사실 긍정적인 이미지가 깔려 있어서 보다 나은 내일을 위한 활력이 된다고 할 수 있다.

그림 5-1 아들러심리학의 전체 모습

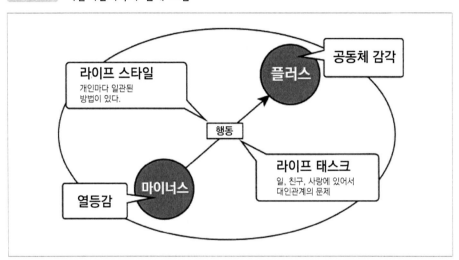

1.3. 라이프 스타일

사람은 누구나 더 나은 존재가 되려고 하는 목적을 가지고 있고, 그 목표를 향해 행동하고 있다. 그러나 무엇을 가장 우선시하는가(최우선목표)와 그것을 위한 행동은 사람마다 다르다. 사람 각자의 행동 경향을 심리학에서는 '성격'이나 '인격'이라고 부른다.

아들러심리학에서는 그 사람만의 독자적인 사고나 행동 경향(=삶의 패턴)을 '라이프 스타일'이라고 부른다. 라이프 스타일은 유전적 요인과 환경적 요인 양쪽에서 형성된다고 생각된다. 그 사람 자체의 삶이 형성되는 것은 2~5세 경이며, 늦어도 10세 전후까지는 라이프 스타일이 정해진다고 본다. 또, 라이프 스타일은 스스로 선택해 결정하는 것이므로, 결심에 따라서 언제라도 바꾸는 것이 가능하다.

라이프 스타일은 그 개인의 최우선 목표의 특징에 따라 대략 다음 4가지 유형으로 나눌 수 있다.

A타입＝안락하게 지내고 싶다(구속 받지 않고, 귀찮은 일은 싫다)
B타입＝선망의 대상이 되고 싶다(인기 있는 사람이 되고 싶고, 따돌림 당하고 싶지 않다)
C타입＝리더로 있고 싶다(주도권을 쥐고 싶고, 복종하는 것은 싫다)
D타입＝뛰어나고 싶다(과제 달성이 기쁨이며, 무의미한 시간은 고통이다)

위 4가지 타입을 크게 2가지로 나누면, A타입과 B타입은 수동형, C타입과 D타입은 능동형이 된다. 또, B타입과 C타입은 대인관계 중시, A타입과 D타입은 과제 해결 중시가 된다. 이것으로부터, A타입은 과제 해결 우선의 수동형, B타입은 대인관계 우선의 수동형, C타입은 대인관계 우선의 능동형, D타입은 과제 해결 우선의 능동형으로 분류할 수 있다.

이 4개의 라이프 스타일은 어떤 타입이 뛰어나다거나 뒤처진다고 할 수 없다. 각각 장점과 단점이 있다. 중요한 것은 라이프 스타일이 유년기에 결정되어 너무 익숙해져 있기 때문에, 자신은 그것을 의식할 필요도 없고 깨닫지도 못한다는 점이다. 그런데, 한편으로 다른 사람으로부터는 "저 사람은 이런 사람"이라는 판단을 받는다. 그러한 체험을 거치면서 라이프 스타일은 사람마다 다른 타입이 형성되는데, 사람에게는 최우선 목표가 있고, 그것을 탐색하는 과정에서 라이프 스타일을 확고히 하며, 그것을 통해 그 사람의 판단이나 행동 패턴을 예측할 수 있다. 이와 같이, 자기 자신의 라이프 스타일을 알게 되면, 그것을 활용하는 방법과 대인관계의 방식, 자신의 역할 등을 생각하는 데 힌트를 얻을 수 있다.

1.4. 라이프 태스크(life task)

우리는 무엇을 위해 살고 있는 것일까.

아들러는 인간의 고민은 모두 대인관계의 고민이라고 하였다. 인간은 결코 혼자서는 살 수 없다. 우리가 지금 여기에 존재하고 있는 것도 대인관계를 계속 잘 쌓아왔기 때문이다.

아들러는, "우리는 지구상에 살고 있는 인류의 일원이다"라며, 우리 자신의 행복과 인류의 행복을 위해 개인이 해야 할 과제는 '일, 교우(交友), 사랑'의 3가지가 있다며 이를 인생과업(life task)이라 불렀다.

첫째, 우리는 인류의 일원으로 계속 남기려면 사회를 형성하고 유지하기 위한 일을 해야 한다. 그러나 인간은 혼자서는 아무것도 할 수 없다. 그 점에서 사람들은 서로를 인정하고, 약점을 서로 보완하면서, 각자의 역할을 완수해 나갈 필요가 있다. 이것이 '일의 태스크'이다.

둘째, 타인과 협력하기 위해 좋은 관계를 만드는 것이 중요하게 된다. 인류의 일원으로 살아가려면 동료들 가운데서 자신의 위치를 어디에 둘지를 정해야 하는데, 이것이 '교우의 태스크'이다.

셋째, 인간이 계속 존재하는데 필요한 활동에 기여하는 것이다. 이것은 좋은 파트너를 찾아내 가정을 꾸리고 아이를 키우는 것이다. 인간에게는 남자와 여자라는 성이 존재하지만 그 성의 역할을 완성시키는 것이 '사랑의 태스크'가 된다.

이런 태스크들은 모두 인류 전체에 대한 관심으로 향하고 있다. 아들러는 이것이 인생의 의미라고 주장한다. 어떤 대인관계를 가지고 라이프 태스크를 완수해 나갈 것인가가 우리의 인생의 과제이다. 사람은 다른 사람에게 관심을 가지지 않으면 행복해질 수 없다.

아들러심리학에서는 이 기본이 되는 3개의 태스크, '일, 교우, 사랑'에 추가하여, '자신과의 조화'와 '세계와의 조화'의 2개 태스크도 함께 고려한다. '자신과의 조화'란 자기 자신과 마주하여 완벽하지 않은 자신, 항상 불완전한 자신을 있는 그대로 받아들이는 태스크이다.

'세계와의 조화"란, 자신과 세계, 우주와를 연결하여, 이 지구상에 태어난 자신의 존재의 의미를 생각하는 태스크이다.

일, 교우, 사랑의 태스크가 자신이 이 세계에서 살아가기 위한 과제라면, 자기와의 조화, 세계와의 조화 태스크는 이 세상에 살아 있다는 것의 '의미'를 탐구하는 과제라고 할 수 있다.

1.5. 공동체 감각

아들러는 사람은 다른 사람에게 관심을 가져야 행복해진다고 하였다. 그러기 위해서는 '공동체 감각'의 육성이 중요하다고 말하고 있다. 공동체 감각이란 아들러심리학의 핵심 개념으로, 'social interest=사회에 대한 관심, 다른 사람에 대한 관심'을 의미한다.

그렇다면, 구체적으로 공동체 감각이란 어떤 감각일까. 그것은 '자기 수용 → 신뢰 → 소속 → 공헌'의 4개의 감각에서 성립하게 된다고 생각한다(野田, 1991).

우선, '자기 수용'이란, 있는 그대로의 자신으로 남아있음을 의미한다. 능력 이상의 일을 억지로 하거나 남을 속이지 않고, 있는 그대로 스스로 공동체 안에 존재할 수 있는 감각이다.

'신뢰'란, 자기 주위 사람에게 안심하고 일을 맡길 수 있는 상황을 의미한다. 즉, 상대를 신뢰하고 의지할 수 있는 감각이다.

'소속'이란, 그 공동체 안에 자신이 있을 장소가 있는가라는 감각이다. 가정이나 직장, 친구와의 커뮤니티 안에서 안심하고 존재할 수 있는 감각이다.

마지막으로 '공헌'이란, 자신이 주위 사람들에게 도움이 되고 있고, 도움이 될 수 있다는 감각이다.

이상 4개의 감각 중에서, 소속과 신뢰는 '사람들은 동료이다'라고 생각하는 감각, 자기 수용과 공헌은 '나에게는 능력이 있다'라고 생각하는 감각으로 분류할 수 있다.

사람들은 공동체 안에서 늘 자기 자리를 찾고 있다. 그것은 누구도 혼자서 살 수는 없기 때문이다. 이때, 자신에게만 통하는 자기 중심적인 생각을 갖고 소속감을 구하려 하면, 주위 사람들로부터 부적절한 행동으로 간주되어 고립되어 버릴 것이다. 사람은 소속되지 않으면 행복을 느끼기는 어렵다.

공동체 감각을 키우는 노력은, 자신만의 생각=사적 논리(private logic)로부터 공동체의 동료가 공유할 수 있는 생각=공통감각(common sense)으로 바꾸는 것이다. 이것은 상대의 눈으로 보고, 상대의 귀로 듣고, 상대의 마음으로 느끼는 것이다.

아들러는 "나는 내가 가치 있다고 생각할 때에만 용기를 가질 수 있다"라고 말하였다. 여기서 말하는 용기는 대인관계에 맞서는 용기, 즉 인생의 과제에 맞서는 용기이다. 내가 가치 있다고 생각하는 것은 누군가에게 도움이 된다고 생각되는 때에 나온다. 게다가 아들러는 "행복이란 공헌감이다"고 하였다. 즉, 공동체 안에서, "사람들은 나의 동료고, 나에게는 능력이 있다"라고 자연스럽게 느낄 수 있고, 자신의 역할을 찾아내 다른 사람들에게 공헌해 나갈 수 있으면 행복한 인생으로 나아갈 수 있다.

2. 인본주의심리학

미국에서 시작된 인본주의심리학은 유럽에서 발달한 인간학파라고 불리는 정신의학의 영향을 강하게 받았다. 프로이트의 직제자인 스위스의 빈스완거(Winswanger, L.)는 인격을 통일된 것으로 간주하고 인격 있는 자유성을 중시하였다. 오스트리아의 프랑클(Frankl, V. E.)은 나치의 유대인 수용소에서의 체험을 기초로 하여, 인간은 의미를 찾고, 그 책임에 대해 자유롭게 선택하며, 스스로의 삶을 결정하는 존재이며, 환자가 자기의 존재의 의미를 찾아내서 자기의 가능성을 믿고, 자신의 인생에 대한 책임성을 자각하는 것을 지원하는 로고세라피(logotherapy)를 제창하였다. 이들 인간학파의 사상이나 방법은 메이(May, R.)에 의해 미국에 소개되었다.

인본주의심리학의 제창자이자 중심 멤버였던 매슬로는, 동물의 행동실험을 통해 인간의 행동을 설명하려는 행동주의 심리학의 비인간적인 주장에 의문을 제기하였고, 정신분석학에 대해서도 인간의 병적이고 비정상적인 측면을 주목하여 연구하고 있으므로, 둘 다 정상적이고 건강한 인간에 주목하는 관점이 결여되어 있다고 주장하였다. 그는 정신적으로 건강하고 행복한 인간을 연구하는 것이 인간에 대한 진정한 이해와 직결된다고 생각한 것이다.

아래에서는 매슬로와 로저스의 심리학을 다룬다.

2.1. 매슬로

애브라험 매슬로(Maslow, Abraham H., 1908~1970)는 20세기 초에 일어난 반유대주의 집단박해 행위(pogrom)를 피해 미국에 이주한 유대계 러시아 이민의 장남으로 뉴욕주 브루클린에서 탄생하였다. 매슬로의 가족은 유대인 커뮤니티에 속하지 않았기 때문에, 친구도 없고 외로운 소년시절을 보냈다고 한다. 또 매슬로의 가정은 가난했기 때문에, 어릴 때부터 일을 해서 가계를 도왔다. 이러한 성장기가 후에 사회적 성공에 관심을 가지는 동기가 되었을 것으로 보인다.

고교 졸업 후 2년 정도 법률학을 배웠지만, 심리학을 배우는 위스콘신대학으로 전학하였다. 거기서 왓슨(Watson, J. B.)이 제창하는 '행동주의'를 접하고, 행동주의 심리학의 연구에 열중하였다. 1931년 이 대학에서 심리학 석사학위를 취득하고 1934년에 심리학 박사학위를 취득하였다. 서서히 행동주의 이론에 의구심을 가지기 시작한 매슬로는 건전한 정신 활동에 주목하여 뛰어난 선구자들이 어떻게 사회적 성공을 거두었는가에 대한 자체 연구를 시작하였다. 1937년, 뉴욕시립대 브루클린교에 교수로 초빙되어 14년 동안 근무하였다. 1951년에는 유대계 대학으로 유명한 플랜데이스 대학으로 옮겨 1969년까지 재직하였다.

1962년, 그 당시 2대 학파로 부상하던 정신분석과 행동주의에 의문을 가진 매슬로는 다른 발기인들과 함께 '인본주의심리학회'를 설립하여, 심리학계에서 제3의 세력으로 주목받았다. 1967~1968년에는 미국심리학회 회장을 맡았고, 1969년 트랜스퍼스널학회를 설립한 이듬해에 심장 발작으로 쓰러질 때까지 "자신이 가진 가능성을 최대한 꺼내려면 어떻게 살아야 하는가", "사회적으로 성공한 사람들은 어떤 생각을 하나"라는 곳에서 개인의 영역을 너머 의식의 범위까지 정열적으로 연구하였다.

2.2. 인간의 욕구 5단계설

매슬로는 환자보다도 건강한 사람이나 자신의 재능과 가능성을 충분히 발휘하고 있다고 생각되는 사람을 연구 대상으로 하여, 정신적 건강이나 인간의 욕구를 탐구하였다.

인간은 본래 생물학에 기초한 정신적 본성을 가지고 있으며, 이는 선천적으로, 혹은 유전에 의해 결정되며, 어떤 의미에서는 불변이라고 보았다. 이 정신적 본성은 본질적으로 악한 것이 아니라 오히려 선한 것이다. 이 본질적 본성의 실현이 막히면, 그에 따른 2차적 반응으로 나쁘다고 하는 행동을 하거나 병이 들거나 한다고 주장하였다. 이 정신적 본성은 동물의 본능처럼 강한 것이 않아서,

습관이나 문화, 암시 등에 의해 쉽게 억압당하지만, 정상적인 인간은 그것을 잃어버리지 않고 늘 실현으로 가고 있다고 말하였다.

그는, 인간이 생존하고 성장해서 다음 단계로 나아가는 행동을 취하기 위한 욕구와 충동은 기본적으로 다음과 같이 단계적으로 존재하고, 1단계 욕구가 충족되어 시라지면 다음 욕구가 출현한다고 주장하였다(Maslow, 1954/일역, 1987) (그림 5-2 참조).

제1단계 생리적 욕구: 섭식, 배설, 수면, 성 생활 등 기본적 생존 행동 욕구

제2단계 안전의 욕구: 안전함, 보호 받고 있음, 생활의 질서에 대한 욕구

제3단계 소속과 사랑의 욕구: 가족, 친구, 집단에 소속되어 있고, 사랑받고 있다는 귀속 욕구

제4단계 인정의 욕구: 다른 사람으로부터 인정, 자존심의 충족 등 자기인지의 욕구

제5단계 자기실현의 욕구: 자신의 능력과 가능성을 넓힐 수 있게 자신의 본성에 충실하려는 욕구

그림 5-2 메슬로우의 5단계 욕구설

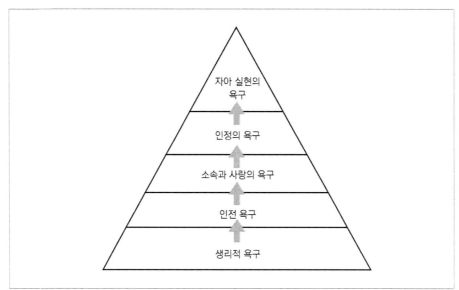

한편, 매슬로(1954/일역, 1987)는 사회적으로 성공하고 있다고 생각되는 사람과 인생에서 깊은 깨달음을 얻었거나 출산 시의 감동 등 특별한 감정을 체험한 사람들을 대상으로 연구분석한 후 아래와 같은 정신적 건강의 특징을 들었다.

① 현실을 정확하고 유효하게 지각하다.
② 자기나 다른 사람이 자연스러운 존재라는 사실을 수용한다.
③ 자발성을 지닌 자연체(自然体)이다.
④ 과제 중심적이다.
⑤ 고독과 프라이버시를 선호한다.
⑥ 문화와 환경으로부터 독립해있고 능동적이다.
⑦ 사물에 대한 인식이 항상 신선하다.
⑧ 민주적인 성격구조를 갖고 있다.
⑨ 창조성이 풍부하다.
⑩ 사랑하는 능력이 있다.

매슬로는 이상과 같은 특징을 지닌 인간을 '자기실현적 인간'이라고 불렀다. 만년에는 제5단계의 자기실현욕구 앞에 자신을 초월하는 영역이 있다고 주장하였다. 최고의 행복과 성취의 순간을 '최상의 체험'이라고 부르고, 자기실현을 한 사람에게서도 이런 최상의 체험을 볼 수 있다고 밝혔다.

그러나 매슬로는, '자기실현'이라는 말이 이른바 세속적인 성공을 일컫거나, 자기 욕구의 충족과 개인의 충실을 도모하는 것으로 잘못 이해되고 있음을 자기 저서 「완전한 인간-영혼이 지향하는 것」(매슬로, 1968/일역, 1998)에서 말하고 있다. 자기실현이란 타인이 정의할 수 있는 '무엇인가'는 아니다. 매슬로에 의하면, 자기실현은 자신이 할 수 있는 최대한의 일을 하고 있다는 식으로 무엇인가를 하고 있다기보다는 자신의 존재와 관련된 의미를 갖고 있다. 그리고 다양한 본질적 매력이 꽃피어 전체적으로 자신다운 상태를 가리킨다. 단순히 결핍된 욕구를 충족시키려는 능동성뿐만 아니라, 수동성이나 수용성도 중시하고 있는 것이다.

세상에 널리 알려지게 된 5단계 욕구설은 매슬로에게는 인간 이해의 아이디어일 뿐, 고정되어 있다고는 생각하지 않았다. 종종 비판받듯이, 자기실현이라는 개념의 조작적 정의는 애매하다. 그가 쓴 책들 중에는 누구도 제대로 의미 파악을 하지 못한 자기실현이라는 개념이 여러 차례에 걸쳐 다면적으로 표현되어 있다. 「완전한 인간」이라는 책 제목이 가리키는 바와 같이, 자기실현에 이르는 과정은 몇 개의 요소로 설명할 수 있느냐 하는 것보다 더 통합적이고 전체적인 개념이라고 할 수 있을 것이다.

2.3. 매슬로가 미친 영향

사회적으로 성공한 사람들을 대상으로 한 연구를 통해 매슬로는 사회적으로 성공한 자일수록 타인에 대한 배려가 강하다는 점과, 자기실현을 한 사람일수록 사회공헌에 열심이라는 점에 주목했고, 이러한 점에서 조직에서 성과를 거두는 팀과 그렇지 못한 팀이 있다는 것에 대해서도 관심을 돌렸다. 조직에 속하는 인간이 행복할 수 있는 더 좋은 조직이란 무엇인가를 고찰하고, 조직의 경영도 대해서도 언급하였다. 그의 책은 많은 연구자나 경영이론가들에게 읽히며, 피터 드러커, 더글러스 맥그레거(Douglas Murray McGregor) 등 저명한 경영학자가 영향을 받았다(Maslow, 1998/일역, 2001).

또, 인간의 욕구5단계설은 회사 경영, 모티베이션 이론, 간호 등 다양한 영역에서 인간 이해의 지침서로 받아들여지고 있다. 메슬로 등이 시작한 인본주의 심리학의 조류는 현재 개인의 인생과 소속 조직, 사회가 바람직한 방향으로 나아가는데 필요한 여러 요소에 대해 과학적인 검증을 시도하는 긍정심리학으로 이어졌다.

2.4. 로저스

칼 랜섬 로저스(Carl Ransom Rogers, 1902~1987)는 미국 일리노이주 오크파크에서 종교적으로 엄격하고 타협 없는 청교도 가정에 6형제의 4번째로 태어났다. 교육에 열심인 부모는 매우 극진하고 애정을 갖고 키워주었지만, 사랑으로 가득한 방식하지만 강하게 아이들을 통제하기도 하였다고 로저스는 책에서 말하고 있다.

사춘기 아이들을 도시의 유혹에 넘어가지 않도록 로저스가 12세 때 가족은

농장으로 이주하였다. 아버지의 농업 경영의 영향을 받아 과학적 농업에 관심을 가진 로저스는 1919년에 위스콘신대학교의 농학과에 진학하였다. 재학 중, YMCA(기독교청년회)에 참여하면서 기독교에 관심을 기울이고, 목사를 목표로 1924년에 유니언신학교에 입학, 2년간 공부하였다. 그러나, 특정의 신앙을 믿어 야만 하는 곳에서 일하는 것이 어렵다고 생각한 로저스는, 콜롬비아대학교 교육 학과에서 심리학과 정신의학을 공부했고, 재학 중에 뉴욕주 로체스터의 아동학대 방지협회의 아동연구부서의 심리직에 채용되어 이후 12년간 임상에 종사하였다.

로체스터대 심리학과, 사회학과, 교육학과에서 교편을 잡고 있던 로저스는 1940년부터 오하이오주립대학에서 5년간, 이후, 시카고대학에서 12년간, 위스콘 신대학에서 4년간 교수직을 얻어 교육과 연구에 종사하였다. 1959년에 파선 (Farson, R.) 등이 켈리포니아 라호이어(La Jolla)에 설립한 서부행동과학연구소로 1963년에 이직하고, 1968년에 인간연구센터(Center for Studies of the Person)를 설립하여 정력적으로 인카운터(Encounter) 그룹의 실천과 연구에 종사하였다. 여 러 나라의 분쟁지역에서 적극적으로 인카운터 그룹을 실시하고, 세계 평화에도 힘을 쏟았다. 1987년 사망하기까지 생애를 여기에 바친 로저스는 노벨평화상에 추천되기도 하였다.

2.5. 인간이 갖고 있는 힘

로저스는 심리요법에 있어서 역사상 가장 영향력 있는 심리학자로 알려져 있다. 또 심리요법에 관한 완전한 사례를 상세하게 기록해 공개한 첫 인물이며, 방대한 객관적 실증 연구를 통해 의사가 아닌 입장에서 처음으로 심리요법의 체계를 만들어냈다. 치료자가 클라이언트를 대할 때, 권위적이지 않고 대등한 관계에서 대하는 것도 로저스의 공이다. 로저스는 사람은 자신 속에 자신에 대 해 이해하고, 자기 개념과 도를 바꾸고, 자기 주도적 행동을 일으키기 위한 충 분한 힘을 갖고 있으며, 조건만 갖추면 이 힘은 분출해 개인의 성장을 촉진한다 고 생각하였다.

(1) 클라이언트 중심 요법

오랜 임상활동을 통하여 구성된 로저스의 치료는 초기에는 '비지시적 접근법', 중기에는 '클라이언트 중심 요법', 후기엔 '사람 중심 접근'이라고 그 명칭이 변하였다. 이런 변화 자체가 성장하는 인간에 대한 뛰어난 모델을 제시한 것이라고 볼 수 있다. 치료자는 지식을 과시하거나 명확한 지시를 하지 않아도, 클라이언트 스스로가 알아차리고, 성장해 나갈 수 있다고 주장하였다. 로저스(1957/일역, 2001)는 클라이언트를 지원하는 치료자의 태도(조건)를 아래와 같이 3개로 정리하였다.

① 공감적 이해: 클라이언트의 내적 세계를 마치 자기 자신의 것인 것처럼 느끼고 클라이언트에 올바르게 전한다. 이때 "마치 ~처럼(as~if)"이라는 태도가 중요하다.

② 무조건적인 긍정적 존중: 치료자는 클라이언트를 자기 성장의 잠재 능력을 가진 인간으로서 존중하고 있는 그대로를 받아들이는 식으로 클라이언트와 마주한다.

③ 진실성: 치료자는 스스로를 꾸미거나 겉치레를 하지 말고, 있는 그대로의 정직한 자신이어야 한다. 치료자는 감정과 의식, 말과 행동이 일치해야 한다.

이상의 조건이 갖추어진 후, 치료의 장소는 클라이언트가 안심하고 안전하다고 느끼는 곳이 되어야 하며, 그래야 자신에 대해 자유롭게 말할 수 있게 된다고 하였다.

(2) 자기이론

로저스(1961/일역, 2005)는 인간의 본질을 생명체로서 통합성을 가진 유기체라고 파악하였다. 이 생명체는 스스로를 유지하고 성장과 성숙을 향한 자기실현을 해낼 수 있는 능력을 지니고 있다. 생명체가 자신이 처한 환경에서 의식하게 되는 "나는 이런 것이다"라는 자기개념과 실제의 경험이 일치하는 상태를 인간에게 있어서 이상적인 상태라고 본다. 이처럼 자신이 일치하고 있을 때 자기일치의 상태가 되고, 인간은 실현하려는 힘을 발휘하여 자기 성장을 실감할 수 있게 된다. 자기개념은 인간의 현실의 행동을 규정해 나가는 것인데, 자기개념과 현실에서의 경험이 일치하지 않는 상태가 되면 인성의 통합성이 무너져, 자기 불일치 상태가 되어 심적 고통이 생긴다고 하였다.

(3) 인카운터 그룹

인카운터(encounter)란 만남이라는 의미를 갖는다. 1960년대의 미국은 말기적 현상인 베트남전쟁의 반전운동, 인종차별해소운동, 여성해방운동 등으로 사회 구조가 격동하고, 가족이나 지역의 붕괴가 진행되고 있었다. 미국 서해안을 중심으로 전 세계에 퍼진 인간성회복운동의 접근방식의 하나로 인카운터그룹운동이 확산되었다. 로저스는 이것이 "금세기 가장 장래성이 있는 사회적 발명"이라며, 많은 워크숍을 주최하였다.

인카운터그룹은 치료가 필요 없는 일반인이 보다 깊은 심리적 성장을 위해 참가하는 것으로, 非임상기관에서 집중적으로 세션을 실시하였다. '지금-여기(here & now)'라고 하여, 그 자리에서의 정직성과 상호교류가 강조되며, 자기 표현과 감정, 정동(情動)2)을 포함한 전인적 참가가 요구된다. 종래와 같은 치료자-클라이언트라고 하는 관계가 아니고, 리더도 참가자와 동등 위치에 있으며, 퍼실리테이터(facilitator)라고 흔히 불렸다. 한편, 이 프로그램에서 심적 외상을 입는 사람이 생기거나, 현실 생활에서는 지속적인 효과를 내지 못하는 등의 문제점도 지적되고 있다.

2.6. 로저스가 미친 영향

로저스는 현대 상담의 원조로 여겨지고 있으며, 특히 일본에서는 상담이라고 하면 로저스의 클라이언트 중심 요법을 가리킬 정도로 큰 영향을 미쳤다. 경청, 감정의 반영, 내용의 반복, 열린 질문 등, 그 이론이나 기법은 모든 카운슬링 장면에서의 기초가 되고 있다. 또 개인이 성장과 성숙의 방향으로 변화해가려는 힘과 경향을 로저스는 생명이라는 것의 근본적인 동기라고 말하였다. 클라이언트를 받아들이고 클라이언트 자체의 성장 능력을 믿고 이끌어내는 클라이언트 중심 요법은 동기부여 면접법으로 발전하여 현대의 동기부여 개념에 큰 영향을 주고 있다.

---

2) 정동(情動)은 그 영향이 신체에 나타날 정도로 강렬한 일시적인 감정을 의미한다(역자 주).

3. 아들러, 매슬로, 로저스로부터 코칭으로

이상, 아들러, 매슬로, 로저스가 인본주의심리학의 흐름 속에서 제기해 온 인간에 대한 견해를 설명하였다. 아래에서는, 인본주의심리학의 생각이 코칭에 어떻게 전승되고 있는가에 대해 논의한다.

3.1. 현대의 인간관에서 '제3세력' 인본주의심리학으로

실증과학으로서의 심리학은 1879년에 라이프치히대학교의 분트(Wundt, Wilhelm M.)가 심리학 연구실을 창설한 것에서 비롯되었다고 한다. 이후 19세기 말부터 20세기 전반까지 심리학에는 3개의 조류가 있었다. 그것은 정신분석학, 행동분석학, 인본주의심리학으로 각각 '제1세력, 제2세력, 제3세력의 심리학'이라고 불린다.

'제1세력' 정신분석학은, 인간 정신의 내적 세계와 그 메커니즘을 중시하였다. 한편 '제2세력'의 행동분석학은 인간의 관찰 가능한 외적 행동과 그것이 환경에 의해서 제어되는 것을 중시하였다. 이와 같이 양자는 서로 정반대의 입장을 취하고 있었지만, 인간을 분해 가능한 메커니즘의 하나로 보고자 하는 입장은 공통적이었다. 그것은 현대의 세계관에 입각하고 있었다. 인간의 자아와 이성에 신뢰를 둘 수 있고, 사고나 행동은 이성적으로 통제되거나 외적인 환경 조건에 의해 통제된다고 여겨졌다.

정신분석학과 행동분석학에 비하여, '제3세력' 인본주의심리학은 인간을 분해 불가능한 유기체로 다루려고 하였다. 이성과 감정, 의식과 무의식, 마음과 신체라는 구별은 가능하더라도, 그 전체를 움직이는 것은 '개인' 전체이다. 어떠한 메커니즘을 상정하려고 해도, 마지막에 자신의 행동을 결정하는 것은 그 개인 이외에는 없다는 입장을 견지하였다.

아들러가 정신분석학과 결별한 후 자신의 심리학 이론에 '개인심리학'이라는 이름을 붙인 것은 '개인' 전체가 그 사람의 인생을 결정한다는 기본 전제를 표명한 것이었다. 인본주의심리학의 중심 인물인 로저스와 매슬로가 젊은 시절에 아들러의 강연을 듣고 거기서 큰 영향을 받게 된 것은 물론이고, 아들러의 '주체적인 개인'이라는 개념이 인본주의심리학의 원류가 되었음이 분명하다.

그러나 인본주의심리학의 원리는 근대 과학의 틀에서 볼 때는 벗어나 있는 것이었다. 인본주의심리학은 인간의 직접 경험과 장기적 성장 및 변용(變容)을 중시하고 있다. 그러나, 그것들을 실증주의 과학의 틀 안에서 다루려고 할 경우에는 객관적 데이터로서 제시하기 어렵다는 불리함이 항상 있었다. 그 때문에, 데이터에 근거한 실증 과학이라고 하는 큰 흐름에서는 인본주의심리학이 결코 주류가 될 수 없었던 것이다.

그런데, 인간은 도대체 무엇이며, 무엇을 위해 사는가 하는 근원적인 질문은 어느 시대에나 있다. 그 물음에 답을 요구하는 사람들과 이에 답하려는 심리학자들은 인본주의심리학을 끊임없이 발전시켜 왔다.

3.2. 인본주의심리학에서 코칭으로

오코너와 라게스(O'Conner & Lages, 2007/일역, 2012)는 인본주의심리학을 코칭의 토대 중의 하나라고 하며, 매슬로와 로저스를 '코칭의 할아버지'로 규정하고 있다.

이들에 따르면 인본주의심리학에서 인간은 성장과 발전을 바라는 존재라고 한다. 매슬로는 이를 자기실현이라는 개념으로 제시하였다. 매슬로는 자기실현에 대해 "인본주의심리학이 다루는 것은, … 인간이 실제로 자신이 될 수 있는 것이 되려 하고, 자신이 될 수 있는 전부가 되려고 하는 성질이다"라고 말하고 있다. 현대 코칭은 클라이언트가 갖고 있는 '자신이 될 수 있는 것의 모든 것이 되려는 성질'을 기본 전제로 삼고 있다. 따라서 코치의 일은 클라이언트에게 지시하거나 방향성이나 해결책을 제시하는 것이 아니라, 클라이언트 자신이 지닌 '될 수 있는 모든 것이 되려는 성질'을 실현하기 위해 도움을 주는 것이다.

또 인본주의심리학에서는 인간을 전체적인 존재로 취급하는 동시에, 개인의 독자성도 중시한다고 오코너와 라게스는 말한다.

전체적인 존재라는 것은, 인간이란 분해하여 봐도 그 전체에 대한 이해에는 이르지 못하므로, 나눠서 보면 안 되는 전체라는 견해이다. 물론 신체와 정신, 이성과 감정 같은 나눔은 대상을 분석하는 데 도움을 줄 수 있다. 그러나 최종적으로는 그 개인 전체가 그 사람의 인생이라는 포괄적인 이해가 필요하다. 그래서 인본주의심리학은 인간을 전체적으로 다루려 한다.

동시에, 인본주의심리학은 개인의 독자성을 중시하고 있다. 전체적으로는 나눠볼 수 없는 개인이라도 각자 독자성이 있어서, 한사람 한사람이 독특한 개성을 가지고 있고, 독자적인 인생을 걷고 있다. 코칭에서는 그 독자성을 존중할 필요가 있다.

로저스는 클라이언트와 관련하여 '무조건의 긍정적 관계'를 전제로 '클라이언트 중심주의'를 제시하였다(나중에는 'person-centered'로 표현하였다). 이것은 상대를 전체적인 존재로 받아들여서 상대의 독자성을 존중한다고 하는 태도에서 출발한다. 로저스의 카운슬링에서는 클라이언트에게 지시를 하는 일은 가급적 삼간다. 이것은 상대를 유일한 독자성을 가진 존재 전체로서 받아들이기 때문이다.

이상과 같이, 인본주의심리학은 인간을 '성장과 발전을 희망하고 독자성을 가진 존재 전체'로 보려고 한다. 이는 코칭에서도 공통적으로 받아들여지고 있는 전제조건이라고 볼 수 있다.

3.3. 현대 아들러심리학의 틀과 코칭의 관계

만약 오코너와 라게스가 말하는 것처럼 인본주의심리학이 코칭의 토대이며, 매슬로와 로저스가 코칭의 조부라고 한다면, 인본주의심리학의 원조인 아들러는 역시 코칭의 원조라고 할 수 있을 것이다.

또한, 앨버트 엘리스(Ellis, Albert)가 개발한 REBT(Rational Emotive Behavior Therapy: 합리적 정서행동요법)는 그 후의 코칭에 큰 영향을 주고 있다. REBT에 나오는, 사람이면 누구나 많든 적든 가지고 있는 '불합리한 신념'이라는 개념은 아들러로부터 영향을 받은 것으로 보인다. 그렇다면, 아들러는 엘리스를 통해 간접적으로 코칭에 영향을 주게 된다.

현대 아들러심리학의 이론적 골조는 아들러가 처음 아이디어를 제시한 후, 앤즈바커(Ansbacher, H. L.)에 의해서 그 개념이 정리되었고, 드라이커스(Dreikurs, R.)를 시작으로 한 그 후의 연구자나 실천자에게 계승되어 발전해 왔다. 현대 아들러심리학이 채택하고 있는 이론적 기본 전제는 '전체론, 목적론, 사회통합론, 가상론. 개인의 주체성' 등 5가지로 요약된다. 이하에서는 이 5개의 기본 전제가 현대 코칭에 어떻게 연결되는지 논의한다.

(1) 전체론(holism)

전체론이란 인간은 통합된 전체이며, 분할할 수 없는 존재라고 주장하는 사상이다. 비록 의식과 무의식, 이성과 감정이라는 구별은 할 수 있다 해도, 그들을 하나로 통합하고 있는 것은 그 개인 이외에는 없다고 하는 사상이다. 이는 로저스의 '유기적 자기(有機的 自己)'라는 생각에서 나왔다. 그리고, 그것은 코칭에 있어서 클라이언트를 '성장과 발전을 바라는 존재'로 취급하는 관점과 일치한다.

(2) 목적론(teleology)

목적론이란 사람은 먼저 목적을 갖고, 이를 위해 행동한다고 보는 사상이다. 아들러는 사람은 우선, 보다 뛰어난 자신이 되고자 하는 목적을 가지고, 그 때문에 현재의 자신에게 열등감을 갖는 것이라고 생각하였다. 이것은 매슬로의 자기실현이라는 개념에 영향을 준 것으로 보인다. 또, 로저스에게는 사람은 자기 성장을 이루고자 하는 존재라는 인식도 있었다. 따라서 목적론 또한 코칭의 관점과 부합한다고 할 수 있다.

(3) 사회적 유대론(social-embeddedness)

사회통합론이란, 사람은 사회에 파묻힌 존재이며, 대인관계의 문제를 생각하지 않을 수 없다고 보는 것이다. 아들러는 인생의 거의 모든 고민은 대인관계의 고민이라는 점을 지적하였다. 이 맥락에서 로저스가 지역이나 가족에 있어서 대인관계의 붕괴를 위기라고 느끼고, 이에 대응하는 방법으로 인카운터 그룹을 개발한 것은 필연적인 것이라고 할 수 있다. 인생의 모든 장면에서 나타나는 대인관계의 문제를 다뤄야 하는 코칭은 사회통합론의 사고방식에 부합한다고 할 수 있다.

(4) 가상론(fictionalism)

가상론이란, 사람은 자신이 보고 싶은대로 자신과 타자, 세계를 보고 있다는 것이다. 엘리스의 REBT에서는, 사람은 각자 "이렇게 되고 싶다"는 삶의 목적을 갖고 있음(아들러심리학의 목적론)을 전제로 하여, 종종 그것을 방해하는 사건(예, '일자리를 잃었다')이 일어났을 때, 그 사람은 감정적 혹은 행동적 결과(예, '우울해진다')를 체험한다고 본다. 그러나, '일을 잃는다' → '우울해진다'의 사이에는 그 사람의 신념(예, '일자리를 잃는 것은 나에게 가치가 없기 때문이다')이 개재하고 있다. 그리고 이 신념의 대부분은 불합리한 신념이며, 그것을 합리적인 신념(예, "일자리를 잃는 것은 우연히도 있을 수 있고, 더 좋은 직업을 얻을 수 있는 가능성도 생긴다")으로 변환해 나가려고 한다고 주장한다. 아들러심리학에서도, 그 사람이 보고 있는 것은 모두 그 사람이 '마치 현실인 것처럼 인식하고 있는 것'에 불과하다고 본다. 엘리스의 REBT는 그 후의 코칭심리학의 인지행동적 어프로치에 영향을 주고 있다.

(5) 개인의 주체성(creativity)

개인의 주체성이란, 자신의 인생은 다름 아닌 자기 자신이 결정한다는 것이다. 매슬로와 로저스를 비롯한 인본주의심리학 연구자들은 산업화된 사회 속에서 자칫 규격화되고 부품화되기 쉬운 인간의 존재에 주체성과 존엄성 되찾기를 시도하였다. 그리고 이것은 현대의 코칭에 변함없이 계승되고 있는 기본 전제이다.

3.4. 아들러심리학에 근거한 코칭의 형성

이상 살펴본 것처럼, 아들러심리학의 5개 기본전제와 코칭은 공통의 틀을 사용하고 있음을 알 수 있다. 아들러의 아이디어는 후속 연구자들에게 마치 누구나 쓸 수 있는 공동 채석장에서 가져온 것처럼 자유롭게 사용되어 왔다고 할 수 있다(엘렌 베르거, 1980). 그리고 보니, 아들러가 제시한 핵심 아이디어가 매슬로와 로저스, 그리고 인본주의심리학의 학자들에게 계승되어 오늘날의 코칭과 공통의 토대가 되고 있다는 사실은 조금도 이상한 것이 아니다(표 5-1참조).

아들러는 인간의 성장과 행동의 원리에 대해 몇 가지 중요한 발견을 하였다. 예를 들어, 열등감과 보상, 라이프 스타일의 형성, 사적 감각과 공통 감각, 그리고 공동체 감각의 육성이라는 개념이다. 그런데, 이들을 단편적으로 다루어

표 5-1 아들러심리학의 기본 전제와 그 영향

아들러심리학	그 영향
전체론(Holism) 목적론(Teleology) 사회통합론(Social-embeddedness) 가상론(Fictionalism) 개인의 주체성(Creativity)	로저스의 '유기적 자기(有機的自己)' 매슬로의 '자기실현' 로저스의 '자기 성장' 로저스의 '엔카운터 그룹' 엘리스의 'irrational belief(불합리적인 신념)'. 인본주의심리학의 '주체성과 존엄'

키워드로도 사용하면 별 의미가 없다. 인간을 어디까지나 전체적으로 파악하는 맥락에서 생각하지 않으면 안 된다. 만약 아들러심리학의 개념을 코칭에서 이와 같이 사용할 수 있다면, 그때는 '아들러심리학 코치'라고 부르는 것이 가능할 것이다.

아들러심리학에서는 인간 전체를 다음과 같이 파악하려고 한다. 인간은 태어나서 보다 좋은 존재로 있고 싶다는 목표를 갖는다. 그러기 위해서 현재의 자신에 대해서 항상 열등감을 느끼고 그것을 보완하려고 노력을 계속한다.

그 보완 방식은 사람에 따라 다양하며, 그것을 라이프 스타일이라고 부른다. 라이프 스타일은 어릴 적 체험이나 대인 경험 등에 의해 10세 무렵까지 정해진다. 그러나 그것을 자각하는 경우는 거의 없다. 대인 갈등을 극복하고, 자신의 라이프 스타일을 자각하고, 타인과 경합하는 것이 아니라 협력하는 것을 배워 나감으로써, 서서히 공동체 감각이 육성되어 간다. 행복한 삶이란 공동체 감각이 육성된 데 따른 부산물이다.

만일 아들러심리학에 근거한 이상과 같은 틀을 바탕으로 하여 코칭을 설계해 나간다면, 그것은 아들러심리학에 기초한 코칭이라고 부를 수 있을 것이다. 그렇다 해도, 아들러심리학은 사상(思想) 없이는 사용할 수 없다. 그 사상이란, 아들러가 최종적으로 제시한 '공동체 감각의 육성'이라는 것이다. 대인 갈등 속에서 자신의 개인적 논리를 찾아내고, 이를 전환시켜 다른 사람과의 협력관계를 만들어 가는 능력을 모든 사람이 익혀야 한다. 그것이 바로 공동체 감각의 육성이다. 그렇지만 그것이 반드시 인생을 '성공'으로 이끌어간다고는 할 수 없다. 그런데 '성공'은 아니더라도, 삶을 반드시 '행복'으로 이끌어가게 하는 사고방식이자 사상이라고 할 수 있다. 만약 코칭이 '인생의 성공'을 목표로 한 것이라면,

'아들러심리학에 기초한 코칭'은 그 자체가 자기모순이 될지 모르겠다. 그러나, 사람을 '행복'하게 하기 위한 코칭이 있다면, 그것은 아들러심리학과 합치하는 것일 것이다.

Adler, A. (1929). *The science of living.* New York: Greenberg. (Original work.) (Edited and with an introduction by H. L. Ansbacher (1969). Garden City, NY: Doubleday Anchor Books.) (岸見一郎(訳) 野田俊作(監訳) (1996). 個人心理学講義一生きるとの科学. 一光社)

Ellenberger, H. F. (1970). *The discovery of the unconscious: The history and evolution of dynamic psychiatry.* New York: Basic Books. (木村 敏・中井久夫 (監訳) (1980). 無意識の発見・下 弘文堂)

岸見一郎 (2010). アドラー心理学: シンブルな幸福論KKベストセラーズ

Manaster, G. J., Painter, G., Deutsch, D. & Overholt, B. J. (Eds.) (1977). *Alfred Adler as we remember him.* Chicago, IL: North American Society of Adlerian Psychology. (柿内邦博・井原文子・野田俊作(訳) (2007). アドラーの思い出. 創元社)

Maslow, A. H. (1954). *Motivation and personality* (2nd ed.). New York: Harper (小口忠彦(訳) (1987). 人間性の心理学. 産業能率大学出版部)

Maslow, A. H. (1968). *Toward a psychology of being* (2nd ed.). New York: Van Nostrand Reinhold. (上田吉一(訳) (1998). 完全なる人間−魂のめざすもの. 誠信書房)

Maslow, A. H. (With added interviews and edited by D. Stephens, & G. Heil.) (1998). *Maslow on management.* New York: John Wiley & Sons (大川修二・金井壽宏(監訳) (2001). 完全なる経営. 日本経済新聞出版社)

野田俊作 (1991). 続アドラー心理学トーキングセミナー: 勇気づけの家族コミュニケーション アニマ2001

O'Connor, J. & Lages, A. (2007). *How coaching works. The essential guide to the history and practice of effective coaching.* London: A& C Black. (杉井要一郎 (訳) (2012). コーチングのすべて. 英治出版)

Rogers, C. R. (1957). The necessary and sufficient conditions of therapeutic personality change. *Journal of Consulting Psychology, 21,* 95-103. Cited in H. Kirschbaum, & V. Henderson (Eds.), *The Car Rogers reader.* Boston, MA: Houghton Mifflin. (伊藤博・村上正治(監訳) (2001). ロジャーズ選集(上). 誠信書房)

Rogers, C. R. (1961). *On becoming a person: A therapist's tie of psychotherapy.* Boston, MA: Houghton Mifflin. (諸富祥彦・末武康弘・保坂 享(共訳) (2005). ロジャーズが語る自己実現の道. 岩崎学術出版社)

칼럼 5

국제긍정심리학회(IPPA) 세계대회의 배경

우노카오리(宇野力オリ)

21세기 목전에 창설된 긍정심리학은 종래의 여러 심리학 분야가 미해결 과제로 안고 있던 '연구(과학적 연구)와 사례(응용과 실천)의 괴리'의 문제를 그대로 계승하는 형태로 그 역사를 시작하였다. 당초, 그 과제는 긍정심리학이라고 하는 다이나믹한 학문적 틀에서는 능숙하게 해결해낼 것이라고 생각하고 있었다. 그러나 실제로는, 특히 코칭에 대해 진지한 프로페셔널리즘의 자세로 증거에 기초한 긍정심리학에 접근하는 의식 높은 코치들은 한가닥 고전을 면치 못하고 있다.

학자에 따라 긍정심리학의 정의가 여럿 있긴 하지만, 코칭이 실천 선행형이기 때문에 클레어몬트대학원의 식센트미하이 교수의 정의에 따르는 것이 참고가 될 것이다. "긍정심리학이라는 것은 포지티브를 지향하는 형이상학적 방향성을 갖고 있다".3) 이 정의에서는, 긍정심리학의 연구가 바탕으로 하는 과학성과 비과학성의 경계 설정이 일단 보류된다. 엄밀하게 말하면, 긍정심리학 연구의 일부와 '응용긍정심리학', 그리고 통칭하여 긍정심리학 프랙티스라고 불리는 것의 대부분은 이 경계 설정이 보류되는 영역(이른바, 회색지대)에 속한다. 이런 식의 정의가 없으면, 증거를 필요로 하는 본래의 긍정심리학 연구는 실천 현장의 수요를 따라잡지 못하며,4) 긍정심리학코칭이 연구와 실천의 괴리 해소를 최우선 과제라고 하면서도, 현상은 여전히 회색지대 사이를 왔다갔다 하는 것처럼 보인다.

---

3) Csikszentmihalyi, M., Personal communication, 2002 October.
4) Seligman, M. E. P., Personal communication, 2013 March. 구체적으로는 긍정심리학의 개입에 관한 연구 부진이 계속되고 있다.

연구와 프랙티스의 괴리 해소를 위한 적극적 노력을 긍정심리학이 지닌 사명의 하나로 내세우면서도, 그 바로미터이기도 한 긍정심리학코칭의 개발이 긍정심리학의 발상지이자 코칭을 하나의 산업으로 키운 미국에서도 사실상 한동안 산발적인 시도에 머물러 있었다. 그런 중 2005년에 긍정심리학의 창시자, 펜실베이니아대학 마틴 셀리그먼 교수가 자신이 교편을 잡고 있는 이 대학원에 '응용긍정심리학과'를 개설하였다. 이 학과에 입학한 프로코치 출신의 학생들은 지적 수준이 높았고, 한편, 자신들이야말로 긍정심리학의 연구를 코칭 프랙티스에 응용해 나가는 선구자가 되겠다는 강한 의지를 지니고 있었다. 그들은 하나같이, 자신들에게 부족한 것, 즉 증거에 근거하는 긍정심리학 연구에 관한 지식의 습득에 열정을 쏟았다. 긍정심리학은 코칭에 과학적 골격을 갖추게 하는 역할을 할 수 있었고, 이들 프로 코치들에게도 또한 코치를 생업으로 하는 것에서 인간적 자존심을 느끼는 골격을 부여하기에 이르렀다. 실제 그 모습은 일본에서 흔히 말하는 "긍정심리학과 코칭은 아주 가깝다"라는 표현으로는 미흡할 정도로, 코치로서의 절실한 실존적 문제와 직결되는 긴박감 넘치는 갈망 그 자체이다.

이어 2007년에 셀리그먼의 멘토이며 미국심리학회(APA)의 중진으로 APA를 경제적, 정치적 위기에서 구해내는 등의 공로자인 고 레이먼드 파울러 박사가 제안하고, 펜실베이니아대학 관계자가 주도하여 국제긍정심리학회(International Positive Psychology Association: IPPA)가 설립되었다. 학자와 실천가, 그외 업종 종사자들의 교류를 촉진하는 장으로서, 세계대회를 격년에 개최하기로 계획되었다. 그 후 약 2년간의 준비기를 거쳐, 2009년 7월, 제1회 세계대회가 필라델피아에서 개최됐다.

세계 50개국 이상에서 1,500명 이상이 참여한 이 세계대회 참가자의 면모를 보면, 교육 분야, 의료·복지 분야, 일반기업 종사자들이 주를 이뤘지만, 어떤 분야에서든 코치나 컨설턴트로 활동하는 사람들의 참여가 두드러진 것이 특징이었다. IPPA 세계대회의 사명은 긍정심리학의 연구와 그것을 토대로 한 응용기법을 직종이나 학문적 전문성을 불문하고 폭넓게 공유해 나가는 것으로 정해졌다.

IPPA의 이사회 역시 긍정심리학에 대한 학술적 자격의 유무를 따지지 않고

자발적인 희망자로 구성됐다. 필연적인 현상으로, IPPA 세계대회는 2009년을 시작으로 회를 거듭할수록 '만물상의 축제' 같은 색깔을 진하게 더해갔다. 이런 상황 전개로 인하여, 긍정심리학의 기본방향을 거절하고 긍정심리학 연구에 조예가 깊은데도 불구하고 스스로를 '긍정심리학자'로 알려지는 것을 거부하는 심리학자가 여러 명 있다는 것은 잘 알려지지 않은 사실일 것이다.

긍정심리학의 미래에 대해 진지하게 생각한다면, 긍정심리학이 '훌륭한 연구, 뛰어난 실천'을 촉진해 나가는 것에 감동할 수밖에 없다. 이 책의 간행으로 상징되듯이, 코칭에 대한 진지한 접근이 머지않아 긍정심리학코칭 전체를 끌어올리는 커다란 조류로 이어지기를 기원한다.

———— 제 6 장 ————

긍정심리학

오오타케 게이꼬(大竹惠子)

본장에서는 긍정심리학의 응용으로서 자리매김하고 있는 코칭심리학의 이 해를 높이기 위해 긍정심리학에 대해 소개한다. 긍정심리학이 탄생한 역사적 경 위를 포함하여, 긍정심리학이 중시하고 있는 실증과학에 근거한 이론적 연구와 연구 체계, 코칭심리학의 향후 전개와 가능성 등에 대해 고찰한다.

I. 긍정심리학이란?

긍정심리학(positive psychology)은 인간이 지닌 긍정적인 측면에 주목하여 심리학의 사명을 재확인함으로써, 심리학 전체에 대한 새로운 방향과 가능성을 보여주고, 21세기의 심리학이라 불리는 연구 동향이다.

긍정심리학의 시작에 대해서는 나중에 자세히 언급하겠지만, 셀리그먼 (Seligman, Martin E. P.)과 함께 긍정심리학의 뼈대를 만들어 냈다고 해도 과언이 아닌 피터슨(Peterson, Christopher)은, 긍정심리학은 "우리 인간이 태어나서 죽을 때까지 인생 모든 시간에 있어서 '무엇이 좋은 일인가?'라는 것을 과학적으로 연 구하는 심리학"이라고 하였다(Peterson, 2006). 또 긍정심리학은 인간이 지닌 긍 정적인 기능을 규명하고, 그것들을 촉진하기 위한 과학적이고 응용 중심의 접근 방식이라고도 정의되고 있다(Snyder & Lopez, 2007). 어쨌든, 긍정심리학은 우리 의 인생에 있어서 '삶의 의미란 무엇인가'라는 것과 '가치 있는 삶을 만들어 내 는 것은 무엇인가'라는 질문에 실증과학으로 적극적으로 답을 찾는 심리학의 한 조류이다.

1.1. 긍정심리학의 탄생과 확대

긍정심리학은, 1998년 당시 미국심리학회(APA)의 회장으로 있던 셀리그먼이 *APA Monitor*에 "Building human strength: Psychology's forgotten mission"이라는 칼럼 기사를 써서, 앞으로 21세기 심리학의 방향성으로서 인간이 갖는 강점(human strength)을 과학적으로 검증하겠다는 포부를 밝힌 데서 시작되었다(Seligman, 1998a). 그는 지금까지 심리학을 되돌아보고, 제2차 세계대전 이후의 심리학은 눈부신 발전을 이루었고, 특히 임상심리학은 정신적인 문제를 가진 사람들에게 초점을 맞춰 인간의 약한 부분이나 정신적인 문제를 어떻게 치료하고 개선할 것인가에 많은 노력과 노력을 기울여 왔음을 강조하였다.

제2차 세계대전 이전의 심리학은, ① 정신적 문제나 장애를 치료하기, ② 모든 사람들의 삶을 더 행복하고 충실한 것으로 하기, ③ 뛰어난 재능을 가진 사람들을 찾고 키우기 등 3가지 사명이 있었지만, 제2차 세계대전 후는, ①에 초점을 맞추고, 다른 2개의 사명은 잊혀졌다고 말한 것이다. 즉, 그 말에는, 심리학의 초점이 정신병리에 모아졌다고 반성하는 셀리그먼의 인식과 향후의 전망이 담겨져 있다.

그리고 이어서 그는 1998년 다시 APA Monitor에 "Positive social science"와 "What is the 'good life'?"라는 칼럼을 썼다(Seligman, 1998b, 1998c). 이 단계에서는 아직 '긍정심리학(positive psychology)'이란 단어는 쓰지 않았지만, 인간이 더 나은 삶을 살려면 어떻게 하면 되는가를 과학적으로 규명하겠다는 긍정심리학의 주장을 펴고 있다.

물론 지금까지의 심리학의 성과는 자랑스러운 것이며, 많은 훌륭한 연구가 행해져 정신적인 문제나 장애에 대한 이해가 확대되고 치료나 예방에 관한 의미 있는 지식이 축적되어 신뢰할 수 있는 다양한 평가법이 개발되어 치료효과를 올려 왔음은 물론이다. 그러나 그동안 심리학은 인간의 정신병리 규명에 지나치게 집중돼 왔고, 심리학의 원래 사명이 잊혀진 상태였다. 그래서 셀리그먼은 심리학이 목표로 해야 하는 것은 인간의 약점뿐만 아니라, 인간이 가지고 있는 강점(human strength)이나 인덕과 미덕(virtue)을 과학적으로 연구하는 것이어야 한다고 생각하였다.

그는 APA총회의 회장 강연에서 20세기의 심리학을 되돌아보고 나서 21세기의 심리학의 과제의 하나로서 'positve psychology'란 말을 사용하여 강연하고, 긍정심리학 운동을 전개한 것이다. 2000년, 2001년 연달아 APA가 발행하는 학술지 *American Psychologist*에 긍정심리학의 특집호가 실리고 연구 테마나 긍정심리학이 지향하는 내용이 게재되었다(Seligman & Csikszentmihalyi, 2000; Sheldon & King, 2001). 이에 대해서 자세한 것은 다음 절에서 서술하겠지만 ① 긍정적이고 주관적 경험에 대한 연구, ② 긍정적인 개인 특성에 대한 연구, ③ 긍정적인 환경에 대한 연구 등 3가지 주제를 추천하고 있다.

이런 흐름을 따라 긍정심리학이라는 단어를 쓴 연구 발표나 출판물이 많이 나타나게 되었고, 2002년에는 셀리그먼의 *Authentic Happiness: Using the New Positive Psychology to Realize Your Potential for Lasting Fulfillment*(일역, 2004 「세상에서 하나의 행복」)이 출판되어 일반인에 대한 긍정심리학의 홍보에 큰 기여를 하였다.

또, 그 해에는 800쪽이 넘는 *Handbook*(Snyder & Lopez, 2002)이 출간됐다. 이 책은 10개의 장으로 구성되어 있으며, 예컨대 인간이 가지는 강점(strengths)이나, 감정, 인지, 자신, 대인(對人), 생물학적 연구, 대처방법, 특정 대상자와 주제 등 여러 접근 별로 그동안의 다양한 연구 성과를 비롯하여 긍정심리학의 전망이 실려 있다.

이어 이듬해에는 같은 편집자들에 의해 긍정심리학의 모델과 측정법을 정리한 평가에 관한 *Handbook*이 출판되었다(Lopez & Snyder, 2003). 이 책의 내용은, 긍정적이란 무엇인가의 정의로 시작하여, 인지, 감정, 대인, 종교, 철학에 관한 각 모델과 측정법, 그리고 최종적으로 지향해야 할 긍정적인 과정과 그 결과에 관한 개인 수준으로부터 환경 수준에 이르기까지 모델과 측정법들이 담겨있다. 2002년의 *Handbook*과 함께 긍정심리학 초기의 중요한 기초 자료이다. 그 후에도 여러 출판물이나 논문이 발표되었고, 일본에서는 2006년 긍정심리학 책이 출판되었다(島井시마이, 2006).

1.2. 긍정심리학이 태어난 배경

긍정심리학은 21세기의 심리학이라 불리는데, 최근 십 수년 사이에 급격히 발전하였다. '새로운' 심리학처럼 느낄지 모르나 실제로는 그렇지 않다. 그 이유는, 긍정심리학이 주장하고 있는 것이 지금까지의 심리학이 전혀 생각하지 않았던 것이 아니라, 오히려 지금까지도 다양한 관점에서 생각해온 것을 재인식시키는 계기가 되었다고 할 수 있기 때문이다.

이를테면, 매슬로(Maslow, 1970)가 말한 자기실현의 욕구가 대변하듯이 인간이 지닌 긍정적인 요인에 관한 연구는 이미 많은 성과와 축적이 있었다. 긍정심리학에서의 주요 연구 주제의 하나인 긍정적 감정에 대해서도, 1970년대의 인지혁명(認知革命) 이후 다양한 연구가 이루어져 왔다. 예를 들면, 아이센 등(Isen, et. al., 1985)은 긍정적 감정이 독창적인 사고를 일으키고, 유연성과 창조성을 높이며(Isen et. al., 1987), 문제해결과 의사결정에 영향을 주는(Isen, 1993) 등 여러 기능이 있음을 밝혔다.

또 사회심리학이나 임상심리학, 건강심리학의 영역에서도 긍정적인 자기 인지나 개인 특성에 대한 연구가 활발히 이루어지고, 자기효능감(Bandura, 1986)과, 인내력(Kobasa, 1979), 최근 주목 받고 있는 일관된 감각(sense of coherence)으로 불리는 건강생성론(Antonovsky, 1979, 1987), 낙관성(optimism), 긍정적 환상(positive illusion)이라 불리는 자기 고양적 동기(自己高揚的動機)에 기초한 인지적 편향(cognitive bias)(Taylor & Brown, 1988), 일본에서는 복원력 등으로 번역되는 회복탄력성(resilience)(Masten et. al., 1990; Jew et. al., 1999; Wagnild & Young, 1993) 등과 같이, 적응과 관련된 것을 포함하여 여러 방면의 긍정적인 정신 기능에 대해서 연구되고 있다.

이렇게 생각하면, 긍정심리학은 지금까지의 연구와 사회적 상황을 볼 때, 시의적절하게 나타남으로써 관심과 반향을 불러일으켰고, 사실 심리학이 지금까지도 추구하고 있는 것에 재차 초점을 맞추려고 한 운동이라고 할 수 있다. 선진국에서 위생영양 환경의 개선과 질병 구조의 변화가 나타났듯이, 심리학에서도 정신 질환이나 장애의 회복을 질병 모델로 이해해왔던 것에서 방향을 바꾸어 질병의 예방과 건강 증진에 초점을 맞춰야 할 필요성이 생겼다. 그리고, 고

령화사회와 함께 삶의 질(quality of life)이나 주관적 안녕감(subjective well-being)에 관한 연구가 많아진 것(Diener, 1984; Diener et. al., 1999; Kahneman et. al., 1999)도 긍정심리학 운동을 촉진하는 데 기여한 바가 크다.

1.3. 긍정심리학에 대한 비판

긍정심리학의 탄생은 바람처럼 전 세계에서 반향을 일으켰다고 할 수 있지만, 동시에 다양한 비판이나 경고를 포함한 우려가 있는 것도 사실이다.

긍정심리학을 논하는 데 있어서 뺄 수 없는 심리학의 하나가 본서의 제5장에 자세히 소개된 인본주의심리학(humanistic psychology)이라고 할 수 있다. 인본주의심리학은 미국의 행동주의와는 인간에 관해 대조적인 견해를 갖고 있으며, 인간의 경험이나 가치, 의미 등에 중점을 두고 주체성이나 자기실현 등 인간의 긍정적인 측면에 초점을 맞추고 있다(Smith, 1994). 이런 점에서 인본주의심리학과 긍정심리학은 연구 대상이 아주 비슷하다고 느낄지 모르지만, 양측은 다음에 말하는 몇 가지 점에서 대립한 바 있다.

긍정심리학자인 셀리그먼과 칙센트미하이(Seligman & Csikszentmihalyi, 2000)는 인본주의심리학의 연구에 대해 과학적이거나 실증적이지 않은 점을 지적하고, 그런 면에서 인본주의심리학은 긍정심리학과 다르다고 말하였다. 이에 대해서 학술지 *Journal of Humanistic Psychology*는 긍정심리학의 특집을 실었다. 여기서 테일러(Taylor, 2001)는 셀리그먼이 인본주의심리학은 자기애적(narcissistic)이라거나 反과학적(antiscientific)이라고 지적한 것에 대하여, 인본주의심리학 연구는 전통이 있고 과학에 반하지 않음을 역사적 발전 과정과 타 영역의 실적 등을 예로 들며, 맹렬히 비판하는 논문을 게재하였다. 그리고 셀리그먼과 같은 입장의 심리학자야말로 '긍정'이라는 단어를 사용하는 것이 적절치 않고 과학주의에 편향돼 있다고 반박하였다.

또 2004년에는, 긍정심리학이 부정적 측면을 경시하는 것에 대해서 의문이나 비평을 던지고 있다(Held, 2004). 이와 같이, 두 심리학 간의 갈등은 요즘도 계속되고 있으며, 존재론, 인식론, 실천철학이라는 관점에서 대비되는 논의가 전개되고 있다(Waterman, 2013).

본서에서는, 두 심리학 중 어느 쪽이 옳다고 논하는 것이 목적이 아니고, 또 필자에게 있어서는 비판 논문 등으로부터 양자의 관계를 이해하고 있는 정도이기 때문에, 실제로 어떠한 대립이 존재한다거나 할 것이다는 식의 추측은 하지 않고자 한다.

그러나 양쪽에는, 예를 들면 '긍정'에 대한 파악 방법에 차이가 있는 것으로 느껴진다. 인본주의심리학은 자기실현으로 대표되듯이, 인간은 항상 성장가능성을 가지고 있으며, 개인에게 있어서 무엇이 좋은지 나쁜지 같은 것은 개인이 탐구할 일이라는 개인의 발달 과정을 중시하고 있다고 생각된다.

반면, 긍정심리학은 인간에게는 좋은 면과 나쁜 면이 있지만, 특히 좋은 측면에 주목하여 인간에게 공통되는 만족감이나 행복을 연구 대상으로 하고, 거기서 얻어진 지식의 응용 가능성이나 공공성을 중시하고 있다고 생각된다. 셀리그먼이 '긍정적인' 측면에 주목할 것을 제창했지만, '긍정'에 관한 우선권(priority)을 주장할 것은 아니라고 말하고 있다(Seligman & Csikszentmihaly, 2000). 긍정심리학의 입장에서 생각하면, 인본주의심리학의 일부 연구자에게서 보이는 실증성이 떨어지는 방법론이나 논의만 꼬집는 것이 아니라 어디까지나 과학성과 객관성 있는 주장으로 전개해줄 것을 강조한 것이다. 이것을 뒤집어 보면, 자칫 긍정심리학의 주장이 대중적인 심리학으로 전락하는 위험을 충분히 가지고 있기 때문에 그것을 알고 스스로 경계하는 마음에서 비롯되었을 것 같기도 하다.

그 밖에 인본주의심리학과 긍정심리학의 차이로 연구 대상과 범위를 지적할 수도 있겠다. 두 심리학이 인간의 긍정적인 측면을 다룬다는 점에서는 공통적이지만, 인본주의심리학에서는 기본적으로 한 사람 전체를 연구 대상으로 하고, 통합적으로 취급하는 것을 중시하고 있다. 그 때문에, 그 중에는 인간의 부정적인 측면도 포함되어 있고, 주체적인 자기 이해와 성장의 가능성을 주요한 테마로 하여 질적 데이터나 사례를 가지고 하는 연구방법을 적극적으로 이용하는 것이 특징이라고 말할 수 있다.

반면, 긍정심리학은, 한 사람의 여러 측면을 통합적으로 판단하기보다는, 인류에게 공통적으로 보이는 특정의 긍정적 요인을 연구 대상으로 검토한다. 즉, 증거에 기초한 개입연구(介入硏究)[1]를 실시하기 위해 과학적 방법을 이용하며,

---

1) intervention study. 질병과 인과관계가 있다고 생각되는 요인에 적극적으로 개입하고, 새로운 치료법이나 예방법을 사용한 그룹과 종래의 치료법이나 예방법을 실시하는 그룹을 비교해, 그

객관적이고 보편적인 지식을 찾는 데 중점을 두고 있다고 할 수 있다. 이렇게 비교해 보면, 인본주의심리학과 긍정심리학은, 언뜻 비슷한 듯하지만, 실은 연구 대상으로 하는 인간의 인식이나 그 범위가 본질적으로 다르다고 할 수 있다. 본 서에서는 두 심리학의 차이에 대한 상세한 비교는 하지 않지만, 코칭심리학을 포함한 여러 심리학 분야에서도 두 심리학의 발전이나 논의 덕분에 인간의 긍정적인 측면에 관한 흥미로운 연구가 이뤄질 수도 있겠다.

긍정심리학에 대한 또 하나의 비판으로, 스트레스 연구로 저명한 라자러스 (Lazarus, 2003)의 지적을 들 수 있다. 라자러스는 "긍정심리학 운동은 뿌리를 내렸는가?"라는 제목의 비판 논문을 집필하면서, 심리학이라는 학문에 유행이 있음을 개탄하며, 긍정적인 감정이나 특성만으로 인간의 건강이나 행복을 이끌 수는 없을 것이라고 하였다. 라자러스는 자신의 연구 주제인 스트레스라는 말의 유행 현상에 대해 주의를 환기시키고 있는 것 같지만, 실은 일종의 유행에 의해 기초연구에 기반을 두지 않은 지식이 사회 일반에 오해를 낳으면서 보급되어버리는 것을 우려한 것이다.

긍정심리학은 그 이름부터 오해를 낳기 쉬운 심리학인 것은 사실이며, 실제로 긍정심리학을 긍정적이라고 오해하고 있는 사람도 많은 것 같다. 셀리그먼 등(Seligman & Pawelski, 2003)은, 인간에게 있어 부정적인 측면이 중요하다는 것은 말할 필요도 없고, 긍정심리학은 그것을 부정하는 것이 아님을 강조하면서, 인간의 긍정적인 측면에 눈을 돌리는 것에는 의의가 있다고 주장하였다. 긍정심리학은 긍정적이고 행복한 감정뿐만 아니라, 개인의 특성이나 강점, 사회나 제도도 취급하는 것을 목표로 하고 있다. 그것은, 단순한 평온이나 긍정적 감정만으로는 우리 인간이 행복한 상태가 되지 않을 것이라고 생각하기 때문이다. 또 긍정심리학은 행동을 수반하지 않고 그냥 앉아서 생각만 바꾸는 긍정적인 사고나 긍정적 사유와는 다르기 때문에, 인간의 긍정적인 경험과 감정, 특성을 연구하는 것은 고뇌 등 부정적인 측면에서도 유용한 영향을 줄 것이라고 평가하고 있다.

이와 같이, 긍정심리학에 대해서는 비판을 포함해 다양한 반향이 지금도 있지만, 중요한 것은 과학적인 방법론에 근거한 실증연구를 실시해오고 있는 것이

유효성을 검증하는 연구방법(역자 주).

며, 그 성과에 의해서 많은 질문과 대답이 나올 것으로 기대한다.

2. 긍정심리학과 코칭심리학

코칭심리학이 무엇인가라는 것은 제1장을 참조할 수 있다. 코칭은 개인뿐만 아니라 조직을 변용할 때 유효한 수단의 하나로 간주되고 있는데(Grant, et. al., 2010), 한편 그 근거가 되는 실증연구가 적고, 이론적 기반이나 타당한 방법론이 결여되어 있음이 지적된다(Passmore & Filler-Travis, 2011; Bozer & Sarros, 2012). 그러나 최근 이 코칭 연구에 "flourish(번영, 활력)"을 가져온 2개의 심리학이 등장하였는데, 그것이 본장에서 다루는 긍정심리학과 코칭심리학이다(Theeboom, et. al., 2014).

앞서 소개한 것처럼, 긍정심리학과 인본주의심리학 간에는 격렬한 논쟁이 있어서, 코칭심리학이 긍정심리학을 기반으로 하고 있다는 점에서, 엄밀하게 보면 긍정심리학과 코칭심리학은 서로 맞지 않는 부분이 존재한다고 생각할 수 있다. 그렇지만, 이 두 심리학은 사람의 성과를 높이고, 사람이 지닌 힘이나 긍정적인 측면에 초점을 맞춰 인생을 행복하고 보람 있게 만드는 것을 지향하고 있다는 점에서 서로 비슷하다고 할 수 있다(Linley & Harrington, 2005).

두 심리학의 영역에는 각각의 특징이 있지만, 코칭심리학이 발전하기 위해서는, 일부 연구에 대해 과학적 근거가 없다는 비판을 받는 인본주의심리학만을 연구의 기반으로 하지 말고, 긍정심리학이 주장하는 실증과학에 근거한 이론적 연구와 그 실천에 관한 업적을 축적하는 것이 필요하다. 그렇게 하면, 코칭심리학은 새로운 응용심리학으로서 새롭게 태어날 가능성이 있을 것으로 기대할 수 있다. 실제로, 호주심리학회(Australia Psychological Society)는 코칭심리학 분야에 대한 설명으로, "긍정심리학의 응용으로서의 코칭심리학"이라고 명시하고 있다. 이런 점에서도 코칭심리학이 긍정심리학을 기반으로 발전하는 응용심리학으로 자리매김하고 있음을 알 수 있다. 즉, 코칭 연구에서 이론적 틀이 결여되어 있다는 약점에 대한 하나의 해결책으로 긍정심리학이 지향하고자 하는 연구 틀을 활용할 수 있을 것이다.

셀리그먼 등(Seligman & Csikszentmihalyi, 2000)은, 긍정심리학의 연구 영역으

로서, ① 긍정적인 주관적 경험에 대한 연구 ② 긍정적인 개인 특성에 대한 연구, ③ 긍정적 환경에 대한 연구 등 3개의 수준을 제시하고 있다. 본장에서는, 이 3개 연구 주제를 소개하면서 코칭심리학의 발전과 가능성에 대해서 살펴보고자 한다.

2.1. 긍정적인 주관적 경험과 코칭심리학

긍정적인 주관적 경험에는 긍정적인 감정, 행복감, 만족감, 충실감과 같은 다면적 감정 측면과 주관적 웰빙 등이 포함되어 있다. 긍정적인 감정은 주관적 웰빙과 행복감에 영향을 미친다(Diener, 2000).

긍정적인 주관적 경험 중에, 코칭심리학에 있어서도 주목해야 할 긍정적 감정의 기능을 설명하는 이론으로서, 프레드릭선(Fredrickson, 1998, 2001)이 제창한 '확장-형성이론(broaden-and-build theory)'이 있다.[2] 이 이론에서는, 긍정적 감정은 '확장(broaden)'과 '형성(build)'이라는 2가지 기능을 갖고 있음을 <그림 6-1>에서 나타내듯이, 4개의 프로세스로 설명하고 있다(Fredrickson, 2002).

그림 6-1 **확장-형성 이론의 도식**

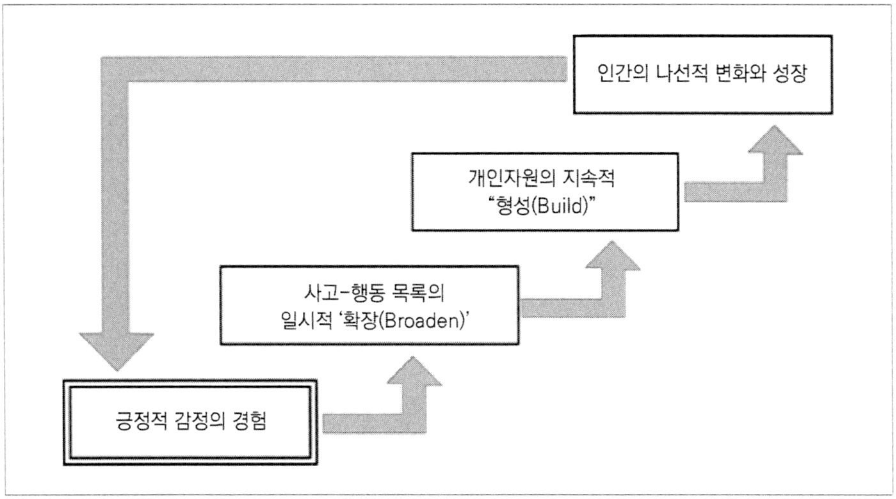

Fredrickson, 2002

---

2) broaden-and-build theory는 확장-구축이론, 확장-축적이론으로도 번역된다.

우선 제1의 기능으로서, 우리 인간은 긍정적 감정을 경험하게 되면 '사고-행동의 목록(thought-action repertoires)'이 일시적으로 풍부해지는, 즉, 긍정적 감정은 주의와 인지적 정보 처리를 '확장'하는 기능을 갖는다. 이 긍정적 감정의 확장 기능에 대해서는, 전술한 아이센 등의 일련의 연구에서도 실증되고 있지만, 프레드릭슨 등은 다양한 감정 환기(喚起) 실험을 통하여 검증하고 있다(Fredrickson & Branigan, 2001). 구체적으로 보면, 실험 대상자를 기쁨(joy), 만족(content), 중간(neutral), 공포(fear), 분노(anger)라는 5개의 감정 상태 중 하나의 조건에 배정하고, 감정 환기 후에 "나는 ○○을 하고 싶다"는 문장의 ○○에 생각나는 것을 기입하게 하는 인지 과제를 실시한 후, 그것을 '사고-행동 얘깃거리'로 상기해내는 개수를 비교했다. 그 결과 얘깃거리 수가 많았던 감정 조건은 기쁨, 만족, 중간, 공포, 분노의 순이었고, 긍정적 감정(기쁨과 만족)의 집단은 중간이나 부정적 감정(공포와 분노)의 집단에 비해 유의하게 많은 얘깃거리를 떠올렸다고 밝혔다. 이 밖에도 긍정적 감정 때문에 주의(attention)의 범위나 '사고-행동 얘깃거리'가 확장되고, 과제에 대해서 주의를 기울이고, 속도나 식별 반응이 높아짐을 알아냈다(2005).

또 하나의 긍정적 감정의 기능인 '형성'이란 '확장'의 결과로서, 신체적(physical), 지적(intellectual), 사회적(social) 자원과 같은 다양한 자원들이 계속 형성됨을 의미한다. 프레드릭슨 등(Fredrickson, et. al., 2008)은 사회인을 대상으로 개입 실험을 실시하고, 일상적인 긍정적 감정 경험을 증가시키면 2개월 후에 개인적인 자원(personal resources)이 형성된다는 사실을 발견하였다.

구체적으로 보면, 인지적 자원인 마음챙김, 심리적 자원인 삶의 목적과 자기 수용, 사회적 자원인 사회적 지원(social support)이 증가하고, 신체적 자원인 질병의 자각 증상이 감소한 것으로 보고되고 있다. 즉, 이러한 결과를 볼 때, 개인의 심리 상태로서 긍정적 감정이 증가하면, 자신에 대한 긍정적인 인식과 다른 사람과 좋은 인간관계를 구축하는 동기유발이 향상되어, 결과적으로 개인의 다양한 자원의 획득과 형성으로 이어질 가능성이 시사되고 있다.

긍정적 감정의 확장과 형성에 의해 생기는 마지막 단계로서 "인간의 나선형(spiral) 변화와 성장"이 제시되고 있다. 이것은, 개인의 다양한 대처 능력이나 복원력이 향상하여 궁극적으로 개인의 건강이나 웰빙의 촉진으로 연결되며, 그에 따라 다시 긍정적인 감정이 생성하게 되는 상향(upward)의 나선형 변화가 생기는 것을 의미한다(Fredrickson & Joiner, 2002; Tugade, et. al., 2004).

이렇게 보면 우리의 심신 건강과 웰빙을 높이는 데 긍정적 감정의 경험은 중요한 요인의 하나임을 알 수 있다. 그리고 거기에는, 긍정적 감정의 경험에 의해서 인생의 여러 과제에 대처하기 위한 수단과 요령이 확장되어 개인적 자원을 획득하게 되고, 그 결과, 상향의 나선형 변화와 성장이 생기는 메커니즘이 있다고 이해할 수 있다. 긍정적 감정의 기능에 관한 연구와 그 활용법이야말로 긍정심리학이 지향하는 예방적 개입에 있어서도 매우 중요한 과제 중 하나라고 할 수 있다. 이러한 긍정적 감정의 이론이나 접근법은 코칭심리학에서도 중요하며, 코칭심리학을 실증과학으로서 확립하고 발전시키는 데 있어서 매우 의미있는 시사점을 준다.

긍정적 감정 외에 긍정적인 주관적 경험에 관한 연구도 많다. 특히 주관적 웰빙의 연구는 다이너 등(Diener, et. al., 2003)을 중심으로 다양한 연구 결과가 보고되고 있다. 거기에서는 개인이 자신의 인생을 어느 정도라고 평가하고, 만족하고 있는가 하는 주관에 의한 판단을 중시한다. 근래에는, 일시적 행복감과 만족감 같은 상태뿐만 아니라, 지속적인 행복감에 관한 연구도 늘고 있다(Diener, 2013). 예를 들어, 주관적 행복감(subjective happiness)을 주는 요인 중에 40%는 스스로 변화시킬 수 있는 의도적인 활동이라는 점이 제시되고(Lyubomirsky, et. al., 2005), 주관적 웰빙의 지표로서 "flourish(번영, 활력)"라는 새로운 개념의 중요성도 제시되었다(Seligman, 2011).

이런 긍정적 상태는 긍정심리학은 물론 코칭심리학이 지향하는 최종 목표이기도 하다고 생각된다. 주관적인 웰빙이나 행복감에 관련된 여러 요인을 밝히고, 그 과학적인 측정법과 평가법을 이해함으로써, 코칭심리학에서의 실증연구가 가능해져, 장기적인 효과검증이 가능할 것으로 기대된다.

2.2. 긍정적인 개인 특성과 코칭심리학

개인 특성에 대해서는 성격심리학을 중심으로 다양한 척도가 개발되었고, 심신 상태와의 관련에 대해서도 많은 연구가 이루어져 왔다. 예를 들어, 외향성과 신경성(neuroticism) 경향의 특성과 낙관성은 주관적 웰빙과 관련이 있는 것으로 주목을 받았다(Peterson, 2006). 이러한 개인 특성과 심신 상태에 관한 연구는 질병모델에 기초한 인간의 정신병리나 그 메커니즘의 해명과 치료에 크게 공헌하였는데, 그 중 탁월한 성과의 하나가 정신질환의 분류기준인 DSM(Diagnostic and Statistical Manual of Mental Disorders)이다.

그런데, DSM에는 인간의 긍정적인 정신기능이나 특성은 포함되어 있지 않다. 이에 피터슨과 셀리그먼(Peterson & Seligman, 2004)은 DSM과 달리 인간의 긍정적인 기능이나 능력, 힘, 강함, 특징 등을 포괄적으로 개념화하여 '인간 강점(human strengths)'이라고 정의하고, 그 분류 및 측정하는 틀을 제안하였다. 그들은 어느 나라 문화에서도 해당되는 보편적이고 포괄적인 인간의 강점이나 장점, 인덕을 표시할 수 있는 개념이 필요하다고 생각하여, 다양한 철학서나 종교 서적들에서 인간의 강점이라고 생각되는 개념이나 도덕적 기준을 검토한 결과, '지혜와 지식', '용기', '인간성', '정의', '절제', '초월성' 등 6가지 핵심 개념을 찾아냈다.

이어서 이 6개 영역에 포함된 구체적인 특성을 검토하기 위하여 기준을 마련하였는데, 이를테면, ① 좋은 삶으로 이어질 정도로 성실하다, ② 그 자체가 정신적, 도덕적 가치를 갖고 있다, ③ 발휘했을 때 다른 사람이 해를 입지 않는다 등과 같은 10가지 기준을 세우고, 이들을 충족하는 24개의 특성을 '인간 강점'으로 지정하였다(표 6-1).

그리고 이 인간 강점을 측정하기 위해 24의 특성에 각각 10문항씩, 전체에서 240문항의 VIA-IS(Value in Action Inventory of Strengths)라는 자기 평정식 질문지가 개발되었고(Peterson & Seligman, 2004), 일어 번역도 시도되고 있다(大竹오타케 외, 2005). 또한 10세에서 17세 사이를 위한 청소년판도 개발되고 있다(Park & Peterson, 2005, 2006).

VIA-IS는 심리척도라는 점에서는 타당성의 검증 등 검토해야 할 과제가 남아있지만, 피터슨 등은 인간의 긍정적인 개인 특성을 이해하고, 이들의 형성에 필요한 요소들을 연구하는 기초로 쓸 수 있는 큰 틀을 정리하였다.

표 6-1 VIA-IS의 구성: 6 영역과 인간 강점

영역	인간 강점
지혜와 지식	독창성, 호기심/흥미, 판단, 학구열, 전망
용기	용감, 근면, 성실성, 열의
인간성	사랑하는 힘/사랑 받는 힘, 친절, 사회적 지능
정의	팀워크, 평등/공정 리더십
절도	관대함, 겸허함, 사려 깊음/신중함, 자기통제
초월성	심미심(審美心). 감사, 희망/낙관성, 유머/유희심, 정신력

이 인간 강점에 관해 흥미 깊은 연구 결과들이 보고되고 있다(Peterson, 2006). 여기에서는 이들을 자세히 소개하지 않겠지만 몇 가지만 든다면, 54개 나라와 미국과 일본의 비교 연구(Shimai, et. al., 2006)에서 문화적, 민족적, 종교적, 경제적인 차이에도 불구하고, 자기 평가를 하면 높게 순위 매김을 한 특성과 낮게 순위를 매긴 것이 유사하게 나온다는 점과, 부분적으로 세대 간에 차이가 있다는 점이 발견되었다.

또 타인에 대한 특성(감사, 희망·낙관성, 사랑하는 힘·사랑받는 힘 등)은 인생 만족감과 높은 상관관계를 보였고, 높게 자기 평가를 한 특성과 합치된 일이나 인간관계를 선택하는 경향을 보였으며, 인생에서 다양한 위기를 경험하고 그것을 극복한 사람들은 특정한 특성이 높게 나타났다. 그 외, 이 24개의 인간 강점 간의 관계성에 대해서도 분석되었는데, 몇몇 인간 강점들은 서로 trade-off 관계에 있다는 지적도 있다.

<그림 6-2>는 인간 강점 간의 관계성을 2차원의 모델로 나타낸 것이다. 가로축은 자기 혹은 타인에 대한 초점을, 세로축은 감정적인 측면인 마음이나 사고와 지성 등과 같은 의식적인 측면을 나타내는 마음의 축을 표시한다. 서로 상대적인 거리가 가까운 특성은 동시에 발현되지만, 서로 간의 거리가 먼 특성은 trade-off의 관계에 있기 때문에, 동일 인물 내에서는 발현되기 어렵다는 것을 의미하고 있다.

여기서 소개한 인간 강점이라고 하는 긍정성은 '행복하고 가치 있는 인생'을 스스로 실현하는 데 중요하다고 생각되고 있다. 문제는 어떻게 하면 이들의 긍정적인 특성을 키울 수 있느냐에 있다. 이에 대해서는 효과적인 개입이 가능하

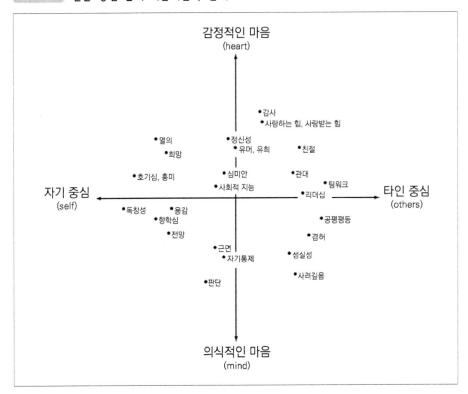

그림 6-2 인간 강점 간의 이율배반적 관계

Peterson, 2006

도록 긍정적인 특성에 관한 기초적이고 실증적인 연구의 축적이 필요 불가결하며, 현재도 다양한 연구와 과학적 지식이 요구되고 있다. 이는 코칭심리학이 직면한 과제 중 하나이기도 하며, 동시에 코칭심리학이 목표로 하고 있는 개인이나 조직의 성능을 향상시키고 더 행복하고 보람 있는 삶을 실현하기 위해 인간이 가지고 있는 강점을 활용한다는 점을 고려하면, 긍정심리학의 틀은 코칭심리학에 하나의 새로운 접근법을 제공해주고 있다. 향후 긍정심리학뿐만 아니라, 코칭심리학에서도 인간 강점의 발달과정이나 개입 방법 등에 관한 새로운 연구 성과와 그 발전이 기대된다.

2.3. 긍정적인 환경과 코칭심리학

긍정적인 환경이란 긍정적인 인간관계, 집단, 조직, 커뮤니티 차원에서 기관이나 제도 같은 큰 규모까지 모두 포함한다. 가족이나 친구, 직장, 학교 등 다양한 인간관계에 관한 심리학적 연구는 지금까지 많이 이뤄졌는데, 그 중에서 사회적 지원(social support), 자원, 네트워크라는 개념을 포함한 긍정적인 환경 요인이 심신의 건강이나 적응에 영향을 주는 것으로 밝혀졌다.

예컨대, 스나이더 등(Snyder & Lopez, 2007)은 아이들의 긍정적인 학습 활동을 촉진하기 위해서는 긍정적인 학교 분위기나 환경 조성이 중요하고, 아이들끼리 배려하는 관계와 환경, 교사와 아이 간의 신뢰 관계, 다양성을 허용하는 환경 등은 긍정적인 학교 교육을 실시하는데 있어서 기반이 된다고 밝힌 바 있다.

긍정심리학은 최종적으로는 다양한 정책이나 제도 정비라고 하는 큰 차원에서의 긍정적인 환경 만들기를 목표로 하고 있다. 이는 긍정적인 환경이 앞서 소개한 긍정적인 주관적 경험을 높이거나, 긍정적인 개인 특성을 향상시킬 수 있다고 생각하기 때문이다. 그리고 물론, 이러한 관계는 한 방향이 아니고, 서로 영향을 주고 받는다고 생각한다. 즉, 긍정심리학도 코칭심리학도 개인뿐 아니라 집단이나 조직의 웰빙이 높아지는 것을 목표로 하고 있다는 점에서 공통점이 있다.

그렇지만, 특히 스포츠나 비즈니스 업계에서 보급하고 있는 코칭심리학에서는, 개인과 조직의 관계와 변화에 대해 실증을 위한 데이터는 아니지만 경험을 포함한 질적인 데이터를 많이 축적하고 있는 것으로 보인다. 그런 점에서 코칭심리학의 발전에 필요한 것은 다양한 환경과 개인의 주관적 경험이나 특성의 관계성을 바탕으로 한 개입연구의 실시와 그 효과검증이라고 할 수 있겠다. 그리고 이것이야말로 긍정심리학이 출발한 심리학 응용의 한 형태이기도 하다.

3. 코칭심리학의 전개

지금까지 긍정심리학을 소개하면서 코칭심리학의 가능성을 검토하고 왔지만, 여기에서는 코칭심리학의 전개에 필요한 2가지를 지적하고 맺고자 한다.

첫째, 지금까지 얘기하였듯이, 코칭심리학은 증거에 근거한 행동과학으로서의 연구를 실시하는 것이 필요하다는 것이다. 씨붐 등(Theeboom, et. al., 2014)은 메타분석을 실시하여, 코칭은 개인 수준에서 5개의 카테고리에 대해서 효과가 있음을 지적하고 있다. 그리고 이 효과가 인정된다는 5가지는 성과/스킬, 웰빙, 극복(coping), 작업 태도, 목표지향의 자율(self-regulation) 등이며, 개인의 변화에 의해 조직의 변화도 이끌어내는 효과도 충분히 기대할 수 있음을 주장하고 있다. 이는 코칭이라는 기법이 매우 유용성이 높다는 점과, 과학적 방법을 이용함으로써 융합학문으로서의 발전과 응용 가능성을 충분히 기대할 수 있음을 의미한다고 할 수 있다.

또 최근 메타분석에 의해 긍정심리학의 개입연구 방법의 효과 검증이 시도되고 있는데(Bolier, et. al., 2013; Donaldson, et. al., 2015), 개입에 의해 주관적 웰빙과 행복감이 높아질 가능성이 지적되고 있다.

더날선 등(Donaldson, et. al., 2015)은 긍정심리학에서 사용되는 주요 개입방식을 5가지(코칭, 마음챙김, 긍정적 감정, 인간 강점, 감사)로 분류하고, 각 개입방식과 그 효과에 대해서 분석하고 있다. 그에 따르면, 코칭 개입의 경우, 메타분석의 대상이 된 13개의 실증연구 대부분이 해법 중심의 접근법(solution focused approach: SFA)으로 대표되는 해결형 인지모델(solution-based cognitive model)에 근거하고 있으며, 개입의 결과로 웰빙과 인내력(hardiness), 희망, 복원력, 전념(engagement), 자기 동기부여, 목표달성, 정신위생 등의 변수에 효과가 보였다고 발표하였다.

코칭과 코칭심리학의 실천 연구에서는 직감이나 요령 등 경험치를 포함한 다양한 일종의 '데이터'가 존재하고 축적되어 있다고 생각된다. 그것을 과학적으로 적절한 분석방법을 이용해 검증하고, 이론에 근거하여 행동의 메커니즘을 규명하려고 하고 있는 것이 긍정심리학일 것이다. 그러한 의미에서도 긍정심리학의 기반과 접근법들을 활용하면 코칭심리학이 실증과학으로서 발전할 가능성은 매우 높다고 할 것이다.

코칭심리학의 발전에 관해 필자가 두번째로 제안하는 것은 건강 영역에의 응용이다. 구체적으로는 의료 또는 건강심리학으로 대표되는 영역에 코칭심리학이 적극적으로 참여함으로써 예방적인 건강 대책을 실현하는 데 기여할 수 있을 것이라고 확신한다. 건강 증진과 건강 교육을 위한 코칭인 '헬스코칭(health coaching)'은 긍정심리학의 탄생과 같은 시기에 본격적으로 전개되기 시작하였다고 할 수 있지만, 니시가키(西垣, 2013)가 지적하듯이, 특히, 일본에서는 의학교육이나 의료시스템을 포함한 의료와 건강 영역에서는, 이론적 기반을 가진 실증연구로서의 코칭심리학이 제대로 기능하지 못하고 있다.

건강을 웰빙으로 간주하는 현대 사회에서는, 위생, 영양 개선, 의료 수준의 향상, 질병 구조의 변화 등으로 따라 1차 예방 대책이 더욱 중요시되고 있다. 효과적인 1차 예방 대책을 실현하기 위해서는 심리학의 지식이 필요 불가결하다. 그런 의미에서 의료와 건강 영역이야말로 코칭심리학이 건강심리학이나 긍정심리학과 손을 잡으며 발전할 수 있는 곳이 않을까 생각한다.

이상, 본장에서는 긍정심리학을 소개하면서 코칭심리학의 향후 가능성과 발전에 대해 생각해 보았다. 인간의 긍정적인 측면에 주목함으로써 생기는 현상을 개인뿐 아니라 집단이나 조직, 사회 전체의 웰빙 등 다양한 차원에서 검토함으로써 충실한 인생이나 행복의 지속이란 무엇인가를 해명할 수 있을 것으로 기대된다. 그 열쇠를 쥐고 있는 분야야말로 코칭심리학일지 모른다.

Antonovsky, A. (1979). *Health, stress and coping: New perspective on mental and physical well-being.* San Francisco, CA: Jossey-Basss Publishers.

Antonovsky, A. (1987). *Unraveling the mystery of health How people manage stress and stay well.* San Francisco, CA: Jossey-bass Publishers.

Bandura, A. (1986). *Social foundations of thought and action: A social cognitive theory.* Englewood Cliffs, NJ: Prentice Hall.

Bolier, L., Haverman, M., Westerhof, G. J., Riper, H., Smit, F., & Bohlmeijer, E. (2013). Positive psychology interventions: A meta-analysis of randomized controlled studies. *BMC Public Health*, 13(1), 119.

Bozer, G. & Sarros, J. (2012). Examining the effectiveness of executive coaching on coachees' performance in the Israeli context. *International Journal of Evidence Based Coaching and Mentoring*, 10(1), 14-32.

Diener, E. (1984). Subjective well-being. *Psychological Bulletin*, 95, 542-575.

Diener, E. (2000). Subjective well-being: The science of happiness and a proposal of a national index. *American Psychologist*, 55, 34-43.

Diener, E. (2013). The remarkable changes in the science of subjective well-being. *Perspectives on Psychological Science*, 8(6), 663-666.

Diener, E., Oishi, S., & Lucas, R. E. (2003). Personality, culture, and subjective we-being: Emotional and cognitive evaluations of life. *Annual Review of Psychology*, 51(1), 403-425.

Diener, E., Suh, E. M., Lucas, R. E., & Smith, H. E. (1999). Subjective well-being: Three decades of progress. *Psychological Bulletin*, 125, 276.

Donaldson, S. L., Dollwet, M. &Rao. M. A. (2015). Happiness, excellence, and optimal human functioning revisited: Examining the peer-reviewed literature linked to positive psychology. *The Journal of Positive Psychology*, 10(3),

185-195.

Fredrickson, B. L. (1998). What good are positive emotions? *Review of General Psychology*, 2, 300-319.

Fredrickson, B. L. (2001). The role of positive emotions in positive psychology: The broaden-and-build theory of positive emotions. *American Psychologist*, 56, 218-226.

Fredrickson, B. L. (2002). Positive emotion. In C. R. Snyder, & S. J. Lopez (Eds.), *Handbook of positive psychology*. New York: Oxford University Press. pp. 120-134.

Fredrickson, B. L. & Branigan, C. (2001). Positive emotions. In T. J. Mayer, & G. A. Bonnano (Eds.), *Emotion: Current issues and future directions*. New York: Guilford Press. pp.123-151.

Fredrickson, B. L. & Branigan, C. (2005). Positive emotions broaden the scope of attention and thought-action repertoires. *Cognition Emotion*, 19(3), 313-332.

Fredrickson, B. L., Cohn, M. A., Coffey, K. A., Pek, J., & Finkel, S. M. (2008). Open hearts build lives: Positive emotions, induced through loving-kindness meditation. Build consequential personal resources. *Journal of Personality and Social Psychology*, 95(5), 1045-1062.

Fredrickson, B L.& Joiner, T. (2002). Positive emotions trigger upward spirals toward emotional well-being. *Psychological Sciences*, 13, 172-175.

Grant, A M. Passmore, J. Cavanagh, M. I.& Parker, H, M. (2010). The state of play in coaching today: A comprehensive review of the field. *International Review of Industrial and Organizational Psychology*, 25(1), 125-167.

Held, B. S. (2004). The negative side of positive psychology, *Journal of Huma Psychology*, 44, 9-46.

Isen, A. M. (1987). Positive affect. cognitive processes, and social behavior In L. Berkowitz (Ed.). *Advances in experimental social psychology*, Vol. 20. San Diego, CA: Academic Press. pp.203-253.

Isen, A. M. (1993). Positive affect and decision making. In M. Lewis, J. M. Haviland (Eds.) *Handbook of emotions.* New York: Guilford Press. pp.261-277.

Isen, A. M., Daubman, K. A., & Nowicki, G. P. (1987). Positive affect facilitates creative problem solving. *Journal of Personality de Social Psychology,* 52, 1122-1131.

Isen, A. M., Johnson, M. M. S., Mertz, E., & Robinson, G. F. (1985). The influence of positive affect on the unusualness of word associations. *Journal of Personality & Social Psychology,* 48, 1413-1426.

Jew, C. L., Green, K. E., & Kroger, J. (1999). Development and validation of a measure of resiliency. *Measurement and Evaluation in Counseling and Development,* 32, 75-89.

Kahneman, D., Diener, E., & Schwarz, N. (Eds.) (1999). *Well-being: The foundations of hedonic Psychology.* New York: Russell Sage Foundation.

Kobasa, S. C. (1979). Stressful life events, personality, and health: An inquiry into hardiness. *Journal of Personality and Social Psychology,* 37, 1-11.

Lazarus, L. R. (2003). Dose the positive psychology movement have legs? *Psychological Inquiry,* 14, 93-109.

Linley, P. A. & Harrington, S. (2005). Positive psychology and coaching psychology: Perspectives on Integration. *The Coaching Psychologist,* 1(1), 13-14.

Lopez, S. J. & Snyder, C. R. (2003). *Positive psychological assessment: A handbook of models and measures.* Washington, DC: American Psychological Association.

Lyubomirsky, S., Sheldon, K. M., & Schkade, D. (2005). Pursuing happiness: The architecture of sustainable change, *Review of General Psychology,* 9(2), 111-131.

Maslow, A. H. (1970). *Motivation and personally* (2nd ed.). New York: Harper & Row. (小口忠彦(訳) (1987). 人間性の心理学(改訂新版) 産業能率大学出版部)

Masten, A. S., Best, K., & Garmezy, N. (1990). Resilience and development: Contributions from the study of children who overcame adversity. *Development and Psychopathology*, 2, 425–444.

西垣悦代 (2013). ヘルスコーチングの展望: コーチングの歴史と課題を基に 支援対話研究, 1, 7-22.

大竹恵子・島井哲志・池見 陽・宇津木成介・Peterson, C., Seligman, M. E. P. (2005). 日本版生き方の原則調査票(VIA-IS. Values in Action Inventory of Strengths)作成の試み心理学研究, 76(5), 461–467.

Park, N. & Peterson, C. (2005). The Values in Action Inventory of Character Strengths for Youth. In K. A. Moore, & L. H. Lippman (Eds.), *What do children need to flourish? Conceptualizing and measuring indicators of positive development*. New York: Springer. pp.13–23.

Park, N. & Peterson, C. (2006). Moral competence and character strengths among adolescents: The development and validation of the Values in Action Inventory of Strengths for Youth. *Journal of Adolescence*, 29, 891–905.

Passmore, J. & Fillery-Travis, A. (2011). A critical review of executive coaching research: A decade of progress and what's to come, *Coaching: An International Journal of Theory, Research and Practice*, 4(2), 70–88.

Peterson, C. (2006). *A primer in positive psychology Oxford*, NY: Oxford University Press.

ピーターソン, C. (著) 大竹恵子(訳) (2006). ポジティブ心理学の課題と挑戦 島井哲志(編) ボジティブ心理学: 21世紀の心理学の可能性 ナカニシヤ出版 pp.232–268.

Peterson, C. & Seligman, M. E. P. (2004). *Hunan strengths*: A classification manual. Washington, DC: American Psychological Association.

Seligman. M. F. P. (1998a). President's column: Building human strength: Psychology's for gotten mission. *APA Monitor*, 29(1), 1.

Seligman, M. E. P. (1998b). President's column: Positive social science. *APA Monitor*, 29(4), 1.

Seligman, M. E. P. (1998c). President's column: What is the 'good life'? *APA Monitor*, 29(10), 1.

Seligman, M. E. (2002). *Authentic happiness: Using the new positive psychology to realize our potential for lasting fulfillment*. New York: Free Press.

Seligman, M. E. P. (2011). *Flourish: A visionary me understanding of happiness and well-being*. New York: Free Press.

Seligman, M. E. P. & Csikszentmihalyi, M. (2000). Positive psychology: An introduction. *American Psychologist*, 55, 5-14.

Seligman, M. E. P. & Pawelski, J. O. (2003). Positive psychology: FAQs. *Psychological Inquiry*, 14, 159-163.

Sheldon, K. M. & King, L. (2001). Why positive psychology's necessary? *American Psychologist*, 56, 216-217.

島井哲志(編) (2006). ポジティブ心理学: 21世紀の心理学の可能性 ナカニシヤ出版.

Shimai, S., Otake, K., Peterson, C., & Seligman, M. E. P. (2006). Convergence of character strengths in American and Japanese young adults. *Journal of Happiness Studies*, 7, 311-322.

Smith, M. B. (1994). Humanistic psychology. In R. J. Corsini (Ed). *Encyclopedia of Psychology* (2nd ed.). Vol, 2. New York: John Wiley & Sons, pp.176-180.

Snyder, C. R. & Lopez, S. J. (2002). *Handbook of positive psychology*. London: Oxford University Press.

Snyder, C. R. & Lopez, S. J. (2007). *Positive psychology: The scientific and practical explorations of human strengths*. Thousand Oaks, CA: Sage Publications.

Spence, G. B. & Oades, L. G. (2011). Coaching with self-determination theory in mind: Using theory to advance evidence-based coaching practice. *International Journal of Evidence-Based Coaching and Mentoring*, 9(2), 37-55.

Taylor, E. (2001). Positive psychology and humanistic psychology: A reply to Seligman. *Journal of Humanistic Psychology*, 41, 13-29.

Taylor, S. E., & Brown, J. D. (1988). Illusion and well-being: A social psychological perspective on mental health. *Psychological Bulletin*, 103, 193–210.

Theeboom, T., Beersma, B., & van Vianen, A. E. (2011). Does coaching work? A meta-analysis on the effects of coaching on individual level outcomes in an organizational context. *The Journal of Positive Psychology*, 9(1), 1–18.

Tugade, M. M., Fredrickson, B. L., & Barrett, L. F. (2004). Psychological resilience and positive emotional granularity: Examining the benefits of positive emotions on coping and health. *Journal of Personality*, 72(6), 1161–1190.

Wagnild, G. M. & Young, H. M. (1993). Development and psychometric evaluation of the resilience scale. *Journal of Nursing Measurement*, 1, 165–178.

Waterman, A. S. (2013). The humanistic psychology–positive psychology divide: Contrasts in philosophical foundations. *American Psychologist*, 68, 124–133.

하버드대학교 의대 매클린병원 부속 코칭연구소의 탄생

우노카오리(宇野力オリ)

긍정심리학의 창시 이래, 긍정심리학코칭 분야의 개발이 당초의 기대와 달리 산발적인 시도로 전전하고 있을 때, 하버드대 의학부 임상 부교수인 캐럴 카우프만이 자신의 대학에서 긍정심리학과 코칭을 주도적으로 구체화하는 활동을 전개하고 있었다. 2007년의 일이었는데, 이 해는 긍정심리학의 보급 확대를 위한 주요한 계획이 여러 가지 발의되고 각각 1, 2년 후에 개시하도록 준비하고 있던 시기였다. 국제긍정심리학회(IPPA)의 발의로 세계 최대 규모의 회복탄력성(resilience)의 실증적 개입 연구로 비약적 발전을 이룬 Penn Resiliency Program (PRP)이 미 육군에 도입되었다.

하버드대학의 카우프만의 활약은 긍정심리학코칭 분야의 부흥에 좌절을 경험하고 있던 셀리그먼(Seligman)에게는 복음이었다. 또 카우프만 자신도 셀리그먼의 인정과 격려를 받게 되어 긍정심리학 발전에 기여할 수 있다는 확신을 갖게 되고 기쁨을 여러 차례 표명하였다. 셀리그먼이 좌절했다는 것은 그가 당시에 온라인 기반의 코칭 교육회사의 멘토코치 대표인 벤 딘과 함께 긍정심리학코칭 분야의 개척을 시도했으나, 결국 C. R. 스나이더의 희망이론과 웰빙이론(2010년 이후의 PERMA모델과는 다른 것임)을 코칭 실천에 사용하는 정도의 성과밖에 내지 못한 상황을 가리킨다.

카우프만과 함께, 마가렛 모어(헬스케어와 웰니스 코칭 교육에 특화된 웰코치즈 코퍼레이션의 대표)와 크리스토퍼 파머 의사(하버드대 의대 조교수, 맥린병원 평생학습부의 부장)가 공동 발기인으로 하여, 하버드대학 의학부, 맥린병원, 그리고 하지닛슈재단의 The Foundation of Coaching(코칭심리학의 연구 지원과 지원금을 부여하는 프로젝트)의 협력 관계 아래, 2009년에 하버드대학 의학부-맥클린병원 부속의 코칭연구소(Institute of Coaching)가 설립됐다.

설립에 앞서, 그 전년인 2008년에 제1회 하버드대 의대 의학평생교육(CME) 코치대회가 보스턴시에서 개최되었다. 기조 강연자의 한 명인 호주 시드니대학에서 코칭심리학과를 이끄는 앤서니 그랜트 교수는 "실증에 기초한 코칭이야말로 응용긍정심리학"이라고 하는 명확한 견해를 보였고, 강연 제목도 이와 동일하게 하였다. 이 대회에서 댈런트도 일반 인구의 분포도를 제시하고, 기존의 심리학이 대상으로 하지 않는 절반 이상의 다수 인구를 긍정심리학코칭의 대상자로 삼을 수 있으며, 따라서 전문코치와 의료종사자들에게 긍정심리학의 전문 교육을 실시하는 것이 중요하다고 호소하였다.

긍정심리학에 있어서 연구와 실천의 괴리의 문제는, Institute of Coaching이라고 하는 새로운 기관을 얻게 되어 그 해결의 길이 모색할 수 있게 되었다. 다음 해 2009년 제2차 대회에서는 기조 강연 외에 '의료(건강과 웰니스)'와 '리더십'의 2주제('커뮤니케이션'을 포함하면 3주제)에 대한 수강이 가능하였다. 2011년 제4차 회의에서는 '긍정심리학'과 '상급 수준의 코칭 프랙티스'를 나눠서 총 4주제로 편성되었다.

그림 **일반 인구의 분포**

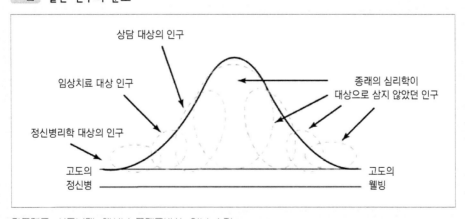

자료제공: 시드니대, 앤서니 그랜트박사, 일부 수정

——— 제 7 장 ———

인지행동코칭

요시다 사또루(吉田 悟)
아라끼 히까리(荒木 光)
오시마 유꼬(大島裕子)

본장에서는 인지행동코칭(cognitive behavior coaching: CBC)의 이론과 기법을 소개한다. 인지행동코칭은 인지행동요법(cognitive behavior therapy: CBT)에 의거하고 있다는 점과 감정 문제에 초점을 두고 있음을 설명하고, 인지행동코칭의 이론과 기법에 대해 개괄적으로 설명한다.

l. 인지행동요법과 코칭

본절에서는, 먼저 인지행동코칭의 근원이 되는 인지행동요법의 발전 단계와 특징을 개관하고, 그것을 근거로 하여 인지행동코칭의 특징에 대해 설명하다.

1.1. 인지행동요법의 발전 단계

인지행동요법의 발전은 주로 3단계로 설명되므로, 흔히 파도에 비유된다. 제1파는 행동요법(behavior therapy: BT)이다. 행동요법은 스키너(Skinner, B. F.), 월피(Wolpe, J.), 아이젠크(Eysenck, H. J.) 등에 의해 체계화된 치료법이며, 각기 독립된 여러 기원에서 발전해왔다(山上^{야마가미}, 2007). 행동요법이 기반으로 하는 이론에는 고전적 조건화, 조작적 조건화, 관찰학습(모델링) 등이 있다.

제2파는 인지와 사고의 기능의 중요성을 강조하며, 인지적 접근이라고 불린다. 그 선구자는 엘리스(Ellis, A.), 벡(Beck, A. T.), 라자러스(Lazarus, A.), 마이켄바움(Meichenbaum, D. H.) 등을 들 수 있다. 엘리스는 REBT(rational emotive behavior therapy)와 벡인지요법(Beck's cognitive therapy), 라자러스는 멀티모달행동요법(multi-modal behavior therapy), 마이켄바움은 자기교시훈련(self instruction training) 및 스트레스면역훈련(stress inoculation training)이라는 기원이 서로 다른 독립된 치료법을 제창했다. 제2파는 인지적 접근에 행동적인 방법을 도입한 것으로 현재 인지행동요법의 주류이다.

그리고 제3파는 '문맥적 접근'(Emmelkamp, et. al., 2010/일역, 2012, p.6)이라고 불린다. 제3파의 공통 주제는 "부정적인 감정을 받아들이는 한편, 행동의 컨트롤에 초점을 맞추는 것"(위의 책, pp.6-7)이다. 「임상 실천을 이끄는 인지행동요법의 10가지 이론」에서는 제3파 중에서도 수용전념요법(acceptance and commitment therapy)(Waltz & Haves, 2010/일역, 2012), 변증법적 행동요법(Lynch & Cuper, 2010/일역, 2012), 마음챙김인지요법(Dimidjian, et. al., 2010/일역, 2012)에 대해 자세히 다루고 있다.

1.2. 감정의 문제를 중시

인지행동요법의 특징은 감정의 문제를 중시한다는 점이다. 이에 관해 에멀캠프 등(Emmelkamp, et. al., 2010)은 "인지행동요법의 연구와 실천에 있어서 가장 일반적으로 이용되는 이론모델은 감정 문제의 병적 원인을 설명하는 것이다. 아주 절충적인 접근법은 별개지만, 모든 치료가 감정 장해에 대해 그것을 발현시키는 요인과 지속시키는 요인을 따로 구별하여, 명확하게 정형화된 이론에 근거하고 있다"라고 말하고 있다. 최근, 세계적으로 가장 큰 문제가 되고 있는 감정에 관련된 장애는 우울증(특히 주요우울 장애)이다. 우울증은 세계질병부담(global burden of diseases: GBD)에서 2004년 3위지만, 2030년에는 1위가 된다고 예측하고 있다(World Federation For Mental Health, 2012).

인지행동요법은 과학적 근거(evidence)에 기초한 효과 검증을 중시하고 있다. 위와 같이 우울증이 세계적으로 가장 중요한 질병이 되어 왔기 때문에, 인지행동요법은 특히 우울증의 예방과 치료 효과의 검증에 초점을 맞춰 왔다. 덧붙이면, REBT와 벡인지요법의 우울증에 대한 치료 효과는 선택적 세로토닌 재흡수 억제제(selective serotonin reuptake inhibitors: SSRI)와 같은 정도의 효과를 실증적으로 보였다(Szentagotai, et. al., 2008). 게다가, 일본에서는 "2010년부터 우울증에 대한 인지행동요법이 보험 점수화되며, 인지행동요법을 익힌 의사가 일정 조건 하에서 인지행동요법을 실시하는 경우 진료보수의 대상이 되었다"(佐藤^{사토}, 2014). 이와 같이, 인지행동요법은 감정에 관련되는 장해에 대해 치료 효과가 검증된 심리치료방법이다.

1.3. 자립심(self-help)과 숙제(homework)의 중시

심리요법이나 상담이라는 말을 들으면 어떤 이미지가 떠오를까? 전문가가 하는 말을 들으면서 안심을 하게 되거나 문제해결을 촉진해 나간다고 하는 이미지를 떠올릴지 모른다. 그러나, 인지행동요법에서는 "클라이언트가 미래에 일어날 수 있는 문제에 자신의 힘으로 대처하는 방법을 습득하도록 하는 것을 최종 목표로 한다"(沢宮^{사와미야}, 2010). 즉, 클라이언트의 자립심을 촉진하는 것이 중시된다.

그래서, 각 세션의 마지막에서는 그때까지 논의된 것과 관련하여 숙제를 반드시 준다(大野^{오노}, 2010). 즉, 클라이언트는 일상 생활 중에 숙제를 함으로써 자신의 사고-감정-행동의 변화를 경험하고, 스스로의 힘으로 감정의 문제에 대처하는 방법을 익힐 수 있게 된다.

1.4. 인지행동요법에서 코칭으로

1990년대에 들어서 인지행동요법의 이론과 기법을 코칭으로 활용하는 인지행동코칭이 발전하였다(Williams, et. al., 2014). 그리고 21세기에 들어 코칭심리학의 실천과 연구가 매우 활발해졌다(Palmer & Whybrow, 2008/일역, 2011). 코칭심리학은 임상심리학, 상담심리학과는 다른 독립된 연구 및 실천 영역으로 급속히 확립되었다. 영국에서는 2004년에 영국심리학회 내에 코칭심리학에 관심을 가지는 그룹이 조직되었다. 2014년 6월에는 인지행동코칭 국제회의(International Congress of Cognitive Behavioral Coaching: ICCBC)가 루마니아의 바베슈-보야이 대학교(Babes-Bolyai University)에서 개최되었다.[1] 이것으로부터도, 인지행동치

---

1) 인지행동코칭 국제회의(2014년 웹사이트 http://www.iccbc2014.ro/).

료는 정신보건 영역뿐 아니라, 코칭심리학의 실천에서도 주목 받고 있는 것으로 보인다. 인지행동요법에서 중시되고 있는 증거, self-help, 숙제 등은 인지행동 코칭에서도 중시되고 있다. 더불어, 인지행동코칭의 장점은 제1장의 <표1-1>에 나타나 있듯이, 다른 이론이나 기법과 비교해 볼 때 적용 범위가 넓다는 점을 들 수 있다.

1.5. 인지행동코칭의 2개의 입장

인지행동요법에서는 감정의 문제에 초점을 맞춘다고 앞에서 말하였다. 이를 기준으로 볼 때, 인지행동코칭에는 적어도 2가지 입장이 있음을 알 수 있다. 첫째, 감정의 문제가 해결되면 클라이언트의 목표가 반드시 달성될 수 있을 것이라는 입장이다. 이 입장은 인지행동요법의 이론과 기법에 근거하는 코칭이다 (Neenan, 2006; Neenan, 2008; Palmer & Gyllensten, 2008). 그리고 이 입장에는 앞에서 언급한 Beck의 인지요법의 이론과 기법에만 기반을 둔 코칭(Mcmahon, 2009), REBT의 이론과 기법에만 근거한 REB코칭(Kodish, 2002; Palmer, 2009a; Palmer, 2009b; Palmer & Gyllensten, 2008) 등이 포함된다. 둘째는 감정 문제의 해결에 더하여 실제 문제의 해결이 클라이언트의 목표 달성에 필요하다는 입장이다. 이 입장은 인지행동요법의 이론과 기법에 문제해결 기법을 종합한 통합적 접근방법이다(이를테면, Neenan & Dryden, 2002/일역, 2010; Neenan & Palmer, 2001; Palmer, 2007; Palmer, 2008; Palmer & Szymanska, 2007; Williams et. al., 2010). Neenan & Dryden(2010)의 「인지행동요법에서 배운 코칭」은 통합적 접근의 입장에서 쓰여진 책으로, 활용 가능한 영역과 적용되는 기법에 대해서 상세히 풀이되어 있다.

2. 인지행동코칭의 이론과 기법

다음으로 인지행동코칭 중 특히 REB코칭에 초점을 맞추어, 인지행동코칭의 실천에 유익하다고 여겨지는 이론과 기법을 소개한다.

이하 문장에서 이용되는 A, B, C, B-C관계라는 용어는 REBT 및 REB코칭의 전문용어이다.

A(activating events): 계기가 되는 사건(사실과 체험)

B(beliefs or thoughts): 신념이나 사고(비합리적/합리적)

C(emotional and behavioral consequences): 결과(감정과 행동)

B-C관계(B-C connection): B가 변함에 따라 C가 바뀌는 것

2.1. 감정의 기능성

제1절에서 언급했듯이, 인지행동코칭은 감정의 문제에 초점을 둔 접근법이다. REB코칭에서는 클라이언트의 성과(performance)나 웰빙(well-being)의 향상을 지원하기 위해, 목표 달성을 방해하는 행동의 원인이면서 기능을 하지 못하는 감정의 개선을 목표로 한다.

REB코칭이 근거로 삼은 REBT에서는, 감정의 기능에 주목하고, 감정을 2종류로 구분한다. 즉, 기능을 못하는 역기능적인 감정과 기능적인 감정이 그것이다. 기능부전의 감정은 4개의 유해한 기능이 있어서 기능적인 감정으로 바꿀 필요가 있다(Dryden, et. al., 2003, p.5). 그 유해한 기능의 첫째는 그런 감정이 과도한 정신적 고통과 불쾌감으로 이어지며, 둘째는 자멸적인 행동으로 몰아가고, 셋째는 자신의 목표 달성에 필요한 행동 수행을 방해하며, 넷째는 기능부전인 생각을 하게 하는 점 등이다.

이에 비해, 기능적인 감정은 4개의 유익한 기능을 갖고 있다. 첫째, 자신의 목표에 장애가 생기고 있다는 것을 알게 되지만, 멈춰있지 않는다는 점, 둘째는 자기 계발적 행동으로 가도록 동기화하는 점, 셋째는 자신의 목표 달성에 필요한 행동을 함께 수행하도록 용기를 주는 점, 넷째는 건설적이고 초점을 맞춘 생각을 하게 하는 점 등이다. REB코칭에서는 이 중에서 주로 세번째 기능과 관련이 깊다고 한다.

감정의 4가지 기능 중 어느 것에 초점을 맞추느냐에 따라, REBT의 실천은 심리요법적, 상담적, 코칭적 측면으로 그 중심이 나눠진다. 먼저, 클라이언트의 정신적인 고통이나 불쾌감, 자멸적 행동, 기능부전적 사고에 대한 지원으로서 특히 의사의 진단에 따른 치료를 위해 사용할 경우에는 심리요법으로서의 측면이 강해진다. 반면, 진단이 아닌 경우에는 상담으로서의 측면이 강해진다. 그리

고, 감정이 클라이언트의 목표 달성에 필요한 행동의 수행을 방해하는 것에 대응하고자 하는 경우에는 코칭의 측면이 강해진다. 즉, REB코칭의 목표란 자신의 목표 달성에 필요한 행동을 방해하는 감정을 목표 달성에 필요한 행동 수행을 촉진하는 감정으로 변화시키는 것이다.

2.2. ABC모델

여기에서는 REB코칭에서 가장 중요한 ABC모델을 사례를 이용하여 설명한다.

사례 1:

Y씨는 몇 주 후에 자격 시험을 앞둔 30대 여성이다. 그 자격시험은 연 1회밖에 기회가 없고, Y씨는 이번이 두번째 시험이다. Y씨는 최근 며칠 동안 상사의 잔업 지시를 받아 정시에 귀가할 수 없었다. 오늘도 퇴근 무렵, 상사가 "Y씨, 내일 회의 자료를 서둘러 정리해 줄 수 없겠나? 나는 지금부터 본부에서 회의가 있으니까, 부탁이야"라고 말하고 나가버렸다. Y씨는 화가 치밀어 오르는 것을 느껴 자료 작성에 집중하지 못했고, 귀가가 늦어졌다. 그리고 집에 돌아온 후에도 자격시험 공부에 집중하지 못했다. 그래서, 자격 취득을 목표로 한 REB코칭을 받았다.

이 사례에서 Y씨가 문제가 되는 감정(강한 분노)을 느낀 원인은 무엇일까? 자격시험 직전에 매일 계속되는 잔업일까? 자격시험을 코앞에 두고 있는데도 불구하고 연일 잔업을 부탁하는 상사인가? 이처럼 대개 자기 감정의 원인이 사건이나 다른 사람에게 있다고 생각할지 모른다. 그러나 REB코칭에서는 일이나 다른 사람이 감정의 원인이다(그림 7-1)는 식으로 보지 않으며, Y씨의 A(사건)에 대한 반응(iB또는 rB)이 C(감정)를 만들어낸다고 생각한다(그림 7-2).

<그림 7-2>에 나타낸 것처럼, 싫은 일이 생기고 고통스러운 감정을 느낄 때, 그 전 단계에서는 그 사건에 대한 생각을 스스로 만들고 있다. 사건에 대한 생각은 2종류가 있는데, 하나는 비합리적 신념(irrational beliefs: iB)이고, 또 하나는 합리적 신념(rational beliefs: rB)이다(이 2종류의 생각에 대한 자세한 비교는 표 7-2 참조). iB는 기능부전의 감정을 만들어 내는 기능부전의 생각이며, rB는 기능적인 감정을 만들어 내는 기능적인 생각이다. 즉, iB를 rB로 바꿈으로써 기능

부전의 감정을 기능적인 감정으로 바꿀 수 있다.

REBT의 제창자인 엘리스는 위와 같은 감정 문제를 분석하기 위해 ABC모델을 고안하였다. ABC모델을 사용한 감정 문제 분석의 핵심은 사건(A)에 대해 받아들이는 방법(iB 또는 rB)이 자신의 감정(C)을 만들어내고 있다는 것을 이해하는 것, 즉 B-C관계를 이해하는 것이다.

그림 7-1 일이 감정의 원인이라는 생각(일반적인 인식법)

그림 7-2 ABC 모델에 의한 인식법

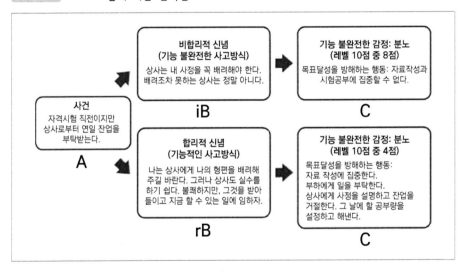

2.3. ABC기록표

REB코칭의 실천에서는 B-C 관계를 이해하기 위한 전제로서 ABC모델의 습득이 필요하다. 그 연습으로서 기능부전한 감정을 느낀 장면을 ABC에서 분석하는 ABC기록표를 작성하는 것이 도움이 된다. 이하는 코치와 클라이언트에 의한 ABC기록표(표 7-1 참조)를 사용한 세션 사례이다.

코치: 그때 당신은 어떤 감정을 느꼈나요? [C(감정)의 조사]

클라이언트: 굉장히 짜증이 났습니다. 화가 납니다.

코치: 10점이 가장 높은 수준의 분노라고 할 때, 몇점 정도의 화가 났나요?

클라이언트: 그러게요... 8점입니다.

코치: 달리 느낀 감정이 있습니까?

클라이언트: 없습니다.

코치: 그럼, 그 8점의 분노를 느꼈을 때, "귀하의 목표달성을 방해하는 어떤 행동"을 했습니까? [C(행동)의 사정]

클라이언트: 네. 지시 받은 자료 작성에 집중하지 못해 귀가가 더 늦어졌어요. 그리고 돌아온 후에도 화가 풀리지 않아 시험공부에 집중할 수 없었습니다.

코치: 그랬어요? 8점의 분노를 느낀 장면을 간결하고 구체적으로 설명해주세요. [A(사건)의 사정]

클라이언트: 네. 오늘은 꼭 정시에 귀가하려고 생각했는데, 상사로부터, "Y씨, 내일 회의 자료인데, 이제 서둘러 정리해 줄래? 나는 지금부터 본부에서 협의가 있기 때문에, 부탁해요"라고 들은 장면입니다.

코치: 그 장면에서, 귀하는 어떤 "해야 한다"를 머릿속에 그리고 있었습니까? [B(빌리프)의 조사]

클라이언트: 상사는 내 사정을 무조건 배려해줘야만 합니다.

코치: 그렇지 않은 상사는?

클라이언트: 정말 어쩔 수 없습니다.

표 7-1 ABC기록표의 기입 예시

날짜	C: 감정과 행동	A: 사건	B: 기능 부전의 생각
1월 15일	☐ 불안 /10점 ☐ 우울 /10점 ■ 분노 8/10점 ☐ 수치심 /10점 ☐ 죄책감 /10점 ───────── 목표달성을 방해하는 행동: 자료작성에 집중할 수 없음 시험공부에 집중할 수 없음	상사로부터, "Y씨, 내일 회의 자료인데, 이제 서둘러 정리해 줄래? 나는 지금부터 본부에서 협의가 있기 때문에, 부탁해요"라고 들었음	상사는 내 사정을 무조건 배려해줘야만 한다. 그렇지 않은 상사는 정말 어쩔 수 없다.

ABC기록표를 사용한 세션의 포인트는 다음 4가지이다.

① 코치는 클라이언트의 ABC에서 클라이언트 자신에 주의를 쏟도록 소크
라테스적 질문을 한다. 소크라테스적 질문이란 코치가 열린 질문("네" 또
는 "아니오"로 대답할 수 없는 질문)을 하는 것으로, 클라이언트의 알아차
리기(특히, 자신의 생각, 감정, 행동이나, 그러한 연관을 알아차리는 것)를 촉
진하는 기법이다.

② ABC기록표에 기입하는 순서는 C(감정과 행동), A(사건), B(신념) 순이다.
이것은 ABC에 주의를 기울이고 식별하는 것의 계기는 감정에 있기 때
문이다.

③ 감정이 여러 개 나타나는 경우도 있지만, 한번의 세션에서 다룰 감정은,
하나로 좁힌다.

④ REB코칭이 처음의 경우, B를 특정하기가 어려울 것이다. B를 특정하는
데는 <표 7-2>에 있는 신념이 참고가 된다.

표 7-2 비즈니스 상황에서 전형적인 iB와 rB의 쌍

1	iB: 나는 주위에서 인정을 받아야 한다. 그렇지 않다면, 나는 가치가 없다. rB: 나는 주위에서 인정받고 싶다. 그러나 안타깝지만 인정받지 못하는 경우도 있을 것이다. 인정받든 인정받지 못하든 그것은 나의 가치관과 상관없다는 것을 받아들이고, 지금 할 수 있는 일을 하자.
2	iB: 그는 주위에 협조적이어야 한다. 독선적인 그는, 영 아니다. rB: 나는 그가 가능한 한 주위에 협조적으로 했으면 좋겠다고 생각한다. 하지만 내가 강하게 원한다고 해서 그가 절대로 그래야 할 근거가 어디 있을까? 그가 주변에 협조적이지 못한 것은 유감이지만, 사람은 실수를 하기 쉬운 존재임을 받아들이고, 지금 내가 할 수 있는 일을 하자.
3	iB: 나는 높은 성과를 내야 한다. 높은 성과를 내지 못하는 나는 가치가 없다. rB: 나는 높은 성과를 내고 싶다. 그러나 만족스러운 성과를 내지 못하는 경우도 있을 것이다. 만족할 만한 성과를 내지 못하는 것은 아쉽지만, 성과와 나의 가치관은 상관없는 것으로 받아들이고, 지금 내가 할 수 있는 일을 하자.
4	iB: 그는 높은 성과를 내야만 한다. 높은 성과를 내지 못하는 그는 가치가 없다. rB: 나는 높은 성과를 냈으면 좋겠다. 그러나 아쉽지만 내지 못하는 경우도 있을 것이다. 비록 그렇더라도, 사람은 실수를 하기 쉬운 존재임을 받아들이고, 지금 내가 할 수 있는 일을 하자.

5	iB: 룰은 지켜져야 한다. 룰을 지키지 않는 그는, 아니다. rB: 나는 가능한 한 룰은 지키는 것이 좋다고 생각한다. 그러나 안타깝지만 룰을 지키지 않는 사람도 있다. 비록 그렇더라도, 사람은 실수를 하기 쉬운 존재임을 받아들이고, 지금 내가 할 수 있는 일을 하자.
6	iB: 나는 공평한 처우를 받아야 한다. 공평한 처우가 아니면 견딜 수 없다. rB: 나는 가능한 한 공평하게 처우받고 싶다. 그러나 안타깝지만 부당한 대우를 받는 경우도 있을 것이다. 불쾌하긴 하지만 정말 견딜 수 없는 정도일까? 있는 그대로를 받아들이고, 지금 내가 할 수 있는 것을 하자.
7	iB: 항상 내 뜻대로 되어야 한다. 그렇지 않다면 견딜 수 없다. rB: 나는 가능한 한 내 뜻대로 되길 원한다. 그러나 안타깝지만 그렇게 되지 않는 경우도 있을 것이다. 불만은 느끼지만, 정말 참을 수 없을 정도일까? 이대로를 받아들이고, 지금 내가 할 수 있는 것을 하자.
8	iB: 일은 보람이 있어야 한다. 그렇지 않은 일은 의미가 없다. rB: 나는 가능한 한 보람 있는 일을 하고 싶다. 하지만 그렇지 않은 일도 있을 것이다. 보람을 느끼는지 여부는 그 일의 가치와 상관이 없다는 것을 받아들이고, 지금 내가 할 수 있는 일을 하자.
9	iB: 일은 즐거워야 한다. 그렇지 않다면 견딜 수 없다. rB: 나는 가능한 한 즐겁게 일을 하고 싶다. 그러나 일은 즐겁지 않을 수도 있을 것이다. 즐겁지 않은 일을 하는 것은 내게 불쾌하지만, 지금의 상태를 받아들이고, 지금 내가 할 수 있는 일을 하자.
10	iB: 그는 나를 비판해서는 안 된다. 나를 비판하는 그는 형편없는 놈이다. rB: 나는 가능하면 그에게서 비판을 받고 싶지 않다. 그러나 안타깝지만 비판도 받을 수 있을 것이다. 그에게 비판 받는 것이 불쾌하긴 하지만, 그것만으로 그를 형편없는 놈으로 몰아세우는 것은 섣불리 생각하는 것은 아닐까? 그의 의견에 대해 좀 더 건설적으로 대응하고, 지금 내가 할 수 있는 일을 하자.

吉田오시다, 2014를 수정하여 작성

ABC기록표에 일상 생활에서 일어난 자신의 ABC를 매일 기입하는 것을 "감정일기를 쓴다"라고 한다. 세션 중에 클라이언트에게 ABC기록표를 기입하는 방법을 알려주고, 다음 번 세션까지 감정일기를 쓰게 하는 숙제를 과제로 낸다. 그리고, 매회 세션의 처음에, 감정일기를 써서 깨달은 것이나 의문점 등을 되돌아 본다. 숙제와 세션에서의 되돌아봄을 통하여 ABC모델의 이해가 깊어질 것이다.

2.4. 신념의 전형적인 예 기억하기

REB코칭이 처음일 때는 우선 전형적인 iB와 rB를 쌍으로 기억하는 것이 유용하다. 이때, 고통스러운 감정을 느끼는 장면에서 iB와 rB를 입으로 중얼거릴 때 감정의 차이를 체감할 필요가 있다.

신념의 전형적인 사례를 볼 수 있는 유효성에 관한 실증연구(Lupu & Iftene, 2009)에서는, 10대의 청소년(88명)을 대상으로 한 개입(1시간 연수와 더불어, iB와 rB의 짝 10패턴을 2주간 매일 낭독하는 숙제)에 의해 불안이 감소한 것으로 보고되고 있다.

여기서는, 비즈니스 상황에 있어서의 전형적인 iB와 rB의 쌍을 <표 7-2>에 나타냈다.[2] iB의 일반적인 언어 표현은, "~하지 않으면 안 된다"라고 하는 절대적인 요구와, 이에 덧붙여, 자기 비하(예, 나 자신은 안 되는 인간이다), 타자 비난(예, 그는 안 되는 인간이다), 욕구불만에 대한 약한 내성(예, 견딜 수 없다)으로 구성된다. 한편 rB의 일반적인 언어 표현은 "~이었으면 좋겠다"라는 희망과, 무조건 자기 수용(아래 제2절 2.5. 참조), 욕구불만에 대한 강한 내성(예, 불쾌하지만 견딘다)으로 구성된다. REBT에서는, 절대적 요구, 자기 비하 및 타자 비난, 욕구불만에 대한 약한 내성 등과 같은 언어 표현이 감정 문제의 원인이라고 본다(Yankura & Dryden, 1994/일역, 1998).

2.5. 무조건 자기 수용(unconditional self acceptance, USA)의 습득

무조건적인 자기 수용을 습득하는 것은 REB코칭에서 특히 중요시되고 있다. Ellis(1990/일역, 1997)는 무조건 자기 수용과 관련하여, 자신의 존재 가치는 평가할 수 없지만, 특정 시점에서 자신의 행동만은 평가할 수 있다라고 말하였다.

아래에서는 무조건 자기 수용을 습득하는 것을 목표로 한 REB코칭 실천 사례를 소개한다(자세한 것은, Neenan & Dryden, 2002/일역, 2010, pp.232-271 참조).

클라이언트인 앨리슨(여성)은 코칭 세션을 통해 "자신은 교양이 없기 때문에, 자신이 뒤떨어진 인간이다"라고 하는 신념(iB)이 불안감과 피로, 답답함의 원인이라는 것을 깨달았다. 타인으로부터 인정받기 위해 교양을 몸에 익힘으로써 그 문제를 해결하려고 하는 앨리슨에 대해, 코치는 무조건 자기 수용을 할

---

2) 보다 일반적인 비합리적 신념과 합리적 신념의 전형적인 예에 대해서는, 菅沼露治스가느마로치(감역)의 日本論理療法学会(번역)(2004), 論理療法トレーニング, 東京図書, pp.210-230을 참조 바람.

수 있도록 지원해주었다. 세션 막판에 가서 앨리슨은 다른 이들의 평가에 지나치게 신경쓰지 않고 자신이 진심으로 하고 싶은 일을 스스로 선택하게 됐다. 즉, 세션 종료 시점에 가서 무조건 자기수용이 습득되었고, 그로 인해 웰빙의 향상이 달성된 것이다.

2.6. B-C관계의 체험적 이해

B-C관계의 이해는 REB코칭의 목표 중 하나이다. 그 이해에는 이론적 측면과 체험적 측면이 있으며, 체험적 측면이 더 중요하다. 그래서 필자들은, REI (rational emotive imagery)라고 하는 이미지와 감정환기법(Yankara & Dryden, 1994/ 일역, 1998, pp.149-150)을 이용하여, B-C관계를 체험적으로 이해하도록 하는 모델을 구축하였다. REI란 REBT 기법의 하나이며, 사건에 대한 생각이 바뀌면 감정이 변화하는 것을 클라이언트가 체험적으로 깨닫는 것을 지원하는 기법이다.

이하에 REI을 사용하여 B-C관계를 체험적으로 이해하는 6단계를 제시한다.

사례 2:

H씨는 기계 제작사에서 유지관리 업무에 종사하는 젊은 사원이다. 거래처에는 H씨가 보지 못한 기계들이 많이 있다. 최근, 선배 사원이 바쁜 일도 있어서 H씨가 혼자서 수리를 하는 것이 많아 거래처에 가는 것이 귀찮아서 견딜 수 없다.

스텝 1. 본인에게는 최악의 장면을 특정한다.

거래처의 기계를 수리하지 못하여, 거래처가 "어떻게 된거야! 책임져!"라고 고함치는 장면.

스텝 2. "최악의 장면을 상상해보고, 감정을 최고점까지 높이세요", "지금 머릿속에 어떤 중얼거림이 있습니까?"라고 질문한다. REB코칭이 처음인 경우에는 <표 7-2>의 리스트가 참고가 된다.

H씨는 iB에 해당되는 것으로 <표 7-2>의 리스트에서, 예를 들어, "나는 주위 사람들로부터 인정받아야 한다. 그렇지 않다면 나는 가치가 없다"를 선택하였다.

스텝 3. iB의 감정 체험: 스텝 1에서 특정한 최악의 장면을 이미지로 떠올리고, iB를 중얼거리며 감정 체험하고, 감정과 그 수준을 파악한다.

H씨의 감정은 우울하며, 수준은 10점 평가에서 8점이었다.

스텝 4. rB의 감정 체험: 스텝 3과 동일한 장면을 이미지로 떠올리고, rB를 중얼거리며 감정 체험하고, 감정의 종류와 그 수준을 파악한다.

<표 7-2>의 iB와 짝이 된 rB는, "나는 주위에서 인정받고 싶다. 하지만 안타깝지만 인정받지 못하는 경우도 적지 않을 것이다. 그러나 인정받든 인정받지 못하든, 그것은 나의 가치관과 상관없다는 것을 받아들이고, 지금 할 수 있는 일을 하자"이다.

스텝 3과 동일한 장면을 이미지하고, rB를 중얼거렸을 때, H씨의 감정은 우울하나 그 정도는 5점이었다.

스텝 5. iB를 중얼거렸을 때와 rB를 중얼거렸을 때 감정 정도에 차이가 나고, B가 바뀌면 C가 달라지며, iB와 rB 중 어느 쪽이 더 유용한 중얼거림인지에 대해 뒤돌아보다.

H씨는 iB를 중얼거렸을 때보다도 rB를 중얼거렸을 때 느끼는 감정의 수준이 더 낮음을 체험했다.

스텝 6. iB와 rB의 기능과 언어 표현에 있어서 차이점에 대해 서로 대화한다(경우에 따라서는 가르치기도 한다).

H씨는 위 스텝 전체를 통해 iB가 더 강한 고통스러운 감정(우울함, 정도 8점)을 초래하고, rB는 iB에 비해 감정 정도가 더 낮아지는 것을 체험적으로 이해하였다. 즉, iB를 중얼거리는 경우와 rB를 중얼거리는 경우 간에는 감정의 레벨에

차이가 있음을 체감한 것이다. 또한 rB는 무조건적인 자기 수용과 관련된 표현이 포함되어 있음을 확인하였다.

세션의 마지막에, H씨는 일상 생활 속에서 강한 고통스러운 감정을 느꼈을 때, 이 6단계를 실행하겠다고 하는 숙제를 코치와 합의하였다.

3. 문제해결 기법

여기에서는, 감정의 문제를 다룬 후 실제 문제에 착수하는 2단계 통합적 접근의 의의와 실제 문제를 다루는 문제해결 기법의 개략을 설명한다.

3.1. 통합적 접근의 의의

지금까지 말해 온 것처럼, 인지행동코칭의 실천의 핵심은 감정의 문제를 해결하는 것이다. 덧붙여 REBT에서는 감정의 문제가 해결되면, 실제의 문제를 세션에서 취급하지 않아도 해결되어버리는 경우가 많음을 시사하고 있다(Dryden & Digiuseppe, 1990/일역, 1997). 그러나, 감정의 문제가 해결되더라도 실제 문제가 해결되지 않을 수도 있다. 예를 들어, 실제 문제에 임하는데 있어서 자신이 달성해야 할 현실적인 목표를 설정할 수 없거나, 목표는 설정하더라도 어떤 방법을 선택하면 좋은지 망설이며 행동하지 못하는 경우가 있다. 이럴 때 도움이되는 기법이 문제해결 기법이다.

3.2. PRACTICE모델과 사례

여기에서는, 감정의 문제를 다룬 뒤에, 실제 문제를 분석하고 대처하기 위한 기법으로 파머(Palmer, 2007)가 제시한 PRACTICE모델을 소개한다. 그것은 ① 문제의 확정(Problem identification), ② 목표 설정(Realistic, relevant goals developed), ③ 해결책의 도출(Alternative solutions generated), ④ 결과의 예상과 평가(Consideration of consequences), ⑤ 해결책 선택(Target most feasible solutions), ⑥ 실행(Implementation of Chosen solutions), ⑦ 평가(Evaluation) 등 7단계로 구성된다. 'PRACTICE'란 실제의 문제에 임하는 것을 의미하고 있어, 각 스텝의 머리 문자

등으로 모델명이 되어 있다.

사례 3:

모 대학의 사회복지학과에 다니는 S씨(3학년)는 3월에 사귄 친구가 취업활동을 시작하는 것을 보고, "나도 취업을 준비하지 않으면"이라고 생각하였다. 그러나 S씨는 취업활동을 시작한다고 해도 어떤 일부터 시작해야 할지 도무지 알 수가 없다.

스텝 1. 문제의 확정

여기에서는 문제를 구체적으로 표현하여 특정화한다. 문제가 여러 개 있을 경우에는 문제 리스트를 만들어 우선순위가 높은 것 중 하나를 선택한다. 나아가 그 문제와 관련된 자신의 장점, 지식, 기능, 과거의 경험 등을 명확히 한다.

〈S씨의 사례〉

코치: 구체적으로 취직활동 중 어떤 것이 곤란합니까?

클라이언트: 취직활동이 안 되고, 아무것도 진행되지 않았습니다.

코치: 취직활동을 하지 못하는 것에 대해, 무엇이 가장 곤란합니까?

클라이언트: 취직활동의 시작으로 우선 무엇을 시작해야 할지 모르겠고, 움직일 수 없다는 것이 가장 곤란합니다.

스텝 2. 목표 설정

목표를 설정할 때에는 5개 포인트가 중요하다. 그건 일반적으로 SMART한 목표라고 불린다(Neenan & Dryden, 2002/일역, 2010, p.97).

① S(specific): 목표는 구체적인가?

② M(measurable): 목표는 측정 가능한가?

③ A(achievable): 목표 달성이 가능한가?

④ R(realistic): 목표는 현실적인가?

⑤ T(timebound): 목표는 언제까지 달성 가능한가?

〈S씨의 사례〉

코치: 어떤 목표를 설정하면 좋다고 생각하십니까?

클라이언트: 취직활동의 계기를 잡고 싶습니다.

코치: 구체적인 행동으로 표현하면 어떻게 됩니까? 또, 언제까지 실행하는 것이
    좋을까요?

클라이언트: 1주 이내에 취직활동(직종은 사회복지직)의 과정을 파악하고, 취직활
    동으로 먼저 해야 할 것을 리스트로 작성하는 것을 목표로 하고 싶습니다.

스텝 3. 해결책의 도출

스텝 2에서 설정한 목표를 달성하기 위한 해결책을 가능한 한 많이 찾아낸
다. 해결책 중에는 바보 같은 것도 있겠지만 상관없다. 즉, 이 단계에서는 각 해
결책에 대해 좋다 나쁘다를 평가하지 않는다.

〈S씨의 사례〉 아래 7가지 해결책이 나왔다.

① 혼자서 취직활동의 과정을 머릿속에서 그려본다.

② 시설과 병원의 신규 졸업자 채용 설명회에 참여하고, 다른 참가자에게 자문을
   구해본다.

③ 이미 사회복지사로 일하는 선배의 이야기를 듣는다.

④ 취업활동에 관한 서적을 도서관에서 빌려본다.

⑤ 대학의 취업지원과에서 사회복지직 취업활동에 정통한 직원의 얘기를 듣는다.

⑥ 유료의 취직지원기관에서 상담을 받는다.

⑦ 가까운 복지시설의 팸플릿을 수집한다.

스텝 4. 결과의 예상과 평가

스텝 3에서 낸 각 해결책의 장점과 단점, 실행할 경우 예상되는 결과를 평
가한다. 평가 시에는 0점(가장 낮은)~10점(가장 높은)의 점수를 매긴다.

〈S씨의 사례〉 결과의 예상과 평가는 다음과 같다.

① 어디부터 그려봐야 할지 전혀 모르겠다. 평가: 0점

② 지금의 자신에게는 허들이 너무 높고, 유익한 정보를 얻을 수 있을지 불분명하다. 평가: 2점

③ 말은 들어보려고 한다. 그러나 어디까지 내게 참고가 될까. 평가: 5점

④ 뭔가 참고가 되는 것을 얻을 수 있을지도 모른다. 평가: 8점

⑤ 직원으로부터 잔소리를 듣겠지만, 좋은 충고를 얻을 것 같다. 평가: 9점

⑥ 좋을 것 같은데, 돈이 든다. 이는 최종 수단일 것 같다. 평가: 5점

⑦ 시설의 팸플릿에서는 취업활동의 과정을 알 것 같지 않다. 평가: 0점

스텝 5. 해결책의 선정

스텝 4에서 평가한 해결책 중에서 실행할 수 있는 것을 뽑는다. 해결책은 복수로 선정해도 된다. 나아가 목표(스텝 2참조)를 달성하기 위해서 선정한 해결책을 언제, 어떻게 실행할지 구체적인 계획을 세운다.

〈S씨의 사례〉

선정한 해결책: ④안.

구체적 계획: 도서관에 가서 사서에게 사회복지직 취업활동에 참고가 되는 책을 소개받는다. 빌린 책을 읽고, 해야 할 일의 리스트를 만든다.

선정한 해결책: ⑤안

구체적 계획: 내일 오전 중에 취업지원과에서 사회복지직의 취직활동에 대해 잘 아는 직원과 면담을 예약한다. 직원 면담 당일에는 취업활동의 과정과 할 일을 확인하고 리스트를 작성한다.

스텝 6. 실행

스텝 5에서 세운 해결책을 실행한다. 실행하기 전에 필요하면 연습도 한다. 실행했지만 해결하지 않는 경우에는 스텝 5나 스텝 3으로 돌아갈 필요가 있다.

스텝 7. 평가

스텝 2에서 설정한 목표의 달성도를 평가한다.

목표가 달성되지 않은 경우에는 달성되지 않은 부분과 그 원인을 검토한다.

스킬부족이 원인이면 연습하고 다시 실행한다. 또, 다른 해결책이나 새로운 해결책을 선정해도 좋다.

이미 달성되고 있는 경우에는 스텝 1에서 작성한 문제 리스트에서 다음에 다룰 문제를 선택하고 다시 스텝 1부터 시작한다.

실제 문제를 다루다가 감정 문제가 생기는 경우가 종종 있다. 그 경우에는, 감정 문제를 우선적으로 다루는 것이 목표 달성을 위해 유용하다. REB 코칭에서는 실제 문제를 해결하는 데 있어서도 감정 문제를 해결하는 것이 필수적이라고 생각한다.

4. 마무리

사례에서 언급했듯이, 일상생활에서든, 비즈니스 현장에서든, 감정에 문제가 있어 성과가 오르지 않는 경우가 많다. 인지행동코칭은 감정의 사용 방법을 개선하여 성과와 안녕감(well-being)을 높이는 이론과 기법이다. 다시 말하자면, 인지행동코칭의 이론과 기법이란 '감정의 취급설명서'라고 할 수 있다. 이를 잘 이해하고 실천하면 목표 달성을 위한 행동을 취할 수 있게 되는 것이다.

Dimidjian, S., Kleiber, B. V., & Segal, Z. V. (2010). Mindfulness-based cognitive Therapy. In N. Kazantzis, A. M. Reinecke, A. Freeman (Eds.), *Cognitive and behavioral theories in clinical practice*. New York: Guilford Press. pp.307-331. (小堀 修・沢宮容子・勝倉りえこ・佐藤美奈(訳) (2012). 第10章マインドフルネス認知療法臨床実践を導く認知行動療法の10の理論:「ベックの認知療法」から「ACT」・「マインドフルネス」まで 星和書店 pp.375-408.)

Dryden, W. & DiGiuseppe, R. (1990). *A primer on rational-emotive therapy*. Champaign, IL: Research Press. (管沼憲治(訳) (1997). 実戦論理療法入門:カウンセリングを学ぶ人のために 岩崎学術出版社)

Dryden, W., DiGiuseppe, R., & Neenan, M. (2003). *A primer on rational-emotive therapy* (2nd ed.). Champaign, IL: Research Press.

Emmelkamp, P. M. G., Ehring, T., & Powers, M. B. (2010). Philosophy, psychology, cause, and treatments of mental disorders. In N. Kazantzis, A. M. Reinecke. & A. Freeman (Eds.) *Cognitive and behavioral theories in clinical practice*. New York: Guilford Press. pp.1-27. (小堀 修・沢宮容子・勝倉りえこ・佐藤美奈(訳) (2012). 第1章精神障害の哲学, 心理学, 原因, および治療 臨床実践を導く認知行動療法の10の理論:「ベックの認知療法」から「ACT」・「マインドフルネス」まで 星和書店 pp.1-28.)

Kodish, S. P. & Kodish, B. L. (2001). Drive yourself sane: Using the uncommon sense of General Semantics (Revised 2nd ed.) Pasadena. CA: Extensional Publishing.

Lupu, V. & Iftene, F. (2009). The impact of rational emotive behavior education on anxiety in teenagers. Journal of Cognitive and Behavioral Psychotherapies, 9(1), 95-105.

Lynch, T. R. & Cuper, P. (2010). Dialectical behavior therapy. In N. Kazantzis, A. M. Reinecke. A. Freeman, (Eds.), *Cognitive and behavioral theories in clinical practice*. New York: Guilford Press. pp.218-243. (小堀 修・沢宮容子・勝倉りえ 佐藤美奈(訳) (2012). 第7章弁証法的行動療法 臨床実践を導く認知行動療の10の理論:「ベックの認知療法」から「ACT」・「マインドフルネス」まで 星和書店 pp.265-298.)

McMahon, G. (2009). Cognitive behavioural coaching. In D. Megginson, & D. Cluttebuck (Eds). *Further techniques for coaching and mentoring*. London: Butterworth-Heinmann. pp.15-28.

Neenan, M. (2006). Cognitive behavioural coaching. In J. Passmore (Ed.). *Excellence in coaching: The industry guide*. London: Kogan Page. pp.91-105.

Neenan, M. (2008). From cognitive behaviour therapy (CRT) to cognitive behaviour coaching (CBC). *Journal of Rational-emotive and Cognitive-behavior Therapy: RET*. 26(1), 3-15.

Neenan, M. & Dryden, W. (2002). *Life coaching: A cognitive-behavioural approach*. Hove, UK: Brunner- Routledge. (吉田 悟(監訳)・亀井ユリ(訳) (2010). 認知行動療法に学ぶコーチング 東京図書)

Neenan, M. & Palmer, S. (2001). Cognitive behavioural coaching. *Stress News*, 13(3), 15-18.

大野 裕 (2010). 認知療法-REBTカウンセリング 現代のエスプリ, 518, 172-182.

Palmer, S. (2007). PRACTICE: A model suitable for coaching, counselling. psychotherapy and stress management. *The Coaching Psychologist*, 3(2), 71-77.

Palmer, S. (2008). The PRACTICE mode of coaching: Towards a solution-focused approach. *Coaching Psychology International*, 1(1), 4-8.

Palmer, S. (2009a). Rational coaching: A cognitive behavioural approach. *The Coaching Psychologist*, 5(1), 12-19.

Palmer, S. (2009b). Inference chaining: A rational coaching technique. *Coaching Psychology International*, 2(1), 11-12.

Palmer, S. & Gyllensten, K. (2008). How cognitive behavioural, rational emotive behavioural or multimodal coaching could prevent mental health problems enhance performance and reduce work related stress. *Journal of Rational emotive and Cognitive-behavior Therapy: RET*, 26(1), 38.

Palmer, S. & Szymanska, K. (2007). Cognitive behavioural coaching: An integrative approach. In S. Palmer& A Whybrow (Eds). *Handbook of coaching psychology: A guide for practitioners*. Hove, East Sussex, UK: Routledge. pp.86-117.

Palmer, S. & Whybrow, A. (2007). Coaching psychology: An introduction. In S. Palmer, A. Whybrow (Eds.) *Handbook of coaching psychology: A guide for practitioners*. Hove, East Sussex, UK: Routledge. pp.1-20. (堀 正(訳) (2011). 第1章 グ心理学とは何か 堀 正(監修・監訳) 自己心理学研究会(訳) コーチング心理学ハンドブック 金子書房 pp.1-24.)

佐藤 寛 (2014). 実践講座 認知行動療法・第3回 うつ病総合リハピリテーション, 42(11), 1077-1075.

沢宮容子 (2010). 第1節 認知行動療法とは一認知行動療法の理論と臨床 現代のエスプリ, 520, 12-17.

Szentagotai, A., David, D., Lupu, V., & Cosman, D. (2008). Rational emotive behavior therapy versus cognitive therapy versus pharmacotherapy in the treatment of major depressive disorder: Mechanisms of change analysis. *Psychotherapy Theory, Research, Practice, Training*, 45(4), 523-538.

Waltz, T. J. & Hayes, S. C. (2010). Acceptance and commitment therapy. In N. Kazantzis, A. M. Reinecke, &A, Freeman, (Eds.). *Cognitive and behavioral theories in clinical practice*. New York: Guilford Press. pp.148-192. (小堀 修・沢宮容子・勝倉りえこ・佐藤美奈(訳) (2012). 第5章アクセプタンス&コミットメント・セラピー臨床実践を導く認知行動療法の10の理論:「ベックの認知療法」から「ACT」・「マインドフルネス」まで 星和書店 pp.179-234.)

Waren, R. S., DiGiuseppe, R., & Dryden, W. (1992). A practioner's guide to rational-emotive therapy (2nded.) New York: Oxford University Press. (菅沼憲治(監訳) 日本論理療法学会(訳) (2004). 論理療法トレーニング 東京図書)

Williams, H., Edgerton, N. & Palmer, S. (2010). Cognitive behavioural coaching. In E. Cox, T. Bachkirova, & D. Cluttebuck (Eds). *The complete handbook of coaching*. London: Sage, pp.37-53.

Williams, H., Palmer, S., &Edgerton, N. (2011). Cognitive behavioural coaching. In E. Cox, T. Bachkirova, & D. Cluttebuck (Eds.). *The complete handbook of coaching*. (2nd ed.). London: Sage, pp.34-50.

World Federation for Mental Health (2012). うつ病: 世界的危機 World Federation for Mental Health ＜http://wfmh.com/wp-content/uploads/2013/11/2012_wmhday_Japanese.pdf＞

山上敏子 (2007). 方法としての行動療法 金剛出版

Yankura, J. & Dryden, W. (1994). Albert Ellis. Thousand Oaks, CA: Sage. (國分康孝・國分久子(監訳) (1998). アルバート・エリス人と業績:論理療法の誕生とその展開 川島書店)

吉田 悟 (2014). ビジネス・コーチング心理学 大木桃代・小林孝雄・田積 徹(編著)日の生活に役立つ心理学 川島書店 pp.243-256.

영국의 코칭심리학 교육: 런던의 Centre for Coaching 사례

니시가키 에쯔요(西垣悦代)

런던시티대학교 코칭심리학과정의 전 주임교수 파머(Palmer, S.)는 국제코칭심리학회(ISCP) 회장이자 시드니대학교의 그랜트(Grant, A.)와 함께 코칭심리학계를 이끌어 온 인물로, 인지행동코칭(CBC)을 최초로 제창하였다. 파머와 인지행동요법가 니난(Neenan, M.)이 공동 프로그램 디렉터로 설립한 것이 Centre for Coaching으로 본 센터에서 개강되는 훈련코스는 국제코칭심리학회의 인증을 받고 있다.

Centre for Coaching은 런던 시내에 있는 영국심리학회(BPS) 본부 건물의 연수실을 회의장(일부는 런던 이외에서도 개최)으로 하여, 2일내지 5일간의 코칭 단기 코스를 연 36회 정도 개최하고, 통신 교육도 실시하고 있다. 수강자는 원칙적으로 형편에 맞게 자유롭게 과목을 선택할 수 있다. 입문 코스의 수강에 코칭에 관한 특별한 지식과 기능은 필요 없지만, 그 난이도는 영국 대학 교육의 level 5(학부 기준)에서 leve 7(대학원 레벨)에 해당된다. 또, 5일간 코스는 영국의 대학교 수업의 15단위(unit)분에 해당된다.

다음은 필자가 수강한 Certificate for coaching과 Stress management의 두 코스의 개요이다. 코스 신청을 하면, 사전에 읽어야 할 과제 도서가 온다. 코스는 아침 9시부터 점심과 오후의 휴식을 거쳐 16시 반까지 진행된다. 강사는 Palmer를 비롯해 전원 심리학 전공의 자격을 갖고 있으며, 코치로도 활동하고 있다. 수강생은 10명에서 15명 정도로, 프로 코치, 카운슬러, 교사, 회사원, 회사 경영자, 퇴직자, 경력 전환을 목표로 하는 사람 등 다양하고, 필자 이외에도 외국에서 온 수강생이 있었다.

코스의 첫 시간에는 코스 내에서 알게 된 개인정보에 관한 비밀엄수의무에 대한 설명이 있었으며, 이어서 코칭 계약, 윤리규범에 관한 설명이 있다. 수료 후 곧바로 코치로 활동을 시작하는 것을 목표로 하고 있으므로 내용은 매우 실천적·구체적이고, 코치에게 일어날 수 있는 윤리적 딜레마에 관한 사례 연구 등도 있었다. 코스는 강사의 설명, 동료코칭, 토론을 중심으로 진행되고, 활발한 질문과 의견이 나와 매우 상호교환식의 동적인 분위기였으며, 서로의 경험 나누기도 적극적으로 이루어졌다. 동료코칭에서 사용된 내용은 모두 현실의 문제이며, 역할연기(role playing)는 하지 않는다. 하루가 끝나면, 그날의 배움을 돌아보고 일지를 작성하는 숙제가 나온다.

코스 수료 후 2개월 이내에 과제 보고서 제출이 의무화되어 있는데, BPS(영국심리학회) 형식이라고 불리는 학술 논문의 형식으로 쓸 것이 요구된다. 평소 논문을 제대로 써보지 못한 수강생은 영국인들까지도 고생한 듯하다. 그 외 별다른 제약은 없었고, 필자의 과제 보고서는 20쪽에 인용 문헌을 20곳에 참고해 넣었다. 실제로 경험해 보니, 확실히 대학원 수준의 코스라는 실감이 들었다. 전체 일정의 출석과 과제 보고서의 합격을 통해 자격증(Certificate)이 수여된다.

Centre for Coaching의 각 코스는, ISCP 외에, Association for Coaching(AC: 영국에 본부를 둔 코칭 단체, 칼럼 8 참조)과 영국심리학회 학습센터 등의 인정도 받고 있고, 또한 Middlesex University의 대학원 수료(graduate diploma)의 인정도 된다. 자격증을 취득하려면, 모두 5개 코스의 이수와 각 과제 보고서 외에, 코칭 세션에 대한 자세한 기록과 비판적 분석 레포트, 세션의 녹음과 반성, 클라이언트와 함께 작성한 코칭 기록, 학습 로그 기록, 슈퍼비전, Centre for Coaching이 주최하는 포럼 참석이 부과되고, 5,000~7,500글자(자격증의 종류마다 다름)의 논문 또는 실증연구 논문의 작성, 5~8권의 학술서의 서평 레포트 제출이 필요하여, 허들이 상당히 높다.

영국에는 현재 City University London외에 몇 개의 코칭심리학 대학원 과정이 있다(칼럼 4 참조). 사회인을 배려한 커리큘럼을 제공되고 있지만, 모두 어려운 과정인 것 같다. Centre for Coaching은 국제코칭심리학회의 인증코스 중에서도 영국의 인지행동코칭을 착실히 익힐 수 있다는 점과 단기코스로서 자신의 사정에 맞추어 이수할 수 있다는 점이 장점이다.

❖ 참고

Centre for Coaching London, UK HP(http://www.centreforcoaching.com/)

제 3 부

각론: 실천편

―――――― 제8장 ――――――

프로코치의 코칭:
계약/윤리/코치의 핵심역량

하라구치 요시노리(原口佳典)

필자는 심리학 전문가가 아니라 코칭 실천자이다. 따라서, 이 장에서는 이론의 소개가 아니고, 실제로 행해지고 있는 코칭에 대해서 가능한 한 근거나 데이터를 보여주면서 서술해나가려 한다.

우선 세션(session)에 대한 설명으로 시작한다. 세션은 코칭을 구성하는 최소 단위이다. 코칭은 세션을 거듭하는 것으로 성립한다. 이 장에서는 실제로 코칭이 진행되는 과정을 보여주면서, 세션을 어떻게 하는지 살펴본다.

I. 준비(계약에 이르기까지)

1.1. 왜 코칭을 받는가?

코칭은 치료나 상담처럼 오류나 문제를 대증요법식으로 해결하는 것이 아니며, 생활에 필수적인 서비스도 아니다. 그러니까, 코칭을 추천받았을 때 코칭을 받고 안 받고는 클라이언트에 달려 있다. 따라서, 우선은 코칭을 받고자 하는 동기가 클라이언트 마음에 있어서야 한다.

ICF Global Coaching Client Study(2009)(칼럼 9 참조)에서는 이 클라이언트 측의 동기에 대해 조사하고 있다. 가장 중요한 요인으로는 '경력 기회', '사업 경영', '자기긍정/자기확신', '일과 삶의 균형'이라는 항목이 거론되고 있다. 환경이나 상황에 변화가 있었을 때 사람은 망설인다. 이때 무엇을 선택하느냐가 장래의 베스트로 연결되기 때문에 이 문제를 해결하기 위해 사람은 코치를 찾는다.

ICF Global Coaching Study(2012)(칼럼 9 참조)에서는, 국제적으로 볼 때, 코칭 계약이 체결된 주요 테마는 '개인의 성장', '인간관계', '자기긍정심', '커뮤니케이션 스킬', '팀원과 팀의 생산성', '일과 삶의 균형', '전략적 사고와 계획' 등이다.

일본의 특징을 보면, 51.1%의 클라이언트가 '커뮤니케이션 스킬'을 꼽아, 국제 사회의 26.2%에 비해 거의 두 배가 되고 있다. 그 밖에 일본에서 특징적으로 높은 것은 '사업 경영'가 26.4%, '조직문화'가 23.6%이다. 반면, 국제 사회와 비교해서 낮은 것은 '개인의 성장'이 25.3%(국제 사회에서는 37.8%), '전략적 사고와 계획'이 16.5%(동 23.3%), '일과 삶의 균형' 15.4%(동 24.8%)로 나타나고 있다. 일본에서는 비즈니스코칭이 많고, 반대로 개인적으로 코칭을 받고 있는 사람은 적은 것으로 보인다.

그것을 뒷받침할 데이터로서, ICF Global Coaching Study(2012)를 보면, 각 테마별로 속성도 조사되었는데, '개인의 성장' '자기긍정감', '일과 삶의 균형'은 개인 고객에게 있어서 주요 테마로 올라가 있다.

1.2. 코치 찾기

당연한 일이지만 코칭을 받으려면 코치를 찾아야 한다. 사람들은 어떻게 코치를 찾을까?

ICF Global Coaching Client Study(2009)에 의하면, 코치를 결정하기 전에 복수의 코치와 접촉하거나 그들에 관한 얘기를 들었다는 클라이언트는 29%밖에 안 된다. 58%가 한 명의 코치를 정하고 접촉하였다. 13%는 처음부터 선택권을 가지고 있지 않았다고 했는데, 이것은 회사 등에서 고용된 코치에 의한 코칭을 받았다는 의미이다. 바꿔 생각하면, 87%의 사람은 자신이 코치를 선택할 권리를 갖고 있었음에도 불구하고, 약 3할의 사람만이 코치를 비교해서 결정하였다는 것이다. 이는 클라이언트들이 코칭을 생필품, 소모품, 전문품 중에 전문품으로 보고, 하나라도 있으면 바로 선택하는 식으로 구매한다는 사실을 보여준다.

대부분의 클라이언트가 단 한 명의 코치 후보자에게 접촉하고 그를 선택하고 있다면 그런 클라이언트가 코치를 찾는 데 필요한 정보는 어디서 찾을까? 다시 ICF Global Coaching Client Study(2009)에 따르면, 가장 많은 응답이 '인맥과 입소문' 46%이며, 그 다음으로 큰 차이를 보이며 '코치 웹사이트' 20%, '코치의 세미나나 워크숍' 14%, '직장 동료' 13%, '프로코치 단체 리스트', '이미 알고 있던 코칭' 11% 등이다. 즉, 대부분의 사람은 지인의 연결과 소개로 코치를 한 사람 선택해, 그의 코칭을 받고 있는 실정이다.

코칭은 마사지나 미용실, 혹은 법률 상담이나 컨설팅과 같은 전문 서비스이다. 게다가 인생에서 없어도 생활하는 데 어렵지 않은, 필수적이지 않은 서비스이다. 더욱이 더 잘 살아 보겠다거나 조직과 개인의 생산성을 높이려는 목적을 위해 일정의 대가를 치를 수 있는 사람만이 이용하는 아주 전문적인 서비스다. 서비스인 이상, 서비스재의 특징인 '무형성', '일과성', '비저장성', '불가역성'이라는 성질을 갖고 있다. 그렇게 본다면, 아무래도 입소문이나, 자신의 체험에서 나온 판단에 따르고 싶어지는 것이 자연스럽다고 할 것이다.

필자가 2006년에, 코칭을 어디서 배웠는지 묻지 않고 프로코치 등록과 소개 서비스를 하는 코칭뱅크라는 서비스를 시작한 것은 다름 아닌 내 자신이 자신에게 맞는 코치를 찾을 수 없다고 느꼈기 때문이었다. 인터넷으로 검색하면, 코치들의 사이트는 얼마든지 있지만, 그런 사이트라고 하는 것이 모두 기본적으로 좋은 것만 적혀 있다. 그런 것은, 당시에는 드물었던, 유료 코치 소개 사이트나 코치 단체의 사이트도 그러했다. 적어도 객관적인 입장에서 이력서를 넘겨보듯이 쉽게 코치를 볼 수 있는 사이트가 있으면 좋겠다고 생각하였다. 코칭뱅크라는 무료 등록이 가능한 서비스를 선보이고 현재에 이르고 있다. 게다가, '무료로 시험해보는 세션'이라고 하는 코너를 마련하여 코치와 코치를 선택하고 싶은 클라이언트 사이를 연결해주는 시도를 하고 있다. 이것은 앞에서 언급한 서비스재의 특징 중 '불가역성'에 대한 불만을 해소해주는 구조이다.

1.3. 코치 선임

소개 등을 통해 특정 코치를 선택한 것이 아니고, 복수의 코치를 접촉한 경우에는 그 중에서 자신에게 맞는 코치를 선택하지 않으면 안 된다. 사실 이 코치를 선택한다는 게 어려워 현재 내가 아는 한 매칭을 위한 효과적인 방법은 개발되어 있지 않다. 흔히 말하는 것은 '코치와 클라이언트의 궁합', 즉 맞선 보는 것과 같다고 하지만, 이것만은 실제로 만나 대화를 해보지 않으면 모른다.

필자가 운영하는 코칭뱅크는 바로 이 자신에게 맞는 코치를 만날 수 있도록 무상으로 도움을 주고 있는데, 거기서 권장하는 것은 몇 명이든 얘기해 보고, 그 중에서 가장 말하기 편한 코치를 선택하라는 것이다. 그에 앞서, 클라이언트 측에게 아래 사항을 미리 알려줄 것을 요청한다.

① 코칭 주제
② 코치의 연령, 성별
③ 세션 방법(대면? 온라인?)
④ 세션 횟수, 요금
⑤ 코치의 주 분야
⑥ 기타, 코치의 경력 등

이러한 조건을 코치가 보고 신청하고, 그 중에서 클라이언트가 선택하는 매칭 방법을 취하고 있다.

코칭은 아직 연구가 안 되어 있는 분야가 많기 때문에 '도대체 몇명의 코치를 비교 검토하는 것이 선택한 코치에 대한 만족도가 높은가?'라는 물음에 대한 데이터는 없다. 그러나, 필자는 다양한 클라이언트에게 코치를 소개해주고 감사의 소리도 듣고 있어서, 이 방법이 유효하다고 실감하고 있다. 이 점에 대해서는 향후의 어떠한 조사 결과도 기대하고 있다.

1.4. 세션에서의 책임

계약 전에, 무엇이 있으면 전문적인 코칭 세션이 성립되는지에 대해 국제코치연맹(ICF)의 윤리규정에 다음과 같이 정해져 있다.

전문적인 코칭 관계: 코칭에 쌍방의 책임을 명확하게 한 업무 계약이나 합의가 포함되어 있을 때 전문적인 코칭 관계가 성립한다.

(A professional coaching relationship: A professional coaching relationship exists when coaching includes a business agreement or contract that defines the responsibilities of each party.)

- '국제코치연맹의 프로코치 윤리규정(ICF Code of Ethics)'에서 인용.

여기서 말하는 "전문적"이라는 것에 대해 ICF는 독립한 전업 코치에게만 해당되는 것은 아니다. 가령, 사내 코치로 회사에서 월급을 받으며 그 책무를 수행하고 있는 경우에도 전문적 코칭이라는 정의를 내리고 있다. 미국을 중심으로 다양하고 이질적인 노동 환경을 가진 국가에서는 직무기술서(job description)가 작성되어 있고, 종업원은 그것에 규정되어 있는 직무 내용에 대해 근로를 하고 대가를 지불 받는 것이 보통이다. 따라서, 만약 직무기술서에 부하에게 코칭을 해주는 것이 포함되어 있으면, 전문 코치라고 볼 수 있다. 즉, 코치라는 것이 임무이자 역할인 것이다. 거기에 체계적인 훈련을 받았으면 그걸로 족하고, 그렇지 않더라도 그 임무를 완수할 수 있다는 것을 증명할 수 있으면 전문 코치인 것이다.

일본에서는 흔히 일을 회사가 정의하는 것이 아니라 사람에 따라 정하는 것이 상식화되어 있기 때문에 정해진 직무만 한다는 개념을 이해하기 어려운 것이 현실이다. 그런데 이런 것은 중요한 것이 아니고, 요점은 business agreement or contract(업무계약이나 동의)가 있으면 프로코치의 코칭이 된다는 점이다. 그리고 그 business agreement or contract(업무계약이나 동의)에는 the responsibilities of each party(양측의 책임)를 명확히 한 것이다 라고 되어 있는 점이 포인트이다. 그리고 당연한 일이지만, 세션을 시작하기 전에 쌍방의 책임에 대해 합의를 도출해 둘 필요가 있다.

ICF의 '코칭에 관해 자주하는 질문'에, 코치와 클라이언트의 책임에 대하여 <표 8-1>과 <표 8-2>가 제시하고 있다.

표 8-1 코치와 고객의 책임

코치의 책임	고객의 책임
코치는 고객을 고객 자신의 인생과 일에 있어서 전문가라고 존중하고, 모든 고객이 창조적이고, 가능성이 가득하며, 완전하다고 믿는다. 이런 전제 하에, 코치의 책임은 다음과 같다. • 고객이 진정 성취하고자 하는 것을 찾아내고, 분명하게 그린 후 그것을 추구한다. • 고객이 스스로 그것들을 찾을 수 있도록 도와준다.	코칭이 성공적으로 성과를 내려면 몇 가지 요건이 필요하다. 이것들은 마음 먹기에 달렸다. • 자기 자신과, 어려운 질문, 곤란한 진실, 그리고 자신의 성공에 초점을 맞춘다. • 다른 사람의 행동이나 커뮤니케이션을 관찰한다. • 직관, 생각, 결단을 할 때 다시 생각을 해보고, 자신이 말할 때 그것이 어떻게 들리는지

• 고객 자신이 해결책과 전략을 찾아내도록 도운다. • 고객이 자신의 주체성과 책임을 자각하도록 한다. • 이 프로세스는, 리더십 스킬을 향상시켜, 잠재적인 능력이 피어나게 하고, 고객이 자신의 일이나 인생을 보는 시각을 반전시키고 향상시키게 된다.	귀를 기울인다. • 현재 태도, 신념, 행동에서 벗어나 더 나은 방법으로 목표에 도달할 수 있게 새로운 것을 만들어 간다. • 강점을 살리고, 부족한 것을 극복하고, 이겨내기 위한 스타일을 갖춘다. • 불안하거나 자신이 없더라도, 특별한 곳에 도달하기 위해 강한 의지를 바탕으로 행동해간다. • 새로운 행동이나 후퇴를 경험할 때는 자신을 위로하고 격려하고, 다른 사람들이 그런 것을 경험하고 있으면 똑같이 위로하고 격려해준다. • 너무 심각해지지 말며, 유머를 사용하여 상황을 가볍게, 밝게 하는 데 주력한다. • 낙담하거나 기대에 못 미쳐도 감정적인 반응을 하지 않고 평정을 유지한다. • 두려움이 없이 자신을 바라보면 이전보다 더 높은 곳에 이를 수 있는 용기를 갖게 된다.

출처: 국제코치연맹 일본지부 「코칭에서 많이 쓰는 질문」을 바탕으로 필자가 작성함.

표 8-2 | 코칭 진행 중에 할 역할

코치	고객
• 개인이나 팀에 대해 자기인식이나 타인 인식을 기를 수 있도록 객관적인 평가나 관찰을 제공한다. • 개인이나 팀의 상황을 완전히 이해하기 위해서 경청한다. • 고객을 똑같이 비춰보는 공명판으로서의 역할을 담당하여, 가능성을 탐색하고 숙고하여 나온 계획과 결정사항이 실행되게 한다. • 기회나 가능성을 리드하며, 개인의 장점과 소망에 입각한 도전을 응원한다. • 새로운 관점을 발견하고, 다른 사고방식을 배양한다. • 새로운 가능성을 조명하기 위해, 못 본 부분을 들여다보게 하고 대체 시나리오를 만들 있도록 지원한다. • 코칭 관계에서, 비밀 사항이나 프로 코치로서의 윤리 규범을 준수하고, 프로로서의 경계선을 지킨다.	• 코칭을 위해, 자신에게 유익한 목표를 바탕으로 한 코칭 주제를 만든다. • 평가나 관찰을 본인과 타인의 인식 제고를 위해 활용한다. • 본인과 조직의 성공을 마음속에 그려본다. • 본인의 결정과 행동에 대해서 모든 책임을 진다. • 코칭 프로세스에 가능성에 대한 탐색과 새로운 관점을 도입한다. • 개인의 목표와 희망을 이루도록 용기 있는 행동을 취한다. • 큰 관점에서 생각하고 문제를 해결할 수 있는 능력을 활용한다. • 코치가 제공하는 도구, 컨셉, 모델, 믿음을 받아들이고, 행동을 더 잘 하기 위해 효과적으로 움직인다.

1.5. 코치와 계약

다음은 드디어 계약 단계이다. 후술하는 ICF 핵심역량에서는 계약서를 교환하지 않고, 합의만으로도 문제가 없다고 한다. 그리고 코치와 클라이언트 사이에 명확한 합의 또는 계약을 요구하고 있고, 그 항목은 다음과 같다.

- 구체적인 진행방법, 비용, 스케줄, 필요하면 포함시킬 다른 대상자
- 코치와 클라이언트의 관계에 있어서, 무엇이 적절하고 무엇이 적절하지 않은지
- 코치와 클라이언트의 관계에 있어서, 무엇이 제공되고 무엇이 제공되지 않는지
- 클라이언트와 코치 각자의 책임

코칭의 기법이나 진행방법에 대해서는, 그것은 코치의 자유이며, ICF가 규정해야 할 것은 아니다. 말을 타고 코칭을 해도, 카드 등의 도구를 사용해도 되고, 어떤 일은 하고 어떤 것은 하지 않더라도 그것은 오로지 코치의 재량이며, 어떤 프로세스를 구축할지는 코치 본인의 자유이다. 그러나, 그 진행방법에 대해서, 사전에 클라이언트는 알고 있어야 하고, 코치와 클라이언트는 합의해 둘 필요가 있다.

ICF의 '코칭에 관해 자주하는 질문'에는 실제로 코칭 중에 코치와 클라이언트가 하는 것이 제시되어 있다. 실제 코칭을 할 때에는 이러한 것들을 계약서나 동의서라는 형태로 정리해 클라이언트가 사인을 해야 한다는 의미이다. 이러한 합의에 따라 실제로 세션을 진행하면서 코치와 클라이언트는 서로의 역할을 수행하게 된다.

일본의 코칭 관련 서적 등에서는, 상사가 어딘가에서 코칭을 배워 와 부하에게 허락을 구하지도 않고 불쑥 코칭을 받아 라고 지시하는 경우가 있지만, 본래, 코칭은 클라이언트와 합의가 있어야 성립되는 것이므로, 그런 것은 정상적인 모습은 아니다. 이와 같은 일은 교사가 학생에게, 의사가 환자나 가족에 대해 할 때도 마찬가지다. ICF의 규정은 일본에서 관행적으로 이뤄지는 코칭과는

다르기 때문에 이질감이 느껴질지 모르지만, ICF에서는 적어도 사내에서 그런 식으로 일방적으로 시작하는 코칭은 전문 코치가 하는 것은 아니라고 본다는 점을 유의해야 할 것이다.

1.6. 코치와의 궁합

ICF Global Coaching Client Study(2009)에서는, 클라이언트가 코치를 선정할 때 가장 중요시 하는 요소에 대해서도 조사하고 있다. 가장 중요하다고 대답한 순서는, '신뢰감', '개인적 궁합', '코칭의 효과', '코치의 자신감'이라고 되어 있어서, 실제로 만나 이야기해보고 확인해 보지 않으면 알아낼 수 없는 항목이 중요한 것으로 거론되고 있음을 알 수 있다.

ICF Global Coaching Study(2012)에서도 같은 조사를 실시하였다. 복수 회답으로 80% 이상인 것은 '프로로서의 신뢰감', '코칭 프로세스의 유효성', '프로필'이었고, 50% 이하의 것은 '코치 이전의 경력', 코치 자격', '코칭 경력', '코치의 비즈니스 경험' 등이었다. 40% 이하의 것은 '코치의 거주지', '클라이언트의 인원수'라고 하는 결과가 나왔다. 결국 경력이나 직책이 아니라, 둘의 궁합이 중요하다는 결론은 바뀌지 않은 듯하다.

이러한 결과로부터, 코칭은 그 기능보다는 코치의 사람됨이 중요하다고 클라이언트 측이 생각하는 서비스임을 알 수 있다. 그래서 코치와 클라이언트가 성급하게 계약을 체결하는 경우는 별로 없고, 대개 오리엔테이션이라고 불리는 면담을 실제로 하는 경우가 많다. 다만, 예를 들어, 원거리 등의 이유 때문에 면담을 할 수 없는 경우도 있는데, 이 경우는 전화나 'Skype' 등의 대체 수단으로 실시하는 경우가 있다. 일부의 코치를 제외하고, 오리엔테이션은 대개 무료로 실시하는 것이 많으며, 주로 세상 살아가는 이야기도 포함하여 궁합을 확인하는 시간이다. 이때 코치 측도 클라이언트를 맡을 것인지 여부를 결정하게 된다.

코치가 어떤 이유로 클라이언트를 더 이상 맡지 않을 경우에는 다른 코치를 소개하기도 한다. 그러나, 필자의 체험으로 말하면, 코치가 소개하는 다른 코치는 클라이언트 입장에서 보면 미묘한 존재로 여겨질 수밖에 없는데, 연애를 예를 들면 사랑을 고백한 상대로부터 다른 사람을 소개받는 행위와 비슷하고, 신뢰 관계를 쌓기 어려운 경우가 많지 않을까 생각된다. 이것은 클라이언트와 코치의 궁합은 어떤 것이라는 명확한 근거가 없고, 클라이언트 측도 다른 코치를 소개 받고 싶지 않기 때문으로 보인다.

1.7. 세션 방법

ICF Global Coaching Client study(2009)에서는, 라이프코칭이나 비전을 만드는 코칭에서는 전화 세션이 선호되고, 비즈니스나 임원, 리더십에 관한 코칭에서는 대면이 선호된다고 하는 데이터가 나와 있다. 필자의 생각으로는, 클라이언트 입장에서는 대면 쪽을 더 선호할 것이다.

ICF Global Coaching Client Study(2009)에 따르면 국제적으로는 대면 세션이 50%, 전화 세션이 47%, 기타, 온라인 채팅 및 화상 회의 시스템 등에 의한 것이 3%라는 결과가 나왔다. 이 조사는 세계적 동향 조사이기 때문에 전화 세션이 많아지고 있다. ICF Global Coaching Study(2012)에 의하면, 세계 전체에서는 대면이 66%, 전화가 27%로 변화하고 있는데, 구체적으로 보면 북미의 전화 50%라는 숫자가 전체 평균을 끌어올리고 있는 것처럼 보인다. 북미를 제외한 국제사회에서는 대면이 주류라고 할 수 있다.

필자의 느낌으로서는, 아마 일본에서는 '그 외'로 분류되고 있는 Skype나 LINE 등, 통화료가 무료인 방법으로 하는 세션이 많을 것이다. 이것은 일반적으로 말해 일본의 교통비나 전화 요금이 고액인 것과 관계가 있는지도 모른다. ICF Global Coaching Study(2012)의 상세한 숫자를 보면, 일본에서는 전화 46.5%, 대면 31.2%, 인터넷을 통한 음성이나 영상이 20.4%로 나왔다. 국제 사회의 평균에서는, 20.9%, 66.5%, 4.6%으로 나와 상당히 상이한 경향을 보인다.

1.8. 세션 시간

ICF Global Coaching Client Study(2009)에서 세션 시간에 대해 조사하였는데, 대면 세션의 경우, 국제적으로는 1시간이라는 답이 가장 많아 44%였다. 이어 1~2시간이라는 응답이 37%, 59분 이하는 20%에 불과하다. 그러므로 1시간의 세션이 일반적이다. 전체를 평균하면 70.6분이었다. 한편, 전화 세션에서는, 1시간이라는 답변이 역시 39%로 많지만, 다음으로 많은 것은 31~59분이 29%, 이어 16~30분이 19%로, 대면보다는 전화가 짧은 경향이 있다. 전화의 국제적 평균은 48.2분이었다. 전화는 대면 세션보다 20분 정도 짧은 경향이 보이지만, 대면의 경우에 인사부터 시작하여, 메모 준비와 마지막 정리 등의 시간이 필요하기 때문에, 이런 차이는 당연한 결과라고 할 수 있을 것이다.

1.9. 세션 비용

1세션당 비용인데, 이것은 경제 상황과 물가에 따라서도 좌우된다. ICF Global Coaching Client Study(2009)에서는, 평균이 171달러, 중앙값은 134달러다. 물론 코칭 대가를 개인이 지불하느냐 법인이 내느냐에 따라 차이가 있다. 개인 지급의 경우 평균은 150달러, 법인이 지불하는 경우에는 265달러이다.

ICF Global Coaching Study(2012)에 의하면, 국제 평균은, 코치는 상시 10명 정도의 클라이언트를 갖고, 코칭만으로 연간 47,500달러의 수입을 얻고 있었다. 중앙값의 수입은 25,000달러이다. 이것으로 바탕으로 계산하면, 클라이언트가 코치에 지급하는 월액은 약 396달러가 된다.

비즈니스 영역에서 세션 비용이 높은 것은 당연하지만, ICF Global Coaching Study(2012)에서는 클라이언트별 가격 차이도 내놓고 있다. 1시간당 경영진층(CEO, CFO)은 350달러, 매니저는 240달러, 자영업자는 220달러, 팀장은 170달러, 일반직원과 개인 고객은 120달러였다.

현재 일본의 경우, 필자가 코칭뱅크를 운영하면서 느낀 것으로 말하자면, 개인으로 지불하는 경우, 초보 코치에게는 5,000엔, 통상은 1만~3만 엔 정도가 평균적인 액수 아닌가 한다. ICF Global Coaching Study(2012)에 의하면, 1시간 코칭 단가의 세계 평균은 229달러, 중앙값은 170달러이다.

1.10. 세션의 시작

여러 조건이 정해져서 계약이나 합의가 성사되면, 실제로 세션을 수행하게 된다. 세션 스케줄은 미리 모두 정해 두는 방법도 있지만, 실제로는 변경이 되는 경우도 많기 때문에, 통상은 이번 회의 세션 끝에 다음 번 세션의 일정을 확정한다. 특히 전화 등의 원격 세션에서는 코칭 시간이 되었지만 클라이언트가 연락하지 않는 경우도 있었는데, 그 경우에는 1번 한 것으로 산정하는 것이 보통이고, 실제 어떻게 하는지는 코치에 따라 다르다.

2. 코치의 능력 수준과 윤리

2.1. 코치의 능력 수준

(1) ICF 핵심역량의 성립

클라이언트가 코치를 선택할 때 능력보다는 궁합 쪽을 중시하고 있음은 앞에서 말하였다. 그러나 최소한 어떤 능력이 코치에게 필요한 것일까?

각종 코치 단체에 따라 코칭의 정의도, 내용도 제각각이어서 코치의 능력을 측정하기가 쉽지는 않다. 그래서, 본 절에서는 국제코치연맹(ICF)이 정한 기준을 소개하는 정도만 언급한다.

코치의 능력수준에 대해서는 ICF가 핵심역량으로 규정해놓고 있다. 이 ICF 핵심역량을 처음 만든 사람들과 그 소속 단체는 다음과 같다.

Coaches Training Institute(CTD)/Laura Whitworth

Coach U, Inc/Pamela Richarde

Hudson Institute/Frederic M. Hudson

Newfield/Terrie Lupberger

Coach for Life/Peter Reding

Academy for Coach Training(ACT)/Fran Fisher

Success Unlimited Network(SUN)/Teri-E Belf

New Ventures West/Pam Weiss

이 중 Coach U는 토머스 레너드에 의한 것이며, CTI는 Co-active Coaching을 주창하고 코치와 클라이언트의 창조적 협업을 강조한다. 핵심역량의 제정 때, 토마스 레너드는 이미 ICF와 결별하고 있었고, 위의 두 코치 단체의 생각은 ICF 핵심역량에도 강하게 반영되어 있다. 다른 단체의 특징은 <표 8-3>과 같다.

표면적으로 보면 이른바 퍼스널 코칭의 영역에 있는 프로그램이 매우 많아 보이지만, 각기 내용과 방법이 다르다는 것을 알 수 있다. 그것은 비유하자면, 물고기를 잡는다는 목적은 같더라도, 예를 들어, 루어를 사용하는지, 뿌리는 먹

이를 사용하는지, 그물을 사용하는지, 등 수단이 다른 것 같고, 따라서 결과적으로 ICF 핵심역량이란 물고기를 잡는 예로 말하자면 "물고기를 잡을 수 있으면 낚시인으로 인정하자"라는 기준이라고 할 수 있겠다. 그리고 이 표에 있는 단체들을 보면, 코치는 단순히 이야기를 듣거나 질문을 하는 수준이 아니라, 각자의 인생의 모든 영역을 통합하여 행복이나 성공으로 이끄는 사람이라는 메시지를 읽을 수 있다. 클라이언트가 이처럼 다채로운 코치의 접근법 중에서 자신에게 맞는다고 생각하는 코치를 선택할 수 있다는 점은 코치 업계의 다양성 덕분이고 그렇게 유지해가는 것이 가치가 있다고 하겠다.

표 8-3 | ICF 핵심역량의 설정에 관여한 멤버의 소속 단체(CTI와 Coach U이외)

단체명	설립년도 설립자	특징(필자 의견임)
Hudson Institute	1986년 설립 설립자: Pamela McLean 공동설립자: Frederic M. Hudson	학술적 접근
Newfield	1973년 설립? 설립자: Julio Olalla	Ontological Coach(존재론적 코치). 동양사상적·요가적인 색채
Coach for Life	1996년 설립 공동설립자: Peter Reding	라이프코치 프로그램. 전인적(마음, 신체, 정신)으로, Coaching the Human Spirit와 The Fulfillment Coaching Model을 사용. 정신까지 포함해 인생 전반에 대해, '충족'이라고 하는 프로그램인지?
Academy for Coach Training	1997년 설립 설립자: Fran Fisher	2006年に InviteCHANGE가 매수. http://www.invitechange.com/ 현재는 비즈니스 분야
Success Unlimited Network	1981년 영국에서 설립, 1987년 미국으로 이전. 설립자: Teri-E Belf	스포츠 심리학에서 기원. 태양의 마크. 모든 인생의 존속과 행복의 강화를 표방, 퍼스널 코칭 분야
New Ventures West	1987년 설립 설립자: James Flaherty	Integral coaching. '완전'이라는 의미

주) 각 사이트의 내용보다 필자의 의견임(CTI, Coach U에 대해서는 본서 내용 참조.

제8장 프로코치의 코칭: 계약/윤리/코치의 핵심역량 187

(2) ICF 핵심역량의 전체 모습

이와 같이 다양한 코치 단체의 대표자들과 대화한 것에서 최대공약수로 추출한 것이 ICF 핵심역량이다.

우선 전체 모습을 보자. 번역은 국제코치연맹 일본지부의 번역을 따랐다. 전체적으로 보면, 4분야 11카테고리 70항목으로 되어 있다. 우선 4분야라는 것은 다음과 같다.

A. 기반을 정비하기(setting the foundation)
B. 관계성을 함께 구축하기(co-creating the relationship)
C. 효과적인 커뮤니케이션(communicating effectively)
D. 배움과 결과를 촉진하기(facilitating learning and results)

아래에서는 대략적으로 각 항목이 어떠한 것을 요구하고 있는지를 정리하고, 실제 세션이 어떻게 진행되는지 해설한다.

A. 기반을 정비하기(setting the foundation)

여기에 들어가는 2가지 항목은, '1. 윤리지침과 전문성 기준을 충족시키기(Meeting Ethical Guidelines and Professional Standards)', '2. 코칭 계약을 성립하기(Establishing the Coaching Agreement)' 등이다. 모두 코치가 코칭을 시작하기 전, 그리고 실제로 클라이언트와 계약을 체결할 때까지를 취급하고 있다. 구체적으로 말하면, 클라이언트에 코칭을 받도록 설득하거나, 코칭의 진행방법에 대해 협의나 설명회를 하거나, 최종적으로 계약을 체결할 경우에 필요한 내용이다.

이것들을 정리하면, 우선은, 오리엔테이션에서 합의를 이루는 것이 필요하다. 그리고 코치는 이 항목을 바탕으로 오리엔테이션용 자료나 서류를 작성할 필요가 있다. 그리고 이 항목에서는 윤리규정을 준수하는 것도 강하게 요구하고 있다.

B. 관계성을 함께 구축하기(co-creating the relationship)

이것은 '3. 클라이언트와 함께 신뢰와 친밀감을 만들기(Establishing Trust and Intimacy with the Client)', '4. 코칭을 할 때 코치 본연의 자세(Coaching Presence)'라는 것으로, 실제로 세션을 하고 있는 동안 코치가 어떻게 하면 좋을지를 말하고 있다. 가장 심플하게 말하면, 신뢰관계와 유연성을 의미한다. 무엇을 말해도 좋다, 무슨 말을 전해도 좋다 라고 하는 신뢰감이 있고, 게다가 코치도 클라이언트의 상황에 맞춰 유연하게 대응할 수 있다. 이상과 같은 상태를 만들어내는 것이 이 항목에서 요구된다.

C. 효과적인 커뮤니케이션(communicating effectively)

이 항목은 '5. 적극적 경청(Active Listening)'과 '6. 강력한 질문(Powerful Questioning)', 그리고 '7. 명확한 커뮤니케이션(Direct communication)'으로 구성된다. 이른바 코칭의 스킬이라고 일본에서 불리는 영역이지만, 그 내용은 주로 '적극적 경청'이다. 이것은 단순한 '수동적 경청'으로 거저 묵묵히 듣고 있는 것이 아니라, 질문이나 피드백도 섞어 적극적으로 클라이언트의 이야기를 끌어낸다는 의미이다.

일본에서는 이 C의 항목만 꺼내 코칭이라고 소개하는 경우가 많았던 것 같다. 그러나, 핵심역량에 관한 최초의 설명문에도 기재되어 있듯이, 다른 항목에 비해 이 항목이 더 중요하다는 것은 아니고, 어디까지나 코칭의 일부인 것이다.

D. 배움과 결과를 촉진하기(facilitating learning and results)

이 부분은 '8. 알아차림(Creating Awareness)', '9. 행동의 디자인(Designing Actions)', '10. 계획하기와 목표의 설정(Planning and Goal Setting)', 그리고 마지막으로 '11. 과정과 책임의 관리(Managing Progress and Accountability)' 등 4개로 구성되어 있다. 코칭에서는 세션 안에서 알아차림을 잘해야 하고 또 행동 설계도 하고, 세션과 세션 사이에 클라이언트에게 행동을 하게 하여 목표를 달성시켜야 한다. 그 때문에, 개개의 세션 안에서 해야 하는 것과 세션 전체를 통해 해야 하는 것이 소개되고 있다.

결론부터 말하면, 코치로서의 능력은 A~D 항목의 모든 것을 할 수 있어야 한다는 것이다. 그래야 가치 있는 코칭을 할 수 있다는 의미이다. 일본에서는 도입 당초부터 '코칭'은 '코칭 스킬'이라 부르며 대화술만이 클로즈업되거나, 안이하게 '3대 스킬'이 과대 선전되기도 했다. 결과적으로, 그것은 다음에 설명하는 '코칭 세션의 구조'를 구성하는 중요한 부분을 만들지 못하고, 본래 의미의 코칭으로서 가치를 낳는 것도 아니어서, 21세기 초에 코칭은 잠시 '붐'을 일으키긴 했지만, 붐이 끝나면서 함께 사라졌다고 할 수 있다. 본질을 파악하지 못하고 유행하는 것에 편승하는 것을 나쁘다고는 하지 않겠지만, 진정한 가치는 이후에 정착할 수 있을지 여부에 달렸으며, 그런 의미에서도 코칭심리학 등과 같이 코칭에 아카데믹한 검증이 더해진다는 것은 지극히 의의가 있다고 생각한다.

2.2. 코치의 윤리

코치의 윤리는 ICF 핵심역량과 달리 ICF 윤리규정에서 정의되어 있다. 이 ICF윤리규정은 '코칭의 정의', '국제코치연맹의 윤리규정', '윤리 서약' 등 3부로 구성되어 있으며, 제2부 '국제코치연맹의 윤리규정'은 '광의의 프로페셔널의 기준', '이해상충', '클라이언트에 대한 전문가로서의 기준', '비밀엄수의무와 프라이버시' 등 4항목으로 구성되어 있다.

코칭은 지원형의 영리 서비스이기 때문에, 세션 중에 이익을 도모하지는 않는지 조심하는 것이 매우 중요하다. 예를 들어, 코칭에서 제안이나 정보 제공을 할 때에, 클라이언트를 움직여 자신에게 이익이 돌아오도록 유도해서는 안 된다는 것이다. 또한 확실히 성공한다거나 반드시 잘 될 것이라는 등의 허위정보를 제공해서 클라이언트가 되게 하는 등의 과대광고도 물론 금지되어 있다. 게다가 코칭이 기능을 하고 있는지 여부를 코치는 항상 파악하여, 만약 기능하고 있지 않은 경우에는 서비스 제공의 종료 내지 다른 전문 서비스를 대신 소개해주기를 요구하고 있다.

코칭은 남의 말을 듣는 시간이니까 거기에는 아무래도 비밀엄수의무의 문제가 발생한다. 그러나 명확한 규정은 없고, "비밀엄수의무의 최상위 단계를 유지한다"라고만 표현되어 있다. 이 내용은 지역에 따라, 사람에 따라 인식하는 방법이 다르겠지만, "최상위"이라고 하기 때문에, 누가 클라이언트라는 것조차

실은 비밀이라고 하는 것이 타당할 것이다. 예를 들어, 아프리카의 한 지역에서는 여성이 자신의 이야기를 남에게 하는 것이 금기시되고 있다. 이러한 사회에서는 세션에서 이야기를 한 사실이 주변에 알려지면 그 여성에게 불이익이 초래될 가능성이 있다.

게다가, 코치와 클라이언트에 추가하여, 코칭을 도입하거나 그 비용을 지불하는 사람을 ICF에서는 스폰서라고 정의하고 있는데, 스폰서가 클라이언트가 아닌 경우에는 코치가 누구와 어떠한 정보를 공유하는가 하는 것은 중요한 포인트가 된다. 이것에 대해 명확한 기준은 없고, ICF윤리규정에서는 코칭 시작 단계에서 합의를 해두라고 요구하고 있다. "모든 경우에 있어서 코칭의 실시에 관한 계약이나 합의에는, 클라이언트와 스폰서가 동일 인물이 아닐 경우에 각자의 권리와 역할이 명확히 규정되어 있어야 한다"라고 되었으므로, 이에 대한 것도 계약 시에 규정할 필요가 있다.

3. 세션의 시작부터 코칭 종료까지의 프로세스

3.1. 세션 기간

세션이 시작되고 종료되기까지는 도대체 얼마나 오래 걸리는 것일까? 회복이나 치료가 목적인 상담과 달리, 코칭은 원칙적으로 끝이 없는데, 하나의 테마가 끝나도 다음의 테마가 뒤따라 나올 가능성이 있기 때문이다. 특히 퍼스널 코칭 분야에서 코치는 사람 자체를 직접 대하므로 세션이 장기간에 걸쳐 계속되는 경향이 있다. 한편, 비즈니스 코칭의 경우에는 세션이 그 내용이나 성과보다는 예산이나 평가라는 다른 이유로 기간이 정해지는 경우가 많다.

ICF Global Coaching Study(2012)에 따르면, 코칭 기간에 있어서, 일본에서나 국제적으로나 4개월에서 6개월이라는 기간이 많다는 결과가 나와 있다. 다음으로 많은 것은 7개월에서 1년간인데, 일본에서는 1년 이상의 비율이 25%도 넘는 독특한 결과를 보여주었다. 목적에 따른 기간을 살펴보면, 세계적으로는 3개월 이내에서 성과를 내겠다는 코치가 일본보다는 많은 것 같다. 세계 전체에서는 3개월 이내가 17.9%, 1년 이상이 8.3%인데 비하여, 일본에서는 3개월 이내가 6.7%, 1년 이상이 25.5%로 거꾸로 되어 있다. 이것은 일본을 제외한 아시아나 세계에서는 비즈니스 분야에서 코칭의 활용이 더 활발하다는 특징을 반영하고 있다고 말할 수 있겠다.

3.2. 코칭 세션의 진행과정(1회를 하는 경우)

앞서 소개한 ICF 핵심역량의 항목을 통해 볼 수 있는 코칭 세션의 모습은 아래와 같다.

(1) 이전 세션의 회고

코치는 클라이언트가 이전 세션에서 행동하겠다고 약속한 내용을 기억해 두고, 실제로 그 행동을 했는지 안 했는지, 그 행동에서 성과가 나왔는지 나오지 않았는지, 거기서 배운 것은 무엇인가를 묻는다. 행동하지 않았다고 하면, 거기에는 뭔가 이유가 있을 것이므로 그것을 물어본다.

(2) 이번 세션

행동하고 있는 경우에도, 애초에 이 코칭을 시작할 때 합의했던 목표를 떠올리게 하고, 이를 위해 앞으로는 무엇을 해 나갈 것인지 생각해보게 하고 이번 세션의 주제를 결정한다. 결정하는 것은 물론 클라이언트 본인이다. 그 후, 필요하면, 코치도 브레인 스토밍에 참가하고, 또 필요하면 다양한 자원을 제공한다. 클라이언트는 세션 중에 다양한 새로운 생각이 하게 되고 행동 아이디어를 얻게 된다. 기본적으로 코치는 그 자리에 있긴 하지만 클라이언트를 유도하거나 심리적 압박을 가하지는 않으며, 클라이언트에 맞춰 유연하게 대응한다.

(3) 전념 약속

다양한 아이디어를 정리하여 명확한 목표와 행동 계획을 수립하고 그것에 전념한다.

(4) 다음 회차에 관한 약속

이번 세션을 돌아보고, 다음 세션 약속을 한다.

타임라인만을 따지면, 이런 세션 흐름이 코칭 세션의 구조라는 하드웨어의 모습으로 이해될 수는 있다. 그러나, 핵심역량 전체를 보면, 여기에 '유연한 코치라는 존재의 역할', '친밀감과 신뢰성이 있는 관계성', '클라이언트의 성장을 믿는 관점' 등과 같은 운영상의 소프트웨어 측면이 없으면, 단지 저 타임라인을 본뜬 것만으로는 코칭이 기능하지 않다.

그 때문에, 전술한 바와 같이 ICF 핵심역량과 윤리규정에서는, 우선 코칭이란 어떤 것이고 어떠한 것이 아닌지, 그 코치가 제공하는 코칭 프로세스란 것이 어떠한 것인가 등에 대해 확실하게 클라이언트에게 설명하고, 이해를 얻고 합의를 하는 것을 매우 중요시하고 있다. 표면적으로만 생각하면, 코칭의 성과를 내는 것은 어디까지나 클라이언트 본인의 행동이지 코치가 뭔가를 하는 것은 아니다. 예를 들어 Coach U(2005)의 교재에는, 첫머리에 "코칭이란 무엇인가?"라는 질문이 적혀 있는데, 답으로 "코치는 촉매의 관계이다"라고 쓰여 있다. 촉매란, 자신은 아무런 변화 없이 상대를 반응하게 하는 물질을 말한다.

그렇기 때문에 ICF 핵심역량에서도 코치와 클라이언트의 관계성을 '코칭의 관계성(the coaching relationship)'이라고 부르고, 이 관계성을 높이는데 신경을 쓰라고 강조하고 있다. 이러한 '코칭의 관계성' 안에서, 위에서 말한 바와 같이 목표를 명확히 하고, 그 실현을 향해 행동 디자인을 만들어 가는 것이 코칭 세션 안에 있는 소프트웨어이다. 이런 소프트웨어와 하드웨어가 일치했을 때, 코칭 세션은 전문적인 코칭 세션으로 성립한다고 말할 수 있다.

3.3. 세션 계약의 종료와 계속

세션 기간은 보통 3개월이나 6개월이라는 유한의 기간으로 계약하는 경우가 많다. 이 기간이 끝나면 코칭도 종료된다. 스폰서가 있을 경우에는 코치는 처음에 정한 정보공유 합의에 따라 보고서를 쓰고 종료한다. 코치에 따라서는, 여기서 성찰 보고서를 작성하거나, 클라이언트에게 평가 도구를 사용해 검사를 하기도 한다.

계속해서 세션을 받고 싶다는 클라이언트가 있으면, 필요에 따라, 새로운 조건을 정해서 계속하게 된다. 주제는 변경될 수도 있고, 그대로 계속 가는 경우도 있다. 그것은 클라이언트의 요구가 계속 존재하느냐의 문제이며, 상황에 달린 문제라고 할 수 있을 것이다.

Academy for Coach Training <http://www.invitechange.com/academy-coach-training/>

Coach for Life <http://www.coachforlife.com/>

Coach U, Inc. (2005). The Coach U personal and corporate coach training handbook. Hoboken, NJ: Wiley.

Hudson Institute <http://hudsoninstitute.com/>

ICF Global Coaching Client Study (2009). <http://www.coachfederation.org/about/landing.cfm?itemNumber=830>

ICF Global Coaching Study (2012). <http://www.coachfederation.org/about/landing fm?itemNumber=828>

国際コーチ連盟日本支部 「国際コーチ連盟によるプロコーチの倫理規定」 <http://www.icfjapan.com/whatscoaching/code-of-ethics>

国際コーチ連盟日本支部 「コーチングについてのよくある質問」 <http://www.icfiapan.com/whatscoaching/coachingfaq>

国際コーチ連盟日本支部 (2013). 国際コーチ連盟によるコーチングを行う際に必要な核となる能力水準 ビズナレッジ

Newfield <http://wwwnewficldnetwork.com/>

New Ventures West <http://successunlimitednet.com/>

Success Unlimited Network <http://www.newventureswest.com/>

칼럼 8

코치 단체

하야시 켄타로우(林健太郎)
니시가키 에쯔요(西垣悅代)

전 세계에는 수많은 코치 단체가 있고, 통일은 되지 않았다. 여기에서는 본서에서 언급되고 관련되는 조직을 소개한다.[1]

국제코치연맹(ICF):

국제코치연맹(International Coach Federation: ICF)은 프로 코치를 지원하는 것을 주 목적으로, 1995년에 미국 켄터키 주에서 설립된 비영리 단체이다. 현재, 128개국에 25,701명의 회원(2015년 3월 29일 시점)을 가진 회원 수 세계 최대의 코칭 단체이다.

ICF가 세계에서 지지를 얻고 있는 하나의 요인으로 '국제코치연맹이 정하는 코칭을 할 때에 필요한 핵심이 되는 능력 수준(Core Competence)'과 '국제코치연맹의 프로 코치의 윤리규정(Code of Ethics)' 등 2개 기준서를 작성한 점이 꼽힌다. 이 기준서에는, 코치가 코칭을 실시할 때에 필요한 능력과 지켜야 할 윤리기준이 적혀 있는데, 다른 단체에 앞서 이러한 기준을 마련한 것이 세계적으로 높게 평가받았고, 업계 표준으로서 코치 및 코칭을 받는 개인이나 기업, 비영리단체에 참고되고 있다.

ICF에 회원으로 가입하려면, 이 기준서의 내용을 준수하는 취지를 선서하는 것이 의무화 되어 있고, 그 외에 코칭으로 특화된 교육을 60시간 이상 받은 사실을 증명해야 한다. 즉, ICF의 회원이 되는 것은 코치로서 일정한 교육을 받아

---

1) 또한 제1장에도 기재했듯이, 2015년 현재 일본에는 중복 회원에 의해 조직된 코칭심리학의 학술단체(학회, 협회, 연구회 등)는 아직 존재하지 않는다.

업계 기준을 지키고 있다는 것을 증명하는 것이며, 직업으로서 코칭업을 영위하는 코치에게 하나의 능력 증명의 수단이 되고 있다.

코칭에 특화된 교육을 받을 수 있는 기회를 늘려주기 위해, ICF는 코치 육성을 위한 교육 커리큘럼의 표준을 제정하였고, 교육기관에 그 사용을 촉구하고 있다. 일정한 기준을 충족한 프로그램은 ACTP(Accredited Coaching Training Program)나 ACSTH(Approved Coach Specific Training Hours)로 인가하고 있다.

ICF의 인정 자격 제도는 위의 기준 서류에 기재되어 있는 항목을 충족할 수 있고, 수준 높은 코치를 인정할 목적으로 제정되었으며, ACC(Associate Certified Coach), PCC(Professional Certified Coach), MCC(Master Certified Coach)의 3개 수준의 자격이 있다. 각각의 자격을 취득하기 위해서는, 이하의 스텝을 밟는 것이 요구되고 있다.

① 코칭에 관한 학습 시간의 증명
② 코칭 세션 실시 시간 수의 증명
③ 자격 취득을 위한 멘토코칭 수강
④ CKA로 불리는 코칭 기초 지식에 관한 필기시험 합격
⑤ 실제 코칭 세션 녹음과 녹취록을 제출하여 시험관의 평가를 받음

위의 모든 요건을 충족시킨 코치는 ICF자격 보유자로 인정받고, 3년간 그 자격을 유지할 수 있다. 2014년 말 시점에서 ICF자격 보유자는 15,654명이다. 이는 전년 대비 34% 증가했다.

Association for Coaching(AC):

Association for Coaching은 2002년에 설립된, 영국에 본부를 둔 독립 비영리 단체로서, 영국과 아일랜드를 비롯하여, 유럽에 지부를 갖고 있다. 설립 취지는 그 회원(프로 코치 및 코칭에 관련된 조직과 회사)에게 가치 있는 이익을 제공함으로써 코칭 업계 전체에 최고의 실천, 자각과 그 수준의 고양을 촉진하는 것을 목적으로 한다 라고 되어 있다.

AC는 개인 회원 및 코치 트레이닝 코스에 대한 인증을 실시하고 있는 것

외에 평생교육프로그램의 제공, 국내 및 국제 회의의 개최, 네트워크를 넓히는 이벤트 등을 실시하고 있다. AC 홈페이지에서는 코칭을 받고 싶은 사람에게 코치의 소개와 코치 상호간의 동료코칭을 위한 그룹 및 슈퍼비전의 정보가 제공되고 있다.

　AC회원에는 찬조회원, 준회원, 정회원, 펠로의 4단계가 있으며, 각각 충족해야 할 요건이 정해져 있다. 이 책에서 소개한 Centre for Coaching에서 이루어지는 코스는 모두 AC의 인증을 받고 있다. 예를 들어, Certificate for Coaching의 코스를 수료하고 합격한 수강생의 경우, 그 후 일정시간 이상의 코칭 실천을 쌓음으로써 준회원으로 등록할 수 있다. 정회원으로 승격하기 위해서는 일정시간 이상의 코칭 실천을 증명하는 서류와 녹음 기록, 녹취록, 추천서 등의 제출이 필요하다. 정회원 자격을 가진 개별회원은 레벨에 따라, (Foundation) Coach, Accredited Coach, Accredited Professional Coach, Accredited Master Coach의 인증을 받을 수 있다.

International Society for Coaching Psychology(ISCP, 국제코칭심리학회):
　2008년 출범, 심리학자들에 의한 코칭심리학의 국제단체로, 실천과 연구의 양면에서 열심히 활동하고 있다(자세한 것은 칼럼 1 및 HP를 참조).

──────── 제 9 장 ────────

의료 분야에 코칭 활용

모리야 미쯔루(森谷 満)

I. 머리말

필자는 심장내과 임상의로서 코칭을 응용하여 거의 모든 환자의 치료에 이용하고 있다. 함께 환자를 담당하는 임상심리사는 인지행동요법을 전문으로 하고 있기 때문에, 코칭심리학에 들어 있는 해결중심 코칭(solution-focused coaching), 내러티브 코칭(narrative coaching), 동기부여 면접법을 이용하는 경우가 많다.

호주 심리학회의의 정의에서는 "코칭심리학은 긍정심리학의 응용 분야로서, 기존의 확립된 심리학 연구법에 근거하여 그것을 발전시킨 것(Palmer & Whybrow, 2011)"으로 되어 있다. 그러나, 의료 분야에서는 '병'이라는 부정적인 사건을 대상으로 하기 때문에, 긍정적인 측면은 그다지 중요시되지 않았다. 옛날에 심신의학(心身医学)의 창시자인 이케미(池見, 1986)가 기도와 삶의 보람, 감사 등을 바탕으로 한 '행복 의학'을 제창하였는데, 그 후 별다른 진전은 없었다.

근년에 이르러 타카하시(高橋, 2004)는 긍정심리학은 인간이 지닌 여러 문제에 대해 과학적 방법의 범위에서 최선의 것을 찾아야 하며, 건강 지원을 심리학의 입장에서 생각해보는 하나의 출발점이 될 수 있다며, 의료에 긍정심리학의 응용을 예측했다. 또한, 곤란한 상황에서 살아나는 힘인 회복탄력성(Bonanno, 2010)과 스트레스 대처 능력인 일관된 감각(sense of coherence)(山崎가와사키 · 坂野반노 · 戸ヶ里호게리, 2008)이 제안되었고, 그들의 응용 연구가 현재 진행 중이다. 2012년에 일본 긍정심리-의학회가 출범하면서 긍정심리학이 의료에 적극적으로 도입

될 수 있게 됐다. 의료 분야에서 코칭심리학은 이들 긍정심리학의 발전을 배경으로 향후 더욱 발전이 기대되는 분야이다. 병이라는 네거티브한 측면뿐 아니라, 예를 들어, 환자가 갖는 치료 의욕(운동하고 싶다. 재활하고 싶다 등)이나, 질병을 극복하거나 질병과 공존하면서 인생의 목적을 달성한다는 긍정적인 측면에 더욱 초점을 맞추어 지원해야 한다고 생각한다.

한편, 긍정심리학에서는 '행복'이 하나의 중요한 테마이지만, 류보머스키는 행복에 관련되는 요인을 과학적 어프로치로 실증연구를 했는데, 감사의 뜻을 표현하고, 용서하고, 낙관적으로 되는 등, 행복을 지속시키는 12가지 행동 습관을 제시하였다(Lyubomirsky, 2007). 본장에서는, 코칭심리학에서 다루는 기법 중에서 의료 현장에서 이용하기 쉬운 기법을 소개하고, 그 기법과 행복으로 이어지는 행동 습관의 관계를 분명히 밝히려고 한다.

본장에서 코칭이란 GROW모델을 중심으로 한 기존 비즈니스 코칭이나 그것이 의료용으로 개량된 협의의 코칭을 말한다. 의료에서는 협의의 코칭, 인지행동요법, 해결중심접근법(SFA) 등이 각각 독립적으로 이용되고 있다. 한편, 코칭심리학에서는 이 협의의 코칭에 인지행동코칭과 해결중심코칭이 같이 가듯이, 협의의 코칭과 인지행동요법이나 해결중심접근법(SFA)을 조합하는 것도 고려해야 한다고 생각한다.

2. 코칭과 관련된 발전

2.1. 환자 만족도 조사

환자만족도조사(塚原츠카하라, 2010)에 따르면, 의료 전반에 대한 만족도에 관한 다변량 분석을 한 결과, 의사의 기술이 1위인 것은 당연하지만, 2위인 의사와의 대화에 3위인 환자의 의견 존중을 합하여 표준화 계수를 산출하면 1위에 맞먹는 결과가 나왔다. 이 결과는 환자 측의 요망을 받아들이라는 소리가 아닐까 한다. 의학적으로 올바른 것(예. 비만 환자 운동하는 등)이라면 적극적으로 환자의 의견을 존중한 치료를 하고, 그때 코칭을 이용하는 것은 환자의 만족도를 높일 수 있는 새로운 의료의 기본방향이라 생각된다.

2.2. 코칭 기본구조

의료에서도 기본구조는 제2장에서 설명된 GROW(Goal, Reality and Resources, Option, Will)모델이라고 생각된다. 코칭 기본스킬로서 경청, 인정, 질문, 제안 등이 있고, 야나기사와 등(柳澤ら, 2008)은 비즈니스에서 활용해온 GROW모델을 의료에 도입하면서 개량한 모델을 제시하였다(그림 9-1).

그림 9-1 코칭 기본 구조

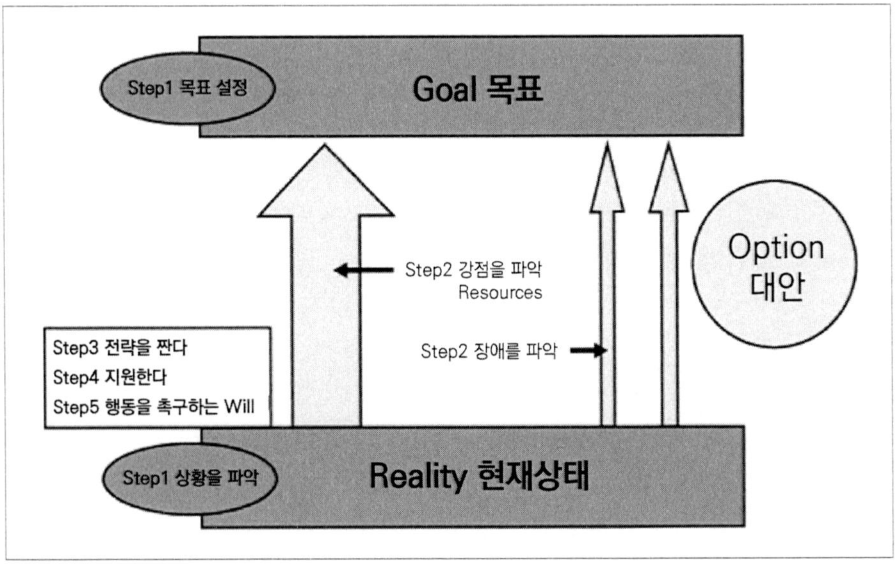

柳灉류우타쿠, 2008

2.3. 의료진에 대한 코칭

의료진을 대상으로 하는 코칭의 방법은 비즈니스 코칭과 큰 차이는 없다. 그러나, 간호사의 경우, 코칭 스킬을 인정받으려면 다른 직종과는 다른 차원의 주의가 필요한데, 환자나 그 가족으로부터 감사의 인사를 받은 것만으로는 코칭 스킬을 인정할 수 없고, 그 효과도 보지 못했다는 연구가 있다(太田오오타, 2011). 환자나 그 가족으로부터 거저 감사를 받는 수준의 것이 아니고, 동료나 상사의 눈에 전문 능력이나 프로로서의 공헌을 인정받는 것이 중요하다.

한편, 의료진의 과로, 탈진, 이직 등의 문제 때문에, 의료 종사자를 대상으로 한 코칭이 주목받고 발전해 왔다. 의료진을 교육할 때 의료의 지식을 가르치는 기회가 많은데, 그 중에 諏訪^{스와}는 어떻게 티칭에 코칭을 섞을 수 있는지 밝혔다(諏訪^{스와}, 2011). 또, 바쁜 의료진 때문에, 쉽게 쓴 셀프 코칭 관련 책(柳澤^{야나기사와}, 2010; 奧田^{오쿠}·本村^{모토무라}, 2008)도 출간됐다. 게다가, 간호 관리자(出江^{이데에}·坪田^{츠보타}, 2013)와 재활기사(出江^{이데에}, 2009)를 위한 코칭 활용서도 출간되었다.

코칭이 병원 경영에도 응용되기 시작했다. 「엑설런트 호스피탈: 메디컬코칭으로 병원이 바뀐다」(Studer, 2004)의 출판이 계기가 됐다고 본다. 그 책의 역자는 후기에 "병원 경영의 본질은 서비스면에서도, 금전면에서도 '사람'에 있다. … 중략 … 바른 행동을 하고 높은 성과를 올리고 있는 사람을 올바르게 평가하고, 칭찬하고, 또 다른 성장의 기회를 부여함으로써 상승효과를 거두고 이끌어 가는 것이 중요하다"라고 되어 있고, 이 책의 해설에서 坪田^{츠보타}는 "권한이나 권위에 관계없이 직종·직위를 넘어 대화하고, 상대를 움직이는 커뮤니케이션 스타일"로서 코칭을 권장했다.

실제 그런 영향을 받아 나고야 제2적십자 병원과 JMA에비나(海老名)종합병원은 병원장이 직접 나서서 병원 전체에 코칭을 도입하고 있다. 한편, 畑埜^{전아}(2010)는 수련의와 인사담당자를 포함하여 전 직원을 대상으로 한 구체적인 매니지먼트 코칭 방법을 발표하여 큰 반향을 일으켰다.

또, 의학교육(鈴木^{스즈키}, 2006; 西城ら^{사이죠우 등}, 2011)과 지도의(指導医) 강습회에서도 코칭이 포함될 수 있었다. 임상의료 분야 학술단체로서 임상코칭연구회가 있는데, "본회는, 의료 커뮤니케이션의 기술 향상을 목표로, 의료종사자 상호의 코칭 기술과 지식 교환을 통하여 의료사회복지의 향상을 도모하는 것을 목적으로 하고 있다"(임상코칭연구회)라고 되어 있지만, 실제로는 의료종사자 사이의 코칭 뿐만 아니라, 의료종사자와 환자 사이의 코칭도 논의되고 있다.

2.4. 의료에 코칭 응용: 환자에 대해서

한편 환자를 대상으로 한 코칭은 보건지도(柳澤ら^{야나기사와 등}, 2008; 鱸ら^{스즈키 등}, 2010), 당뇨병(松本^{마츠모토}, 2015), 난치병(安藤^{안도}, 柳澤^{야나기사와}, 2002), 암(安藤^{안도}, 200), 재활(出江^{이데에}, 2009), 간호 예방(出江ら^{이데에 등}, 2009), 영양 지도(柳澤ら^{야나기사와}

등[,] 2006), 원인 없는 무기력증(鱸ら^{스즈키} 등, 2010), 기능성 소화불량(森谷ら^{모리} 등, 2010) 등의 영역에서 응용되고 있다.

그러나, 코칭이 효과를 보는 환자가 있는 반면, 가끔 코칭이 잘 되지 않는 환자들도 많다. 그 원인의 하나는, 환자는 병을 가졌기 때문에 코칭이 불가능한 (uncoachable) 경우가 있을 것이기 때문이다. 코칭 불가한 사람은 ① 말을 듣지 않는 사람, ② 약속(시간, 행동)을 안 지키는 사람, ③ 신뢰 관계가 형성되지 않는 사람, ④ 항상 부정적으로 생각하는 사람 ⑤ 사고와 감정을 조절하지 못하는 사람, ⑥ 너무 의존성이 높은 사람, ⑦ 공격적인 사람, ⑧ 치료가 필요한 정신질환이 있는 사람 등으로 알려져 있다(出江^{이데에}·鱸^{스즈키}, 2006).

그러나, 코칭 불가능이라 하더라도, 환자인 이상 의료진으로서의 대응은 해야 하는 것이 현실이다. 필자는 코칭 불가한 환자, 즉, 기존의 비즈니스코칭의 방법으로는 대응이 곤란한 환자에게 다음 절 이하에서 소개하는 코칭심리학의 수법을 병용하면 잘 대응할 수 있는 경우를 많이 경험해 왔다. 코칭심리학은 종래의 비즈니스코칭과 함께 심리요법에서 발전한 코칭을 포괄하고 있어서, 코칭심리학을 배우는 것이 환자의 심리적 접근에 최선의 방법이라고 불리고 있다(표 1-1 참조).

3. 코칭심리학의 응용

3.1. 인지행동요법과 인지행동코칭

우울증에 대해 유용성이 입증된 인지행동요법이지만, 우울증 치료매뉴얼이 작성된 2010년에 가서야 보험의 대상이 될 수 있었다. 그러나, 인지요법과 인지행동요법에 익숙한 의사가 일련의 계획을 작성하고 환자에게 설명한 후에 그 계획에 따라서 30분 이상 실시했을 경우에 보험액 산정에 들어간다. 의사가 재진을 하면서 30분 이상을 쓰는 병원과 클리닉은 극히 제한되어 있는 것이 현실이기 때문에, 향후 임상심리사 혹은(신규로 제정될 예정인) 심리사가 시행하는 인지행동요법도 보험의 대상이 되길 요망한다.

한편, 코칭심리학의 한 분야에 인지행동코칭이 있다. 그 중 G-ABCDEF코칭모델에서는 인지행동요법과 마찬가지로 새로운 감정, 생각, 행동을 상기시키는 방법을 사용하지만, 네거티브한 감정을 취급하는 것은 환자의 상태를 정확하게 확인할 필요가 있기 때문이다. 치료에는 시간을 필요로 하기 때문에 바쁜 일상 진료 중에는 곤란하므로, 가능하다면 인지행동요법을 할 수 있는 심리사에게 소개하는 것이 이상이다.

다음 사례는 자신에게서 냄새가 난다는 생각을 더 이상 하지 않겠다는 목표를 지닌 환자에 관한 것으로, G-ABCDEF모델(Palmer, 2007)의 인지행동코칭을 필자가 수행하였다.

정신분열증의 전력이 없는 20대 여성

환자: 제게 냄새가 나는데요(현실적으로 일어나고 있는 사건). 하지만 제게 냄새가 난다고 생각하고 싶지는 않습니다.

의사: 자신에게 냄새 난다고 생각하면 어떻게 될 것 같습니까?

환자: 제 자신에게 냄새가 나면 손님에게 폐를 끼친다는 생각이 들어(신념) 일에 집중할 수 없어서… 이대로라면 사직하지 않으면 안 된다고…(눈물)(결과)

의사: 그건 난처하겠군요. 당신은 냄새가 나지 않는다고 생각하고 싶군요(목표 설정). 어떤 상황에서 냄새가 난다고 느끼셨나요?

환자: 직장에서 근무 중에 냄새가 나기 시작했어요. 시궁창 같은 냄새가요. 청소함이 비어 있었는데 안에 있는 걸레들에서 냄새가 나고 있었어요.

의사: 그랬군요, 걸레 냄새가 직장에서 났군요.

환자: 그렇습니다. 하지만 제게서 나는 냄새라고 생각합니다(자신의 생각).

의사: 청소함을 잠그니까 어땠어요?

환자: 냄새는 없어졌어요.

의사: 그렇다면 냄새나는 것은 어디서죠?(토론)

환자: 저에요(자동사고).

의사: 냄새가 나는 것은 걸레고, 그것을 덮어버리니 냄새가 안 나게 되었죠. 이 사실을 볼 때 냄새나는 것은 당신 말고는 무엇이겠죠?(반증, 새로운 효과적 어프로치)

환자: 네. 뭘까요? 역시, 걸레인가.

의사: 그렇군요. 냄새의 근원이 당신이 아니라, 만약 걸레라고 한다면 어떤 식으로

바꾸겠습니까?(미래에 초점)

환자: ... 안심하고 일을 할 수 있네요. ... 그렇죠. 고맙습니다.

의사: 청소함을 잠그고 걸레 냄새를 없애면, 냄새가 없어진다고 하니 객관적으로
걸레 냄새네요. 그리고 지금 당신에게서 냄새는 나는 느끼지 못해요. 자신감
을 가지세요.

3.2. 동기부여 면접법

동기부여 면접법은 코칭심리학에서도 취급하는 분야이지만, 최근에는 트레
이너 등의 자격제도와 같은 교육체제가 급속히 갖추어져 왔다. 이름 그대로 동
기부여를 하기 위해 유용한 면접법으로, 코칭 등의 지원을 거부하는 사람에게도
적용할 수 있다. 의료적으로도 대응이 곤란한 금연, 알코올중독, 강박성 장애(더
러운 것을 만져보게 하는 치료의 도입 등), 당뇨병의 인슐린 도입 등으로 적응 범위
가 확대되고 있다.

동기부여 면접법은 막다른 골목에 몰린 사람을 해방시키고, 양가감정(兩價感
情)을 해결하고, 전향적으로 행동을 바꾸도록 도와준다(Miller & Rollnick, 2002).
닫힌 질문보다 열린 질문을 많이 하고, 되묻기도 단순히 앵무새처럼 되묻는 것
이 아니라, 심층적으로 탐색하는 되묻기를 추천하고 있다. 그리고 질문보다 되
묻기를 더 많이 하는 것을 중시하고 있다.

60대 남성

의사: 당뇨병이 있고 혈압도 높아요. 동맥경화나 당뇨병 합병증을 예방하기 위해
금연을 권합니다.

환자: 금연? 그거 어렵네.

의사: 그게 무슨 소리죠?

환자: 회사에서 모두가 피우고 있어요. 흡연장소가 서로 사귀고 정보 교환하는 장
소가 되어 있어서 피우지 않고는 못 배깁니다. 건강에 안 좋은 건 알고 있
지만.

의사: 사교를 위해서 피우지 않을 수 없고, 다른 한편으로는 건강하고 싶다고 하
는 기분이로군요(양가감정: 복잡한 되물음).

환자: 그렇습니다. 담배를 그만둘 생각은 없어요. … 그렇지만, 2년 뒤면 정년입니다. 그때 담배 끊으려고 합니다. 병을 더 이상 키우고 싶지 않거든요.

의사: 병을 키우지 않기 위해 2년 후에는 담배를 그만두려고 생각하고 있군요(단순한 되물음).

3.3. 내러티브 코칭

내러티브 기반 의료(Narrative Based Medicine: NBM(Greenhalgh, 1998)) 혹은 내러티브 접근법은 환자의 이야기를 중시한 의료로서, EBM(Evidence Based Medicine: 증거에 의거한 의료)과 함께 두 바퀴로 하여 의료에서 잘 이용되고 있다. 의사는 의학적으로는 EBM 등 과학적 방법을 실천하려 하지만, 실제로는 환자의 인생관과 충돌하는 등 그것만으로는 대처할 수 없는 문제에 봉착한다. 거기서 '이야기와 대화에 근거한 의료'라고 하는 또 하나의 관점인 NBM이 탄생하였다.

Law의 저서, *The Psychology of Coaching*(2013)과 코칭심리학 핸드북에 학습이론을 가미한 내러티브 코칭이 소개되고 있다(그림 9-2)(원래 그림은 Kolb,

그림 9-2 학습의 바퀴

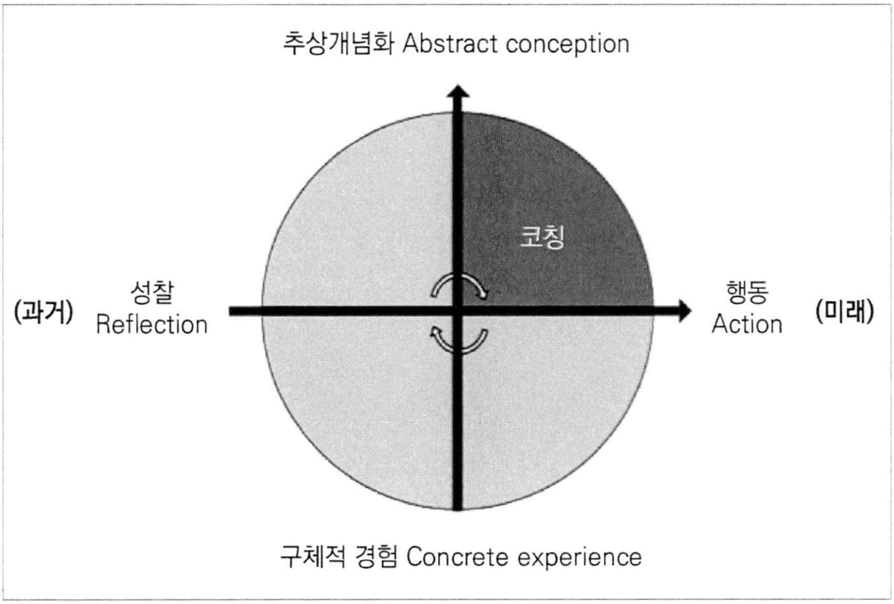

Low(2013)의 원인에 코칭을 추가함

1984). 깊은 통찰이 더해지는 새로운 이야기를 창작해가는 이 방법은 후술하는 행복이 지속시키는 12가지 행동 습관을 많이 끌어낼 수 있어서 주목되는 기법이다(森谷ら^{모리 등}, 2014).

40대 여성

환자: 기분이 착 가라앉습니다. 아이들의 일입니다. 자꾸만 공부하라고 말해버립니다(구체적 경험, Concrete experience).

의사: 그렇게 말하고 나면 어떤 기분이 드나요?

환자: 말해버린 후에는 말 안 할걸 그랬다 ... 라고 자기혐오감이 생기거든요(성찰, Reflection). 애들은 잔소리가 많은 엄마는 싫다고 하고, 그래서 기분이 착잡하게 되고요...

의사: 자기혐오가 돼서 기분이 처져 있네요. 어떻게 하면 좋을까요?

환자: 애들과 잘 어울리고 사이좋게 지내고 싶습니다(추상개념화, Abstract conception).

의사: 무슨 일을 하면 친해질까요?(코칭)

환자: 음. ... 우선, 공부하지 않는 아이들을 그냥 봐주고, 그리고 아이들을 믿고 공부하라고 말하지 않는다(행동, Action).

의사: 그거 좋은 방법이라고 생각해요. 해봅시다.

-3주 후-

환자: 아이들에게 공부하라고 말하는 것을 그만뒀어요. 한동안 그렇게 했더니, 말 없이 지켜봐주는 엄마가 너무 좋다고 말해주더라고요. 자기혐오감도 없어집니다. 날마다 행복을 느끼고 있습니다.

3.4. 해결중심코칭

해결중심코칭(solution focused coaching: SFA)의 창시자인 인수 김 버그(Insoo Kim Berg)는 이 접근법을 Brief Coaching이라고 불렀다(Berg & Szabo, 2005). 이처럼, 해결중심접근법과 해경중심코칭은 유사점이 많고 경계가 없다.

해결중심접근법은 일반적으로 해결 지향 접근법이라고 번역되고, 기존의 심리 요법과 달리, 원인을 추궁해가지 않고, 해결책 만들어가는 데 집중하는 brief psychotherapy이다. <그림 9-3>에 문제 지향과 해결 지향을 비교하고 있다.

그림의 작성에 있어서는 아오키(青木, 2006)의 그림을 참고하여 의료용으로 수정하였다. 해결중심접근법에서는 원인을 추구하지 않고, 목표를 정하고, 현재 갖고 있는 자원을 찾아내는 것이 기본이다. 코칭심리학에서는 해결중심코칭이라 칭하고, 인지행동코칭과 함께 많이 쓰인다.

해결중심접근법에서는 경청하면서 인정, 격려, 칭찬을 해주어, 예외를 찾아내서 해결 단서를 찾는 질문을 해간다. 목표 설정에 '잘 구성된 목표(well formed goal)'라는 원칙이 있다. 이 점에서는 종래의 비즈니스코칭과 지극히 유사해, 별 차이 없이 시행할 수 있다. 이 밖에 기적 질문(miracle question), 극복 질문(coping question), 측정용 질문(scaling question), 관계성 질문 등이 있다. 자세한 내용은 「정신과 의사를 위한 해결 구축 어프로치」(藤岡후지오카, 2010)를 참조 바란다. 이 책의 저자인 후지오카는 최근 10분의 해결을 제창하고 있다. 해결중심접근법은 1회 진료 시간뿐만 아니라 총 진료 시간도 짧아도 되기 때문에, 의료의 실천에서 유용성이 높은 방법으로 보인다. 또, 에바나(江花, 2012)가 제작한 DVD도 판매되고 있으며 학습하기 쉽게 되었다.

예를 들어 본다.

불규칙 만성 치통의 30대 여성

환자: 통증은 절반 정도까지 좋아졌지만(측정), 더 이상은 좋아지지 않아요.

의사: 그런 쓰라린 치통 속에서 지금까지 어떻게 지내온거죠?(극복 질문)

환자: 아플 때는 꼼짝 안하고 가만히 있었어요. 달리 할 게 없었어요.

의사: 아프지 않을 때는 어떤 때입니까?(예외 찾기)

환자: 요리하고 있을 때 정도입니다. 하지만 하루 종일 요리하고 있을 수는 없죠.

의사: 그 밖에 아프지 않을 때는 언젠가요?

환자: 생각나지 않습니다 … 약도 최대량을 먹고 있어서, 더 늘릴 수도 없고 이 통증은 더 이상 고칠 수 없겠죠.

의사: 약이나 인지행동요법을 해도 더 이상 나아지지 않을 거라고 생각하시는군요 [여기서 계속 통증이라는 문제에 초점을 맞춰 봐도 혼란만 더 가중될 게 뻔했다. 이 시점에서 통증이라는 문제에 초점을 맞추지 않는 해결중심접근으로 전환했다(그림 9-4)].

의사: 혹시 통증이 사라지면 어떤 일을 하고 싶으세요?(기적 질문의 변형)

환자: 음... 우선 책을 읽고 싶습니다. 친구나 남편과 천천히 대화하고 싶어요.

의사: 그 외에는요?

환자: 예전에 등산을 했었어요. 또 오르고 싶습니다.

의사: 활동적이네요(인정, 칭찬). 그것 말고 또 있어요?

환자: 춤인가? 지금은 아파서 못하는데.

의사: 재미있을 것 같아서 좋네요(인정). 다음 번까지 하고 싶은 것은 무엇입니까?

환자: 산으로 드라이브 가는 겁니다(목표). 도중에 통증이 심하지 않을까 걱정이 됩니다.

의사: 자연 속으로 가본다니 멋집니다(인정, 격려, 칭찬). 맛있는 공기로 기분도 맑아지겠네요.

[책도 잘 읽지 못하는 사람이 드라이브를? 이라는 의문이 들긴 했지만, 적어도 밖에 나감으로써 좋아질 가능성이 높아서 그 행동을 촉구하고 격려했다.]

그림 9-3 문제 지향적 접근법과 해결 지향적 접근법의 비교

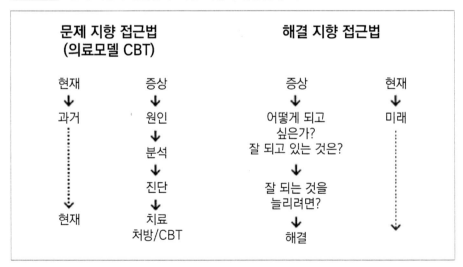

그림 9-4 해결 지향의 목표

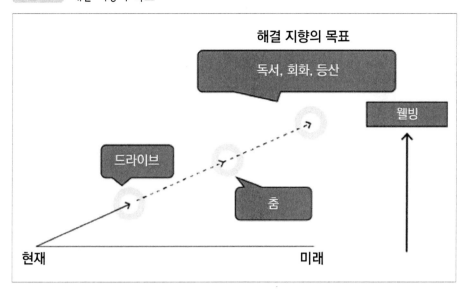

코칭의 목표 설정에는 SMART[1]원칙이 있다. 해결중심접근법에서는 '잘 구성된 목표(well formed goal)'라는 원칙이 있으며, 클라이언트에게 있어서 명확하고 중요하고, 구체적이고, 현실적이고, 달성 가능한 목표라는 점은 코칭과 동일하다. '잘 구성된 목표'는 더 작고 간단한(small step의 원칙) 것이고, 무엇인가 '없어지는 것'이 아니고, 무엇인가 '있는 것'이라고 말할 수 있는 것이며, 뭔가(바람직하지 않은 것)의 끝이 아니라, 뭔가의 시작이라고 할 수 있는 것으로 표현된다. 위 사례에서 드라이브를 간다는 목표는 본인에게 중요하고 현실적이며 구체적이고, 어떻게든 달성할 수 있을 것 같은 정도였다. 그리고 등산과 비교하면 small step이었다.

금연의 '잘 구성된 목표'를 생각했을 때는 무엇인가(불미스러운 일)의 끝이 아니라, 무엇인가의 시작으로 기술되는 것이라는 원칙에서, 담배를 끊는 대신에 무엇을 합니까?를 질문하고 다른 목표를 생각해낸다.

---

1) S: Specific 구체적인, M: Measurable 측정 가능한, A: Attainable, Achievable 달성 가능한, R: Realistic 현실적인 Relevant 적절한, Result-based, Result-oriented 결과를 토대로 한, T: Time-Limited, Time-phased 기한이 있는.

동기부여 면접법의 위 사례에서 이어짐

환자: 그래요. 담배를 그만 둘 생각은 없어요 ... 그렇지만 2년 뒤에 정년이니 그때 끊으려고 합니다. 병을 더 이상 키우고 싶지 않거든요.

의사: 병을 키우지 않기 위해서 2년 후에 담배를 끊으려고 생각하시나요?(단순히 반문) 담배를 끊는 대신에 무엇을 하겠습니까?

환자: 골프 삼매경이요. 지금은 한 달에 한 번밖에 못하지만.

의사: 그건 당신의 건강을 위해 아주 훌륭한 계획입니다. 혈당이나 혈압에도 좋고요. 이번 달부터라도 골프를 더 할 수 있었으면 좋겠어요.

환자: 그렇게 하고 싶어요. 일이 바빠서 그렇지만 가능한 한 시간내서 할게요.

이와 같이 금연을 유지하는 요인을 찾는 질문이었지만, 골프라고 하는 운동을 촉진하는 결과가 되어, 건강 면에서는 일석이조였다.

다만, 해결중심코칭에도 단점이 있다. 순전히 해결책만 찾으면 문제점인 병명을 알아내지 못하기 때문에 보험 진료가 안 될 위험성이 있다. 따라서 의료에서 해결중심접근법을 쓰려면, 우선 원인을 찾는 과정은 통상의 진단과 치료를 하면서 동시에 해결책도 찾아본다. 이른바 두 나라 말을 동시에 구사하는(三島미시마, 2014)(또는 필자는 하이브리드라고 표현해도 좋다고 생각함) 형태를 취하지 않을 수 없다.

4. 변화의 무대모델과 각 기법의 적용

이상 인지행동코칭, 동기부여 면접법, 내러티브코칭, 해결중심코칭을 살펴봤지만, 이들을 어떻게 구사할지는 명확하지 않다. <그림 9-5>에 변화과정모형을 나타냈다(Prochaska, 1992). 변화의 무대는 사전숙고기(事前熟考期), 숙고기, 준비기, 실행기, 유지기 등 5개로 되어 있다. 코칭과 인지행동코칭은 적어도 방향성이 명확해야 할 필요가 있으며, 목표의 설정 및 실행을 위해 준비기 이후가 아니면 곤란하다. 그런 결점을 보완하도록 동기부여 면접법은 초기 단계인 사전숙고기와 숙고기의 클라이언트를 위한 방법으로 아주 적합하고(Miller & Rollnick,

2002), 코칭 및 인지행동코칭과 동기부여 면접법은 열쇠와 열쇠구멍의 관계이다. 한편, 내러티브코칭과 해결중심코칭은 클라이언트의 대화를 중요시하기 때문에, 기본적으로 어느 단계에서든 적합하다.

필자는 먼저 해결중심코칭을 실시해, 자력으로 해결할 수 있을 것 같을 때에는 내러티브코칭을 실시한다. 인지의 왜곡을 다룰 때에는 인지행동코칭을, 양가감정(ambivalence)의 상황 같이 방향성이 정해지지 않았을 때에는 동기부여 면접법을 부분적으로 활용하고 있다.

그림 9-5 변화의 단계와 각 어프로치

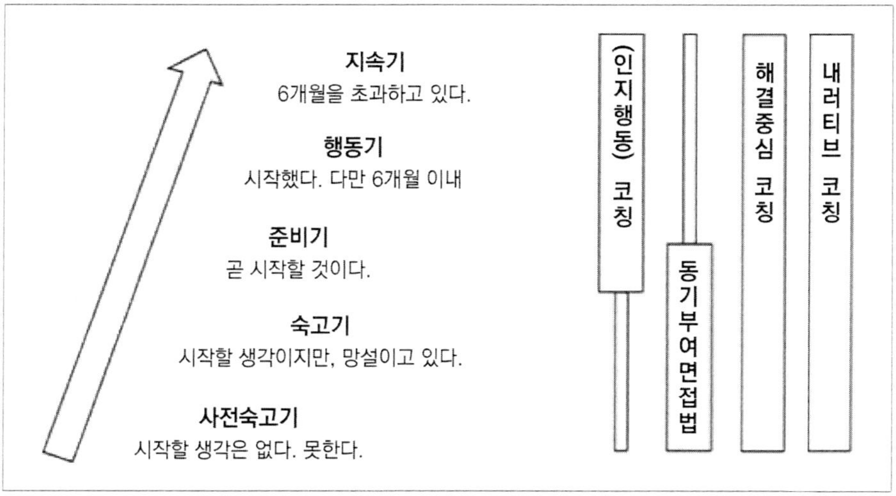

지속기
6개월을 초과하고 있다.

행동기
시작했다. 다만 6개월 이내

준비기
곧 시작할 것이다.

숙고기
시작할 생각이지만, 망설이고 있다.

사전숙고기
시작할 생각은 없다. 못한다.

(인지행동) 코칭

동기부여면접법

해결중심 코칭

내러티브 코칭

Prochaska, 1992

5. 행복의 지속을 위한 12가지 행동 습관과 각 기법

행복이 지속되는 12가지 행동 습관과 각 기법의 관계는 <표 9-1>에 나타냈다. 행복을 지속시키는 12가지 습관 중의 어느 하나에 대해 클라이언트가 언급하면, 코치는 그것에 즉각 반응하여 칭찬하고 격려하면서 해당 기법을 사용하는 것이 적절하다.

| 표 9-1 | 행복의 지속을 위한 12가지 행동 습관과 각 기법의 관계(안) |

	내러티브코칭	해결중심코칭	인지행동코칭
1. 고마움을 표한다.	O		
2. 낙관적으로 된다.	O		
3. 고민을 안하고, 남과 비교도 안한다.			O
4. 친절하게 대한다.	O		
5. 인간관계를 잘 가꾼다.		O	
6. 스트레스/번민 대응책을 갖는다.			O
7. 남을 용서한다.	O		
8. 열중할 수 있는 활동을 늘린다.		O	
9. 인생의 기쁨을 깊이 맛본다.	O		
10. 목표달성에 전력을 다한다.		O	
11. 내면적인 것을 소중히 여긴다.	O		
12. 몸에 좋은 명상과 운동을 한다.	O		

6. 맺음말

New England Journal of Medicine에 Goal-Oriented Patient Care가 소개되고(Reuben & Tinetti, 2012), 아들러심리학(제5장 참조)이 등장함으로써, 문제점인 병에 대해서 원인을 캐내지 않는 것도 하나의 옳은 방법이라고 여겨지는 시대가 올 것으로 예상된다. 해결중심코칭은 그 구체적인 방법이다. 한편, 간이 정신요법의 치료적 요소로, 환자 요인과 치료 외의 사건, 관계 요소, 기대 및 플라시보 효과, 치료 기술을 들 수 있지만(호리코시 노무라, 2012), 인지행동요법은 치료 기술에 포함되고, 해결중심코칭은 치료 기술이라기보다는 그 외 환자 요인과 치료 외의 사건, 관계 요소, 기대 및 플라시보 효과의 강화로 연결된다고 생각한다. 따라서, 이 해결중심코칭, 인지행동코칭, 내러티브코칭, 동기부여 면접법을 잘 조합할 수 있으면, 대응하기 어렵다고 얘기되는 환자에게도 대응할 수 있을 것이며, 문제 해결에의 실마리를 찾고, 또 환자와 의료진의 행복으로 연결되길 기대한다.

青木安輝 (2006). 解決志向(ソリューションフォーカス)の実践マネジメント 河出書房新社, p.29.

安藤 潔 (2005). がん患者を支えるコーチングサポートの実際 真興交易医書出版

安藤 潔・柳沢厚生 (2002). 難病患者を支えるコーチングサポートの実際 真興交易医書出版部

Berg, I. K. & Szabo, P. (2005). *Brief coaching for lasting solution*. New York: W. W. Norton. (長谷川啓三(訳) (2007). インスー・キム・バーグのブリーフ・コーチング入門 創元社)

Bonanno, G. A. (2010). *The other side of sadness: What the new science of bereavement tells us about life after loss*. New York: Basic Books. (高橋祥友(訳) (2013). リジリエンス 金剛出版)

江花昭一 (2012). ブリーフセラピー: しっかりと前を向いて歩むために チーム医療

藤岡耕太郎 (2010). 精神科医のための解決構築アプローチ 金剛出版

Greenhalgh, T. & Hurwitz, B. (Eds.) (1998). *Narrative based medicine*. London: BMJ. (斎藤清二・岸本寛史・山本和利(訳) (2001). ナラティブ・ベイスト・メディスン臨床における物語りと対話 金剛出版)

畑埜義雄 (2010). 医師のための実践!マネジメント・コーチング Nikkei Medical, 10, 148-149.

堀越 勝・野村俊明 (2012). 精神療法の基本 支持から認知行動療法まで 医学書院 pp. 14-16.

池見西次郎 (1986). 幸せのカルテ 三笠書房 pp.32-33, & 131-145.

石井 均 (2011). 糖尿病療養行動を促進する 糖尿病医療学:こころと行動のガイドブック 医学書院 pp.92-190.

出江紳一 (2009). リハスタッフのためのコーチング活用ガイド 医歯薬出版

出江紳一・鈴鴨よしみ・辻 一郎(監修) (2009). コーチングを活用した介護予防ケアマネジメント 中央法規出版

出江紳一・鑪 伸子 (2006). メディカル・コーチングQ&A 真興交易医書出版部 pp. 53-55.

出江紳一・坪田康佑 (2013). 看護管理者のためのコーチング実践ガイド 医歯薬出版

加藤 敏・八木剛平 (2009). レジリアンス現代精神医学の新しいパラダイム 金原出版

Kolb, D. A. (1984). *Experimental learning: Experience as the source of learning and development.* Englewood Cliffs. NJ: Prentice Hall.

Law, H. (2013). *The psychology of coaching, mentoring and learning.* West Sussex, UK: Wiley Blackwell. pp.23-51.

Lyubomirsky, S. (2007). *The how of happiness.* New York: Penguin Books. (渡辺 誠(監修) 金井真弓(訳) (2012). 幸せがずっと続く12の行動習慣 日本実業出版社 pp.91-272.)

松本一成 (2015). コーチングを利用した糖尿病栄養看護外来:行動変容を促すスキルを身につける 中山書店

Miller, W. R. & Rollnick, S. (2002). *Motivational interviewing: Preparing people for change.* <*Applications of motivational interweaving series*> (2nd ed.). New York: Guilford Press. (松島義博・後藤 恵(訳) (2007). 動機づけ面接法一基礎・実践編 星和書店 p.49.)

Miller, W. R. & Rollnick, S. (2002). *Motivational interviewing: Preparing people for change.* <*Applications of motivational interweaving*> (2nd ed.). New York: Guilford Press. (松島義博・後藤 恵・猪野亜湖(訳) (2012). 動機づけ面接法-応用編 星和書店 pp.8-18.)

三島徳雄 (2014). バイリンガル・ドクター 医療の中でSFBTをシームレスに使う 第8回ソリューションランド <solutionland. com/taika/08/annai08, pdf>

森谷 満・井上清美・川島美保・野村美千江・高田和子 (2014). ナラティヴ・コーチングの実践と幸せへの行動習慣 第7回国際保健医療行動科学会議 プログラム・抄録集 p.35.

森谷 満・菊地英豪・宮本光明 (2010). 医療コーチング・スキルにより改善した機能性ディスペプシアの1例 消化器心身医学, 17, 55-60.

太田 肇 (2011). 看護師を対象にした研究 承認とモチベーション 同文堂出版 pp.123-155.

奥田弘美・木村智子 (2003). メディカルサポートコーチング:医療スタッフのコミュニケーション力＋セルフケア力＋マネジメント力を伸ばす 日本医療情報センター

Palmer, S. (2007). Stress, performance, resilience and well-being: The 'fit' vs 'unfit' manager. Paper given at Institution of Safety and Health National Conference, Telford, UK, 27 April.

Palmer, S. & Whybrow, A. (2007). Coaching psychology: An introduction. In S. Palmer & A. Whybron (Esd.) *Handbook of coaching psychology: A guide for practitioners.* Hove, East Sussex, UK: Routledge. (堀 正(訳) (2011). コーチング心理学とは何か 堀 正(監修・監訳) 自己心理学研究会(訳) 第1章 コーチング心理学ハンドブック 金子書房 pp.1-24.)

Prochaska, J. O., Diclemente, C. C., & Nocross, J. C. (1992). In search of how people change: Applications to addictive behaviors. *American Psychologist*, 47, 1102-1114.

Reuben, D. B. & Tinetti, M. E. (2012). Goal-oriented patient care: An alternative health outcomes paradigm. *New England Journal of Medicine*, 366. 777-779.

臨床コーチング研究会 (2010). 本会の目的と活動内容
　　<http://rinsho-coach.net/mt/public/hp/2010/04/about-01.html>

西城卓也・田口智博・若林英樹 (2011). 研修医との効果的な面談:魅力的なメンタリング&コーチング 岐阜大学医学教育開発研究センター(編) 新しい医学教育の流れ 10秋 三恵社 pp.103-126.

Studer, Q. (2004). *Hardwiring excellence Purpose, worthwhile work, making difference.* Baltimore, MD: Fire Starter Publishing. (鐘江康一郎(翻訳) (2011). エクセレント・ホスピタル ディスカヴァー・トゥエンティワン pp.352-355 & 356-358.)

諏訪茂樹 (2011). 看護にいかすリーダーシップ-ティーチングとコーチング 場面対応の体験学習 医学書院 pp.29-46.

鱸 伸子・いとうびわ・柳澤厚生 (2010). 保健指導が楽しくなる!医療コーチングレッスン 南山堂

鱸 伸子・森谷 満・柳澤厚生 (2010). コーチングの技法 特集不定愁訴に立ち向かう治療, 92, 255-261. 南山堂

鱸 伸子・柳澤厚生 (2010). ナースのためのセルフコーチング 医学書院

鈴木敏恵 (2006). ポートフォリオ評価とコーチング手法—臨床研修・臨床実習の成功戦略! 医学書院

高橋憲男 (2004). ポジティブ共同社会と使康支援 津田 彰・馬場園明(編) 現代のエスプリ440 至文堂 pp.104-115.

塚原康博 (2010). 患者満足の国際比較 医師と患者の情報コミュニケーション 薬事日報社 p.147.

山崎喜比古・坂野純子・戸ケ里泰典 (2008). ストレス対処能力SOC有信堂高文社

柳澤厚生・鱸 伸子・平野美由紀 (2006). ニュートリションコーチング 自ら考え,決断し,行動を促すコミュニケーションスキル 臨床栄養別冊 医歯薬出版

柳澤厚生・鱸 伸子・田中昭子・磯さやか (2008). コーチングで保健指導が変わる! 医学書院 pp.1-41.

세계의 코치 현황: ICF 글로벌 조사의 소개

하야시 켄타로(林健太郎)

국제코치연맹(International Coach Federation: ICF)은 글로벌코칭조사(Global Coaching Study)라 불리는 시장동향 조사를 정기적으로 실시하여 코칭의 직업 및 산업의 기초 데이터로 활용하고 있다. 본 칼럼은 117개국의 12,133건의 유효 응답(일본 단체에서는 183건의 유효 응답)이 있는 2012년의 조사 결과를 정리하였다.

이 조사에서는, 과거에 코치의 전체 인원수를 조사한 것이 없다고 하면서, 본 조사의 유효 응답을 기반으로 별도로 계산하여 총인원수를 산출하고 있다. 그것에 따르면 세계에는 47,500명의 코치가 있으며, 그 중에 본 조사 당시에 고객을 한 명 이상 가진 코치(이하 '액티브 코치'라고 부름)의 비율이 87%인 점을 근거로 액티브 코치의 수는 41,300명으로 봤다. 코치로서 경력이 높을수록 코치업을 실제 하는 비율이 높다고 하며, 3년 이상 경력자들은 그 비율이 92%, 2년 이하의 응답자의 평균은 75%이다.

액티브 코치 중에서도 보유 고객 수에 차이가 있었다. 경력 1년 이하의 코치는 평균 5.4명, 경력 1년 이상 2년 미만의 코치는 6.8명으로 약간 높았고, 경력 10년 이상의 응답자는 약 15명의 고객을 갖고 있는 것으로 나타났다. 이 결과는 코칭의 고객층을 확보하기 위해서 어느 정도의 기간이 필요하다는 점을 보여준다.

코치로 활동하는 개인의 속성을 분석해보면, 성별, 연령, 경력 등에 차이가 보였다. 성별로는 여성 비율이 약간 높은데, 세계적으로 67.5%, 일본에서는 58.3%였다. 코치의 연령은 세계 전체 응답에서 46~55세가 가장 많아 36.6%, 36~45세가 두번째로 많아 27.4%였다. 일본에서도 비슷한 추세를 보여 46~55세가 33.9%, 36~45세가 31.7%였다.

코치 경력은 지난번 조사보다 증가하고 있으며, 약 10명 중 3명의 응답자가

5년 이상 10년 미만의 경력을 가지고 있다고 조사되었다. 구체적인 수치는 세계 29.7%, 아시아 27.6%로 나타났다.

코치의 수입에 대한 조사에서는, 코칭 이외의 수입을 제외한 연간 수입의 평균이 세계 전체에서 US$ 47,900로 나왔다. 아시아에서는 US$ 36,500로 세계 평균을 밑돌았다. 이 세계 평균을 바탕으로 시장 규모를 추측했을 때, 코칭 산업 전체의 시장 규모는 US$ 1,979,000,000이다. 아시아의 시장 규모는 US$ 95,000,000로 추산되었다. 이것은 글로벌 전체의 4.8%를 차지하고 있다.

코치가 1시간당 받는 요금을 보면, 고객에게 청구하는 돈의 평균은 세계 전체에서 평균 US$ 229, 아시아의 평균은 US$ 239로 세계 평균치를 웃돌았다. 아시아를 더 자세히 보면, 중앙값이 US$ 147으로, 둘 중 한 명은 US$ 147 이상의 요금을 청구했고, 둘 중 다른 한 명은 그 이하의 요금을 청구하고 있다. 평균치를 밑도는 코치가 많이 있다는 것을 알 수 있다.

또, 코치의 경력에 따라 시간당 요금에 차이가 나타났다. 10년 이상 경력이 있는 코치의 청구액 평균은 US$ 321였고, 경력 1년 미만의 코치의 평균은 US$ 128로 차이가 있다. 코칭을 실시하는 대상에 따라서도 요금 차이가 있는 것으로 나타났다. 임원을 대상으로 하는 코치의 청구액 평균은 US$ 347, 개인 코칭의 평균은 US$ 118이라는 결과에 그것이 드러난다.

코치가 1주일 중 코칭에 할애하는 시간의 평균은 13시간이었다. 연간 수입과 고객 수, 평균 청구 금액으로 역산하면 코치는 한번의 세션을 실시함에 있어서, 약 2시간의 준비 시간을 쓰는 것으로 나타났다.

코칭을 받는 고객 수는, 세계 전체로 볼 때 59%의 코치가 과거 12개월 사이에 고객 수가 늘었다고 응답했다. 다만, 이 수치는 고객층에 따라 차이를 볼 수 있는데, 관리자와 회사 오너, 기업가에 대한 코칭에서는 63%의 코치가 고객 수 증가가 있었다고 응답하였고, 개인 코칭의 경우는 그 수치가 56%였다.

코칭을 나타내는 표현으로서 직업, 산업, 스킬 세트 중 어느 것이 가장 적합한가라는 질문에 대해서 직업이라는 응답이 가장 많았는데, 세계 전체에서 68.9%였다. 스킬 세트라는 응답은 26.2%로 나타났다. 일본에서는 스킬 세트라는 응답이 가장 많아서 67.2%, 직업이라는 응답이 23%로 세계의 경향과 차이를 보였다.

향후, 코칭 업계의 발전을 저해하는 최대 과제는 뭔가라는 질문에 대해서는, 적절한 교육을 받지 않고 스스로를 코치라고 부르며 활동하는 개인의 존재인 것으로 조사되었다. 세계 전체에서 42.8%의 코치가 그렇게 답했다. 그리고, 코칭 산업에 대한 규제를 마련할 필요가 있는가라는 질문에 대해서는, 그럴 필요가 있다고 응답한 코치가 많았는데, 세계 전체에서는 53.3%가 동의하고 있다. 나아가 이러한 규제를 누가 제정해야 하느냐는 질문에는 세계 전체에서 84%가 업계의 단체라고 응답했다.

❖ 참고

ICF Global Coaching Study(2012)
  (http://www.coachfederation.org/about/landing.cfm?itemNumber=828)

———— 제10장 ————

커리어 코칭

사이토 신이치로(斉藤真一郎)

1. 대학생에게 있어서 경력

대학생이라는 시기는 심리학적으로 보면 어떤 시기가 될까. 대학생에게 있어서의 경력을 생각하기 전에, 발달과정 안에서 대학생의 특징을 꼽아보면 커리어를 생각하는 힌트를 얻을 수 있다.

1.1. 발달 과정 중 대학생

에릭슨(Erikson, 1959)은 생애 발달의 관점에서 라이프 사이클을 8단계로 나누고 있다. 12세에서 20세를 청년기로 보는데, 그 시기의 과제와 위기로는 정체성의 문제를 꼽았다. 대학생이 되면 고등학교 시절의 거주 지역 차원을 넘어 전국 각 지역의 학생과의 만남, 외국 유학생과의 교류, 또 해외 유학을 가면 세계 각국으로부터의 학생과의 교류 등을 체험하게 되고, 다양한 가치관에 접할 기회가 증가한다. 자신이 과거에 지니고 있던 가치관과 정체성이 흔들리게 된다. "나는 도대체 누구냐"며 자신을 돌아보는 때가 된다. 자기 자신에 대한 물음을 거쳐, 정체성을 다시 확립하게 된다. 정체성을 만들어 가는 과정은, 자신이 누구인지, 어떻게 살아야 할지의 방향성을 찾아가는 작업이다. 이 작업은 청년기에 국한되지 않고 평생 해야 하는 과정이지만, 특히 청년기에 있어서 지역 차원을 넘는 넓은 시야에 처음으로 스스로 서게 됨으로써 스스로의 가치관, 신념, 자기 자신에 대한 신뢰를 확립해간다.

이 자기정체성의 확립은 청년기의 중요한 과제로서, 흔히 그것을 이룬다는 핑계로 한 사람의 사회인으로서 수행해야 하는 다양한 의무나 책임을 일단 옆으로 빼놓고 피해버리기도 한다. 말하자면 유예하는 행위가 나타난다. 이를 사회심리적 '모라토리엄'이라고 에릭슨은 설명한다. 이 유예 기간에 청년은 다양한 과제에 직면하고 모색하는 가운데 스스로 되묻고 되돌아보면서 결국 모라토리엄을 벗어나는 길을 찾는다.

정체성을 구성하는 여러 요소 중에서, 직업에 관한 요소를 '직업적 정체성'(鐘ら^{타타리 등}, 1984)이라고 한다. 허쉘선(Hershenson, 1968)의 직업적 발달 단계론은 직업적 발달을 5단계로 나눴고(표 10-1), 직업적 정체성을 확립하는 과정을 잘 밝히고 있다. 특히 "자기 차별화(self-differentiation) 단계"와 "유능성(competence) 단계"를 거쳐, 직업을 정해 가는 "독립(independence) 단계"가 되는 것은 청년기의 직업적 정체성 획득 과정에서 중요한 단계이다. 그리고 직업을 결정하기 전의 발달 단계라는 점에서 단계적으로 점차 나아가는 것이 이상적이겠지만, 개인이 놓인 다양한 환경에 따라 다르게 발달하고, 좀처럼 생각처럼 진행되지 않는 것이 보통이다.

"나는 누구인가?"로 시작해 "나는 무엇을 할 수 있을까?"라고 스스로 묻는 과정을 거치지 않고 취업활동 시기가 돼 버리는 대학생들이 있다. 또한 이 2개의 물음에 "나는 무엇을 할까?"를 포함한 3개의 질문을 한꺼번에 고민하면서 혼란스러워 하는 학생도 있다. 선택해야 할 시기에 스스로 선택을 하지 못한 채 취업활동을 접기도 한다.

발달과정 중에 있는 대학생이라는 관점에서 그들을 이해하는 것은 그들을 상대로 코칭할 때 중요하다. 인생에서 어떤 시기를 겪고 있는지, 어떤 과제를 일반적으로 안고 있는지를 이해하는 것은 대학생이 개별적으로 안고 있는 과제의 배경을 이해하는 데 큰 도움이 되기 때문이다.

Hershenson의 직업적 발달단계론(Hershenson, 1968. 일부 수정)

직업적 발달단계	에너지 활용 방법	직업의 유형	직업과 관련된 질문	Erikson의 심리 사회적 발달단계**
사회적양막단계* (social-amniotic)	의식 (awareness)	생존 (being)	나는 존재하는 것일까?	기본적 신뢰
자기차별화단계 (self-differentiation)	통제 (control)	놀이 (play)	나는 누구인가?	자율성 (autonomy)
능력단계 (competence)	방향 설정 (directed)	작업 (work)	나는 무엇을 할 수 있는가?	주도성 (initiative)
독립단계 (independence)	목표 지향 (goal-directed)	직업 (occupation)	나는 무엇을 할까?	근면 (industry)
적극적관여단계 (commitment)	투자 (invested)	천직 (vocation)	내가 하는 일은 내게 어떤 의미가 있는가?	친밀 (Intimacy) 생식성 (generativity) 자아통합성 (ego integrity)

* 사회적양막단계는 태아기부터 유아기를 가리키며, 유아의 사회적 환경요인이 직업선택에 영향을 미친다는 의미를 가지고 있다(역자 주).
** Erikson의 단계에는 달성되어야 하는 과제만 제시했다.

1.2. 커리어란 무엇인가

커리어라고 하면 일반적으로는 직무 경력을 떠올린다. "그는 지금까지 어떠한 일을 해 왔는가"라는 것이다. "그는 이 직업 경력이 길다"고 하는 경우에는 그 직업의 전문가라는 의미를 내포하고 있다. 또 "그는 공무원 커리어를 지향하고 있다"고 말한다면 "국가공무원 일반직을 목표로 한다"는 얘기가 된다. 이와 같이 career라는 말은 일과 관련된 이미지가 떠오르는 경우가 많다.

일본 후생노동성은 「커리어 형성을 지원하는 노동 시장 정책 연구회 보고서」(2002)에서, "'커리어'는 일반적으로 '경력', '경험', '발전' 또는, '관련된 직무의 연쇄' 등으로 표현되어 시간적 지속성 또는 연속성을 가진 개념으로 이해된다"라고 하고 있다.

또 일본 문부과학성은, 2004년 「커리어 교육의 추진에 관한 종합적 조사 연구 협력자 회의 보고서-학생 개개인의 근로관, 직업관을 키우기 위해-」에서, "'커리어'의 해석과 의미는 각자의 주장과 입장, 이용하는 분야 등에 따라 다양하다"며, '커리어'는 "개개인이 평생에 걸쳐 수행하는 다양한 입장과 역할의 연쇄이며 그 과정에서 자신과 담당 업무의 관련성과 부여한 가치의 누적"이라고 설명하고 있다.

위 두 부처의 정의에서 "시간적 지속성 또는 계속성을 가진 개념", "평생에 수행하는 다양한 입장과 역할", "누적"이라는 말이 표현되어 있듯이 단순히 일의 측면뿐만 아니라 커리어는 시간적인 폭이 있고 누적되어 가는 것임을 알 수 있다.

양 부처의 정의는 여러 연구자의 오랜 세월에 걸친 연구 결과와 견해가 활용되고 있다. '시간적 지속성 내지 계속성', '누적', '평생 수행하는 다양한 입장, 역할' 등이 그들의 견해와 관점일 것이다. 예를 들어, 샤인(Schein, 1978)은 사람에게는 "평생을 걸쳐 자기 개발을 해보려는 도전과 기회를 구하고, 보장된 업무 환경을 찾고 싶은 욕구"가 있음을 주장하고 있다. 하나다(花田, 2006)는 커리어는 "과거·현재·장래에 걸쳐 계속적이고 깊은 자기 자신에 대한 깨달음을 통해 자신다움을 발휘하는 것으로서, 스킬의 획득과 활용, 일과 비즈니스 활동에의 참가, 사회 활동에의 참가, 풍요롭게 살아가는 활동의 실천 등을 통해 능동적으로 발휘하는 일련의 프로세스"라고 보고 있다. 또, 슈퍼(Super, 1976)는 커리어를 "직업적 지위의 연속에서 취업 전의 지위, 퇴직 후의 지위, 그것에 부수되는 취미나 가족, 시민적인 역할(입장)도 포함한 연속"이라 하였고, "직무의 연속이고 일의 역사이며, 개인이 그려낸 일생"이라고도 하였으며, 삶의 범주나 삶의 공간이라는 개념에서 역할과 연속적인 시기를 바탕으로 한 "라이프 커리어 무지개"를 그리고 있다(그림 10-1).

그림 10-1 라이프-커리어 무지개

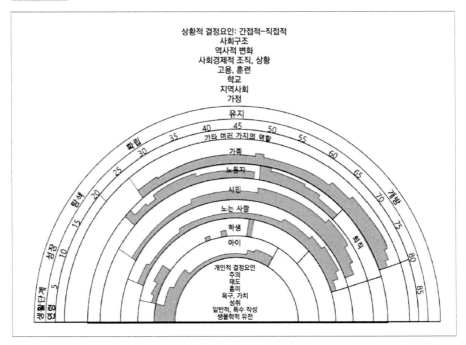

Nevil & super, 1986을 일부 수정

커리어의 관점에서 보면, 학창 시절은 연속된 인생 속의 한 과정이다. 그 이전보다 더 넓은 세계에서 자신다움을 표현하고 발휘해 나가는 출발점이기도 하다. 한 평생에 거치게 되는 다양한 지위와 역할의 관점에서 보면, 인생 무대에서는 '학생'이라고 하는 지위에서 역할을 연기하고 있는 것이 된다.

1.3. 학창 생활에서의 커리어

학창 생활의 커리어에는, '학문적 커리어(배움의 커리어)', '취직활동에서의 커리어', '지역 사회 안에서의 커리어'가 있다.

(1) 학문적 커리어(배움의 커리어)

'학문적 커리어'라고 하면, 일반적으로 대학원에의 진학과 연구자의 길이라고 생각하지만, 여기에서는 '배움의 커리어'라고 하는 관점에서 파악한다. 대학 입학 후에는 전공 과목을 배우고, 체계화된 지식을 얻는 것이 시작된다. 이처럼 본격적인 배움의 커리어의 시작이 대학생 때부터 시작된다. 학교 생활에서 수업과 세미나 활동은 지극히 중요한 위치에 있다. 이 배움은, 입학하고 나서 졸업할 때까지의 기간 동안에 어떻게 배워 갈지를 스스로 결정해 가는 것으로부터 시작되기는 하지만, 단지 대학에서의 학업에 머무르지 않고, 평생학습이라는 관점을 가지고 계속 배우는 것이 '배움의 커리어'의 의미이다. 대학에서 배운 전문 지식을 자신의 직업으로 연결하려는 의지는 당연한 것이지만, 그것이 원하는 대로 실현되는 것은 지극히 제한적이다.

(2) 취업활동 중의 커리어

최근, 인턴십이 많은 기업에 도입되고 있다. 학생이 인턴십 과정을 체험하는 것은 기업과 일의 실상을 알게 되어 기업과 직업에 대한 이해를 심화시키는 데 일조한다. 그런 기회가 늘어나는 것은 아주 좋은 일이라고 생각되는데, 이유는 커리어 차원에서 볼 때, 직업에 대한 이해는 중요하고, 구체적인 현장에서의 인턴십 체험은 학생이 가진 직업의 이미지와 실제와의 차이를 메우는 데 중요한 역할을 하기 때문이다. 카네이(金井, 2002)는 입사 전에, 일하기 좋은 곳과 어려운 곳, 즉 일의 실상을 알아 둔다(Realistic Job Preview: RJP)는 것의 중요성을 강조하고 있다.

또, 학생이 취직활동 중에, '커리어를 생각한다'라는 것은 인생을 걸고 있는 동안, 자신이 살아가고 자신의 가치를 최대한으로 발휘해 나가기 위해 선택하는 길로서, 여러 직업을 살펴보고 적절한 것을 선택해 나가는 것이다.

취직활동은 직업 선택에 한 걸음 내디뎌 가는 단계이다. 직업 이해는 인턴십을 체험하는 것으로 그 이해도가 높아진다는 것은 이미 말했다. 인턴십 때 접하는 여러 사회인과 그리고 함께 참가하는 다른 학생들과 자신이 가진 가치관과 사고방식이 충돌하는 경우가 있을 것이다. 이 충돌이 자신을 되돌아보는 계기가 되어, 사회 속의 자신을 생각하게 되어 자기 이해도 증가하게 된다. 대학의 수업과 세미나, 동아리 활동에서도 같은 일이 일어나지만, 인턴십과 직업 선택을 하는 과정에 '자신을 돌아보는 것'은 효과가 있는 체험이 된다. 학생에게 있어 이 체험은 매우 큰 의미가 있다. 특히 '자신이 어떻게 살아야 하는가 하는 방향성'을 얻는 것은 일생 중에 많은 시간을 소비하게 되는 직업의 선택 시에 매우 귀중한 기준의 역할을 한다.

(3) 지역 사회에서의 커리어

'지식의 거점'으로서 대학은 지역 사회에 큰 공헌을 하리라는 기대를 받고 있다(文部科学白書, 2008). 지금까지 지역의 학교 교육을 담당하는 교원이나 지역 의료를 지지하는 의사와 의료기술직(간호사, 임상검사기사, 임상공학사, 이학요법사, 작업요법사 등)을 양성해 온 것이 대학이다. 한편으로 지역성을 살린 산업의 발굴, 지역 요구를 반영한 기업 등이 지역 사회 내의 인재를 육성하는 측면에서 그 존재 의의가 높다. 이에 대한 좋은 예로서, '대학 컨소시엄 이시카와(石川)'의 사례를 보자. 이것은 2008년에 출범했다. 고등교육기관(2009년 3월 현재 20교가 가맹), 현 내 모든 지자체, 경제단체 등으로 구성된 연합체로, '지역 공헌형 학생 프로젝트 추진 사업'을 추진하고, 상징적인 사업으로 '지역 과제 연구 세미나 지원 사업', '지역 공헌형 학생 프로젝트 추진 사업' 등을 전개하고 있다(文部科学白書, 2008).

또한 지역의 과제를 대학의 세미나에서 채택하여 그 문제 해결을 시도하거나, 학생의 과외 자원봉사 활동을 넣거나 하고 있다. 이것은 '배움의 커리어'와도 겹치긴 하지만, 그러한 활동에 참가하는 것을 지역 사회에 대한 학생의 커리어 활동으로도 볼 수 있다. 예를 들어, 지역 축제는 전통행사에 학생들이 참여함으로써 지역 활성화가 이루어지는 한편, 지역 안에서 학생들의 커리어가 쌓이는 시작이기도 하다. 졸업하고 다른 지역에 취직했다고 해도, 그러한 참가로 인해 다시 그 지역에서의 활동 참가가 용이해지고 그 지역을 더 잘 알 수 있게 된다. 또 지역의 재난 예방에 대한 활동을 더 많이 하거나 고령자의 보호에 도움도 줄 수 있다.

2. 커리어 지원 코칭의 특징과 추진 방식

본 절에서는 위의 논의를 바탕으로 하여 커리어 지원 코칭의 특징과 진행 방법, 그 실제와 핵심사항들을 설명한다.

2.1. 대학생 커리어 지원 분야

여기에서는 앞 절에서 거론한 대학생의 3개 분야에 대해 다시 초점을 맞춘다.

아카데믹 커리어(배움의 커리어)의 구체적인 주제를 꼽았다(표 10-2). 학생은 대학 선택을 할 때, 대학과 학과라는 큰 틀은 결정해 오지만, 정작 수강과목을 선택할 때에는 특히 선택의 자유도가 큰 문과생은 학습의 방향성을 정하는 것에 곤란을 느끼는 학생이 있다. 또, 예를 들면, 이과에서 문과로 전과하거나, 희망 대학에 가기 위해 재수하는 학생은 인생의 방향을 정해야 하는 기로에 서게 된다. 여기서의 지원은 그러한 주제의 해결을 도와주는 개입을 가리킨다.

'취업활동 중의 커리어'의 구체적인 주제의 예는 <표 10-3>에 정리했다.

표 10-2 학업과 관련한 주제 예시

1. 이수	• 어떤 과목을 이수해야 하는지 알 수 없다. • 학점 취득이 쉬운 과목을 취득하고 싶다. • 어느 과목을 들어야 취업에 유리할까?
2. 수업	• 수업을 따라갈 수가 없다. • 수업이 지루하다. • 팀 과제 수행이 서툴다.
3. 세미나	• 원하는 세미나에 들어가고 싶다. • 희망하지 않는 세미나에 들어갔다. • 세미나의 동료(선생님)와 맞지 않다.
4. 전과, 재수, 유학	• 다른 학과로 전과하고 싶다. • 가장 가고 싶었던 대학에 다시 들어가고 싶다. • 해외 대학에 유학하고 싶다.

표 10-3 취업활동 가운데 커리어와 관련된 주제 예시

1. 취업활동 전체	• 내가 하고 싶은 일이 뭔지 모르겠다. • 나는 무엇에 적성이 있는지 모르겠다. • 취직활동은 무엇을 어떻게 시작해야 하는가.
2. 지원서 작성	• 지원 동기를 쓸 수가 없다. • PR포인트를 쓸 수 없다. • 어떻게 써야 붙을 수 있을까.

3. 면접	• 면접에서 입이 얼어붙어 말을 잘 할 수 없다. • 면접에 합격한 적이 없다. • 최종 면접에서 꼭 떨어질 것 같다.
4. 채용 내정	• 지원률이 낮은 기업에서만 내정을 받았다. • 내정을 거절하고, 취직 재수를 해서 복수를 하고 싶다. • 내정된 회사에 취직하는 것을 부모가 반대하고 있다.
5. 기타	• 낙방 통지를 많이 받아, 자신이 없어져서 취직활동을 그만두고 싶다. • 공무원을 포기 못해 내년에 공무원시험을 다시 보고 싶다. • 부모님은 고향에서 일하고 하지만, 나는 대도시에서 취업하고 싶다.

자신이 무엇을 하고 싶은지, 어떤 직업에 적합한가 하는 큰 주제로부터 세세한 면접까지 여러 가지가 있지만, 학생 입장에서는 직업 인생의 첫 장을 자신의 손으로 여는 것으로, 지금까지 안 해봤던 도전이다. 거기에 어떻게 도움을 줄 수 있는지가 지원의 핵심이 될 것이다.

'지역사회에서의 커리어'의 주제 예로서는, 지역 활동에 참여하는 방법을 못 찾거나 어떤 자원봉사를 해야 좋은지 모르는 것 등이 있다.

위에 제시한 주제 이외에도 많은 주제가 있어 천차만별이다. 또 같은 주제여도 개개인의 배경이 각각 다르고, 같아 보이는 배경에서도 그 개인의 사고방식, 생각, 말 고르는 법, 말솜씨, 뉘앙스의 전달방법 등이 미묘하게 다른 점이 지원해보면 느껴진다. 인생에 올바른 답이나 정답이 없듯이 경력과 경력 지원에도 올바른 답이나 정답은 없다. 하지만 여기에 커리어 지원 코칭의 위험성이 도사리고 있다.

코치는, 코치 자신의 독자적인 인생과 커리어를 밟아왔다. 그런 체험이 코칭에 영향을 미칠 수 있다. 간단히 말하면, "나의 경우는…"이라고 어떻게든 말하고 싶어지는 것이다. 이런 기분이 일어나면 남의 말을 들을 수 없게 되는 상황이 된다. 이것은 커리어 지원 코칭의 큰 특징 중 하나로, 커리어 지원을 위한 코치가 넘어야 할 과제이다.

2.2. 커리어 지원 코칭의 방법

코칭의 접근법은 다양하다. 이하에 일반인도 사용할 수 있는 어프로치 중 하나를 소개한다.

(1) 코치 본연의 자세

전항에서 기술한 바와 같이, 커리어와 커리어 지원에는 올바른 대답이나 정답은 없고, 요구해서는 안 된다. 하지만 코치 자신이 나는 이렇게 되어 왔다 라는 생각이 든다. 나이가 들수록 누구나 경험에 대해, 특히 커리어에 대해 이야기할 수 있게 된다. 경험을 말하는 것과 코칭은 다르다. 이 때문에, 코치 자신의 '본연의 자세'가 매우 중요하게 된다.

커리어 지원에서 '코치 본연의 자세'란, "자신은 이렇게 해 왔다. 커리어 선택은 이렇게 해야 한다. 이렇게 하면 더 좋은 선택을 할 수 있을 것이다" 등의 일방적인 생각을 포기하는 것이다. 자신의 생각은 버리고, 클라이언트 앞에서 허심탄회해지는 것이다. 이것은 평정심을 유지하라는 뜻도 된다.

이런 마음의 상태를 유지하려면 코치 자신이 마음의 여유가 없으면 할 수 없다. 좋은 코치를 선택하는 기준에 코치 자신이 코치를 받고 있는지 여부가 들어간다. 코치 자신의 과제를 해결해 나가야 마음의 여유를 유지할 수 있다. 코치 자신이 코치를 받고 있는가 하는 점은, 코치 본연의 자세로서도 중요하다.

위트모어(Whitmore, 2002)는 "코치는 사람의 잠재 능력을 이끌어내서 최고의 성과를 거두게 하는 것으로, 가르치는 것이 아니라 스스로 배우는 것을 돕는 것이다"라고 말하였다. 코치 본연의 자세도 클라이언트가 '스스로 배우는' 것을 돕는다는 점에 맞춰져야 한다. 이것은 코치가 클라이언트로 하여금 스스로 생각할 수 있는 '장소나 기회'를 부여하는 것을 의미하기도 한다.

(2) 코칭 단계

전항에서 말한 코치 본연의 자세를 전제로 하고, 대략 다음과 같은 단계를 밟아 코칭을 전개한다. 필자는 코칭을 CTI(Coaches Training Institute) 프로그램으로 배웠다. 본 항에서는 그것을 바탕으로 하고 지금까지 체험한 것으로 응용하여 독자적으로 아래와 같은 간략한 프로세스를 고안하였다.

그 단계로서 ① 좋은 점을 찾고 ② 앞으로 나아가서 ③ 행동계획을 작성하는 순으로 설명한다.

우선, <그림 10-2>에 전체 모습을 나타냈다.

그림 10-2 커리어 코칭의 이미지

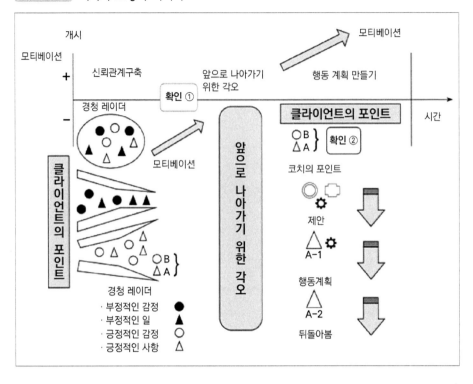

단계 1: 좋은 점을 찾는다(키워드: 긍정적)

우선 클라이언트의 이야기를 듣는다. 오늘 초점을 맞추고 싶은 것이 무엇인가를 처음에 확인하는 것이 중요하다. 덧붙여, 신뢰관계 구축을 염두에 두면서, 클라이언트의 기분과 감정에 반응을 보이면서 이야기를 듣는다. <그림 10-2>에 '경청 레이더'라는 것이 있는데, 클라이언트의 이야기 속에서 긍정적인 감정과 사건, 부정적인 감정과 사건을 레이더로 비춰서 가려낸다.

'기억한다. 이해한다'라는 것이 아니라, 레이더에 빛의 점이 반짝이듯, 특히 긍정적인 감정과 사건에 해당되는 말이 머릿속에서 반짝이는 듯 느껴진다. 다음 단계인 '앞으로 전진'을 의식해 긍정적인 점들을 주워 담는다. 이 시점에서 대개 사실관계의 확인과 정보 수집을 많이 하는 경향이 있는데, 그보다 코치가 기분과 감정의 말을 찾아 듣고 적절히 반응을 보임으로써, 클라이언트는 보다 깊은 속마음까지도 말할 수 있겠다는 기분이 들어, 신뢰 관계가 촉진되어 간다. 여기서, 사실 관계를 듣지 않는다는 것이 아니라, 필요한 것은 놓치지 않고 묻고 듣긴 하되, 너무 많이 하지는 않아야 한다.

단계 2: 앞으로 나아간다(키워드: 에너지)

다음으로 '앞으로 나아가는' 단계이다. <그림 10-2>의 '확인①'은 클라이언트가 감정과 사건에 대해 충분히 이야기를 하고, 감정과 기분이 차분해져서 다음 단계로 진행해도 되는지를 확인하는 것이다. 중요한 것은, 클라이언트에게 다음 행동으로 넘어갈 기분이 생겼는지, 행동으로 옮겨질 만한 에너지가 있는지이다. 강한 기분이 나지 않으면 행동계획은 그림의 떡이 된다. 한 걸음 내디디기 위해서는, 작은 일이든 상관없이, 클라이언트가 앞으로 나아가고 싶은 마음이 생기는 것이 중요하다. 앞으로 나가지 못하게 하는 장애와 같은 무언가가 있어 앞으로 나아가고 싶은 마음이 생기지 않으면, 단계 1로 돌아가서 그 무언가를 제거하는 것이 클라이언트가 진짜 초점을 맞추고 싶은 것인지 확인할 필요가 있다. 즉, 클라이언트가 정말 하고 싶은 이야기로 연결할 필요가 있다.

단계 3: 행동계획 수립(키워드: 도전)

마지막으로 행동계획을 수립하는 단계다. <그림 10-2>의 '확인②'는 그림의 오른쪽 밑에 있는 긍정적 감정과 긍정적인 사건의 △A, ○B를 활용하는 것을 코치가 클라이언트에 확인한다. 이 '클라이언트의 포인트'를 기반으로 행동계획의 수립이 시작된다. 지금까지 클라이언트가 이야기한 것 중에서 코치가 파악한 열쇠, '코치의 포인트'를 찾아간다.

구체적으로는, '경청 레이더'에 비친 여러 가지로부터 '코치의 포인트'를 찾아내서 클라이언트에 제안한다. 위에서 내려다보는 식의 조언이 아니라, <그림 10-2>에 있듯이, 확인②에 있는 △A를 바탕으로 △A-1를 제안한다. 이것은 △A에 코치의 포인트를 가하고, 모양과 내용에 손을 좀 본 후, △A-1의 제안을 한다는 것이다.

코치가 클라이언트에 제안한 것에 대한 대답에는 '네', '아니오', '역제안'의 3가지 선택지가 있다는 것이 중요하다(Kimsey-House, et. al., 2011). 코치가 제안한 △A-1을 바탕으로 클라이언트는 자신의 생각을 넣고 △A-2를 만든다(역제안을 한다). 클라이언트 자신이 생각하고 코치가 제안한 △A-1을 그대로 행동계획으로 해도 좋지만, 클라이언트 자신이 충분히 생각한 후에 결정한다는 점이 중요하다. 클라이언트가 "스스로 결정한 것이어서 내 자신이 앞으로 나아가려는 생각을 갖는다"는 것이 모티베이션을 증가시킨다.

여기서 중요한 것은 코치가 클라이언트의 선택을 존중하는 것이다. 코치가 보면 꽤 우회적인 방법일 수도 있지만, 클라이언트가 결정한 것에 코치가 최대한의 응원을 해주는 자세가 필요하다. 이렇게 함으로써 코치와 클라이언트의 신뢰관계가 한층 더 깊어지고, 클라이언트에게 다가가는 코치가 있어서 클라이언트의 앞으로 나아가려는 추진력에 힘이 더 붙는다.

세션 끝에 가면 그간 했던 것을 되돌아본다. 세션의 처음과 종료 때를 비교해서, 클라이언트의 감정, 기분, 생각의 변화를 코치와 함께 되돌아본다. 클라이언트 자기 자신이 되돌아봄으로써, 새로운 발견이나 세션 시작 때보다 더 전진했음을 자각하고, 결과적으로 모티베이션이 올라간다.

이상으로 단계 1부터 단계 3까지의 과정을 설명했지만, 코칭은 다양한 모습으로 이뤄지므로 항상 이 과정처럼 진행되는 것은 아니다. 기본적인 프로세스의 예로 이해해 주기 바란다.

필자가 파악하고 있는 커리어상담과 커리어코칭의 차이는, 커리어코칭은 보다 행동 측면에 더 무게를 두고 있다는 점이다. "앞으로 나아갈 수 없는 뭔가"가 있을 경우에, 그것을 제거하려면 "무엇을 하면 좋을까"라는 점에 초점을 맞춘다. 어제보다 조금 더 앞으로 나아가기 위해 오늘 무엇을 할 수 있을까이다. 물론, 그러한 클라이언트의 욕구에 맞추어, 앞으로 나아가겠다는 것이다(상담과 코칭으로 차이점에 대해서는, 제1장 제1절 제3항 코칭과 인접 영역과의 차이에 상세히 기술되어 있으므로 참조하기 바란다).

3. 사례

여기서 취업활동의 사례를 보여준다. 취업활동은 "자신이 어떻게 살아가야 하는가 하는 방향성"을 얻는 큰 기회이며, 인생에 있어서 커리어의 분기점이다. 아래의 사례는, 학생이 부모의 말에 당황스러움을 느끼지만, 자신이 본래 가지고 있는 생각과 원래 무엇을 소중히 하고 살아갈지, 무엇을 소중히 하며 일을 할지 등을 다시 생각하게 되는 과정을 보여준다.

철도 운전수의 사례(취업활동)

A(남자)는 도쿄의 한 사립대학의 이공계 학부 3학년으로 부모와 같이 살고 있다. 어렸을 때부터 철도를 좋아했고, 대학 입학 후에도 카메라를 들고 다니며 각종 차량과 기차역 건물을 촬영해 왔다. 취직활동도 철도회사를 중심으로 응모하였고, 지난주에 겨우 철도 역무, 차장, 운전수 직종(현장직)의 최종 면접이 끝나고, 이틀 전에 합격 내정통지서를 받았다. 성취감에 들떠 아버지께 결과를 전했는데. 별로 좋은 얼굴이 아니었고, 대신에 "일반직이 아니로구나"라는 말을 하자 크게 실망했다. 철도기사는 평생 할 수 있는 일로 여겼던 A는 아버지에게 반발했지만, 부모가 원하는 일반직을 찾으면 더 좋은가? 하는 생각을 하기 시작했다.

코칭 세션의 예(Co: 코치, CL: 클라이언트)

Co1: 내정 통지를 받았다는 연락을 주셔서 감사합니다. 그런데 기운이 없어 보이네요.

CL1: 그렇습니다. 어떻게 해야 좋을지 몰라서 … 반 친구들도 거의 정해져 가는데, 나는 이제부터 또 취업준비를 해야 한다고 생각하니 … 응모하고 싶은 회사가 아직 있거든요 …

Co2: 잠깐만요. 무슨 말이세요? 내정된 거 아닌가요?

[A는 그간의 경위를 코치에게 설명한다]

Co3: 그러셨군요. 실망스러운 마음을 잘 이해할 수 있겠네요. 힘들었죠? 기운이 없는 것도 당연하죠. 그러면 오늘 주제는 뭘로 하면 됩니까?

CL2: 음 … 철도회사에서 일반직을 아직 모집하고 있는지 알고 싶어요 … 그래도, 운전기사가 좋은데 … 뭐랄까 …

Co4: 아직 마음이 정리가 안 된 것 같군요. 그래요, 자기 마음을 우선하는 것도 좋겠네요.

〈포인트 ①: 긍정적인 점에 반응한다〉

CL3: 응 ... 하지만 말입니다 ... (조금 생각하고 있었지만) 알겠습니다. 운전수가 하고 싶은 건 ...

[말하기 시작한 A를 일단 멈추게 하였다]

Co5: 오늘의 테마를 확인해도 될까요?

CL4: 네.

Co6: '왜 운전수를 하고 싶었는지, 왜 운전수를 오랫동안 계속하고 싶은지'로 하면요?

CL5: 네, OK입니다.

〈 포인트 ② 주제의 확인 〉

[A는 열변을 토하기 시작했다]

중학교, 고등학교에서 야구를 계속해 왔습니다. 후보선수였고, 기회는 있었지만 결정적인 순간에 잘 때리지를 못 했습니다. 내가 못 쳐서 진 경기도 있었고, 책임을 다하지 못해 화가 났습니다. 사회인이 되면 책임을 다할 수 있는 일을 하고 싶었습니다. 그것도 제 자신이 해보고 싶은 철도에서 그런 일을 할 수 있다고 생각했습니다. 길게 운전수를 하려고 하는 이유는 하루하루를 언제까지나 현장에서 일을 하고 싶었기 때문입니다.

Co7: 의지가 강하고 의욕이 대단하고, 박력이 있네요. 그런 기분으로 전차를 운전할 거지요? 믿음직합니다.

CL6: 그렇습니까. 최근에 늘 생각하고 있던 일이어서 쉽게 말할 수 있었어요.

〈포인트 ③: 앞으로 나아가기 위한 마음을 챙김〉

Co8: 그 뜨거운 마음을 가족에게 말한 적이 있나요? 지금의 강한 의지로 얘기하면 아버지도 깜짝 놀라지 않을까요? 다시 볼 것 같은데, 큰맘 먹고 이야기해보면 어때요?

〈포인트 ④: 코치의 관점에서 제안을 한다〉

CL7: 부끄럽죠, 가족에게는 이런 이야기 못합니다.

Co9: 그런가요. 하지만 운전수를 하고 싶은 거 아닌가요?

CL8: 그건 그렇습니다.

Co10: 취업활동에 최선을 다했다고 말할 수 있으면 좋겠다 라고, 전에 말했잖아요.

[조금 침묵]

CL9: 그건 그렇지요 ...

Co11: 그 말을 언제쯤이면 자신 있게 말할 수 있을 것 같습니까?

CL10: 말해야 됩니까? … 정말로요? 응 … [수첩을 보면서] 다음주 일요일쯤에 …

Co12: 말했는지, 메일로 연락을 주시겠어요?

CL11: 알겠습니다. 해보겠습니다.

Co13: 당신이라면 꼭 말할 수 있을겁니다.

〈포인트 ⑤: 구체적인 행동 계획을 만들고 보고를 하도록 한다〉

앞 절에서, 커리어상담과 커리어코칭의 차이에 대한 설명으로, "앞으로 나아가지 못하는 클라이언트를 동반하여, 함께 앞으로 나아간다"라고 말했다. 위 사례를 보면서 말한다면, 포인트 ③ '앞으로 나아가기 위한 마음 챙김' → 포인트 ④ '코치의 관점에서 제안하기' → 포인트 ⑤ '구체적인 행동계획을 만들고 보고를 하도록 하기'의 흐름을 의식하며 신중하게 진행하면, '클라이언트를 동반하여, 함께 앞으로 나아간다'는 것이 가능해진다.

위 사례 속에 침묵이 있는데, 서툰 코치는 침묵에 당황해 금방 다른 질문을 던지기 쉽다. 침묵은 클라이언트가 '생각하고 있는 시간'으로, 그 시간을 빼앗지 않도록 하고 차분하게 기다리는 것이 필요하다. 클라이언트는 질문의 의미를 찾고, 마음 깊은 곳까지 생각을 돌려보고 있는 시간일 것이다. 제2절 제2항에서 기술한 클라이언트 스스로가 생각할 수 있는 '장소와 기회'를 제공하는 것이기도 하다. 클라이언트가 어떻게 생각해야 좋을지 모르는 모습을 보인다면, 클라이언트가 문득 하는 이야기와 말을 잘 잡아내어, 코치가 이어서 전개해 나가는 것도 방법이다. 클라이언트에 있어서 좋은 코칭 세션이고, 보다 좋은 시간이 되는 것을 목표로 하는 것이 중요하다.

제1절 제2항 '커리어란 무엇인가'에서, 커리어는 '일생 동안 수행하는 다양한 지위와 역할'이라고 표현했다. 취직을 해도 한 직장에서 정년을 맞는 것은 드물고, 어떤 이유에서든 직장을 바꾸는 것은 많은 사람이 겪게 된다. 퇴직해도 평균수명은 길어졌고, 퇴직 후의 커리어를 고민하는 사람들도 많아지고 있다. 커리어를 지원하는 방법은 다양하지만, 커리어코칭은 그 하나이며, 앞으로 발전 여지가 크다고 본다. 커리어코칭에 관심이 있는 사람들의 실천이 발전에 더욱 도움이 될 것이다.

참고문헌

Erikson, E. H. (1959). *Psychological issues: Identity and the life cycle.* New York: International Universities Press. (小此木啓吾(訳編) (1973) 自我同一性:アイデンティティとライフサイクル 誠信書房)

Erikson, E, H. (1968). *Identity: Youth and crisis.* New York: W. W. Norton. (岩瀬庸理(訳) (1989).アイデンティティ: 青年と危機 金沢文庫)

花田光世 (2006). キャリアの定義 <http://gcsfe.keio.cjp/class/2006_14924/slides/03/9.html> (2015年3月14日)

Hershenson, D. B. (1968). Life-stage vocational development system. *Journal of Counseling Psychology*, 15(1), 23-30. (Cited in: 鑪 幹八郎・山本 力・宮下一博(編) (1984). アイデンティティ研究の展望I ナカニシヤ出版)

金井壽宏 (2002). 働くひとのためのキャリア・デザイン PHP研究所

Kimsey-house. H., Kimsey-house. K., Sandahl. P., & Whitworth, L. (2011). *Co-active coaching: Changing business, transforming lives* (3rd ed.). Boston, MA: Nicholas Brealey. (CTIジャパン(訳) (2012). コーチング・バイブル(第3版) 東洋経済新報社

厚生労働省 (2002). 2002年 「キャリア形成を支援する労働市場政策研究会」 報告書について <http://www.mhlw.gojp/houdon/2002/07/h0731-3html> (2015年3月3日)

文部科学省(2004). 2004年キャリア教育の推進に関する総合的調査研究協力者会報告書~児童生徒一人一人の勤労観, 職業観を育てるために一の骨子 <http://www.mext.go.jp/bmenu/shingi/chousa/shotou/023/roushin/04012801.htm> (2015年3月3日)

文部科学白書 (2008). <http:/wwwmext.gojp/binenu/hakusho/html/hpaa200901/detail/1283348.htm> (2015年3月3日)

Nevill, D. D., Super, D. E. (1986). *The values scale: Theory, application, and research.* Palo Alto, CA: Consulting Psychologists Press. (Cited in: 岡田昌毅 (2013).

働く人の心理学 ナカニシヤ出版)

岡田昌毅 (2013). 働く人の心理学 ナカニシヤ出版

岡本祐子 (1994). 成人期における自我同一性の発達過程とその要因に対する研究 風聞書房

岡本祐子 (2002). アイデンティティ生涯発達論の射程 ミネルヴァ書房

Schein, E. H. (1978). *Career dynamics: Matching individual and organizational needs.* Reading. MA: Addison-Wesley.

Super, D. E. (1976). *Career education and the meaning of cork. Monographs on career education.* U.S. Department of Health, Education and Welfare.

鑪 幹八郎・山本 力・宮下一博(編) (1984). アイデンティティ研究の展望I ナカニシヤ出版

渡辺三枝子(編著) (2007). 新版キャリアの心理学 ナカニシヤ出版

Whitmore, J. (2002). *Coaching for performance: Growing people, performance and purpose* (3rded.). Boston, MA: Nicholas Brealey. (清川幸美(訳) (2003). はじめのコーチング ソフトバンクパブリッシング)

일본의 코치 조사 결과: 코치는 전문직인가?

니시가키 에츠요(西垣悦代)

　　우리는 코칭을 실천해 수입을 올리는 사람을 프로코치라고 부르는데, 코치는 전문직(profession)일까? 스펜스(Spence, 2000)는 전문직의 조건으로, 공적인 교육 이수, 강제력 있는 윤리 규정의 엄수, 충분히 능력 있는 구성원에게만 부여하는 수행 자격, 제재권이 있는 규칙의 적용에 대한 준수, 공통된 지식과 기능의 집합체 등을 들고 있다. 이것을 기준으로 해서 코치를 보면, 고유의 명확한 스킬이 없고, 코치로서 받아야 할 필수의 훈련이나 교육이 없으며, 세상이나 관련 영역의 타 전문직은 코치를 전문직으로 보지 않고 있으며, 코치의 대부분이 참가하는 공동체가 존재하지 않고, 코치가 실천의 기반으로 해야 할 분명한 이론이 없다는 등의 문제가 지적되고 있다(Lane, et. al., 2010). 다양한 코치 단체의 노력 덕분에 개선되고 있다고는 해도, 구미에서도 코치는 전문직으로서 아직 발전 도중에 있는 것 같다. 실태 파악이 어려운 코치의 현 상황에 대해서, 니시가키는 코치 등의 협력을 얻어 무기명의 웹 조사를 실시하였다. 총 478명의 유효 응답을 얻었다. 그 중 독립의 유무를 불문하고 코칭을 주된 직업으로 하고 있는 '직업코치'(195명)를 중심으로 하여, 회사원이나 의료인이 업무 중에 코칭을 활용하고 있다는 '직무내코치'(187명)와 비교하며 분석을 실시했다(西垣니시가키, 2014).

　　결과는, 직업코치의 98%, 직무내코치의 80%가 코칭 스쿨에서 교육을 받았다. 또, 직업코치의 81%, 직무내코치의 60%가 현재 유효한 코치 자격을 갖고 있었다. 코치의 직능 단체(ICF나 일본코치협회 등)에 소속된 직업코치는 56%, 직무내코치는 36%였다. 즉, 직업코치라고 해도 코치로서의 훈련경험이나 자격을 갖추지 못한 사람이 있는 반면, 다른 직업에서 활용하고 있는 非프로 코치 중에도 본격적으로 공부해 코치로 활동하고 있는 사람이 있는 것으로 나타났다.

직업코치의 코치 활동년수는 1/3 이상이 5년 미만이었다(그림 1). 또, 한달 평균 활동 시간은 10시간 미만이 30%, 20시간 미만이 33%로, 합하면 전체의 63%를 차지했다. 짧은 활동 시간을 반영하듯, 직업코치의 코치 활동에 의한 연봉이 2,000만 엔을 넘는 사람도 있고, 40% 이상이 100만 엔 미만이었다(그림 2). 직업코치의 코칭 방식은, Skype 등 비대면 세션(50%)이 대면에서 세션(35%)보다 더 많았다. 이는 상담이나 멘토링 등과 다른 경향을 보인다고 생각되며, 대면 세션이 많은(59%) 직무내코치와도 대조적이었다. 이번 조사의 응답자 중에 ICF 등 세계 규모의 코치 단체(일본 지부에만 소속된 경우도 포함)에 가입된 코치는 전체의 10%에도 미치지 않았다. 그러한 단체를 통해 세계의 동향을 아는 것은, 코치의 전문직화를 촉진하는 데 도움이 될 것이다.

그림 1　직업코치의 활동 기간　　　　　　　　　　　　　　　(n=195)

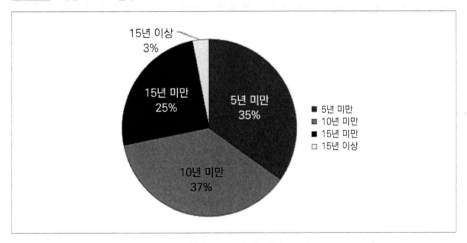

그림 2 직업코치의 연봉
(n=195)(단위: 엔)

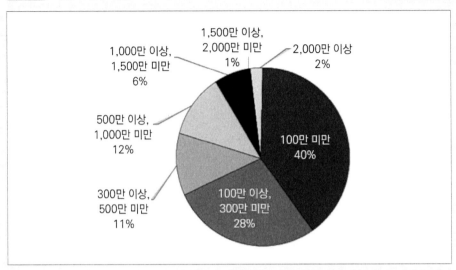

❖ 참고

Lane, D., Stelter, R., Roston, S. S. (2010). The future of coaching as a profession. In
    E. Cox., T. Bachkirova, & D. Clutterbuck (Eds), *The complete handbook of
    coaching*, London: Sage. pp. 357-368
西垣悦代(2014), 日本のコーチに対するウェブ調査: コーチの現状と展望. 支援対話研究. 2.
    4-23.
Spence, G, B. (2007). Further development of evidence-based coaching: Lessons from
    the rise and fall of the human potential movement. *Australian Psychologist*,
    12(1). 235-265.

참고 도서 소개

木内敬太(키우치 케이타)

▶ 코칭심리학 개론서

Palmer, S. & Whybrow, A. (Eds.) (2007). *Handbook of coaching psychology: A guide for practitioners*. Hove, East Sussex, UK: Routledge.

코칭심리학이라는 연구·실천 영역이 확립되었음을 처음 알린 책이다. 코칭심리학의 설립 경위부터 향후 방향성까지, 각종 심리학적 접근의 개요, 코치와 클라이언트 관계, 슈퍼비전 등의 단골 주제까지 코칭심리학의 기본이 망라되어 있다. 부제에 '실천가를 위한 안내'라고 되어 있듯이, 심리요법에 익숙한 사람이 코칭을 할 때 사용할 가이드북으로 쓰여졌다.

Stober, D. R. & Grant, A. M. (Eds.) (2006). *Evidence based coaching handbook: Putting best practices to work for your clients*. Hoboken, NJ: Wiley.

이 책은 *Handbook of coaching psychology*와 같은 시기에 호주에서 출판된 코칭심리학의 교재이다. 인본주의심리학이나 행동주의에 근거한 접근방법 등 각각의 이론과 더불어 통합적 목표 중심 접근법, 성인의 학습 접근법 등 통합적, 이론횡단적 접근법에 대해서도 다루고 있다. 특히, 제11장의 '시스템 관점에서 코칭'에서는, 다른 서적에선 보기 힘든, 시스템에 관한 이론을 통합적으로 코칭에 응용한 접근법에 대해 설명하고 있다. 권말에는 코칭심리학 초창기의 임원 코칭에 관한 학술적 연구 상황이 정리된 장이 있다.

Passmore, J., Peterson, D., & Freire, T. (2012). *The Wiley-Blackwell handbook of the psychology of coaching and mentoring*, Chichester, West Sussex, UK: Wiley-Blackwell.

　　*Handbook of coaching psychology*의 출간 후 6년, 그후의 코칭심리학의 발전이 한 권에 정리된 것 같은 책이다. 가령 코칭의 정의만 해도, 7개의 실천가나 연구자에 의한 정의가 비교되어 있다. '코칭의 신경과학'에서는, 목표 설정, 메타인지, 모티베이션 등 코칭에 관한 여러 문제가 신경과학의 연구 성과와 관련되어 검토되고 있어서 미래에 신경과학에 근거하는 코칭이 체계를 세울 수 있을 가능성이 시사되고 있다.

Starr, J. (2011). *The coaching manual: The definitive guide to the process, principles and skills of personal coaching*. 3rd ed. London: Pearson Prentice Hall.

　　Evidence Based Coaching Handbook과 함께 시드니대 코칭심리학 과정에서 교재로 사용되는 서적 중 하나다. 저자는 20년 이상 실무 경험을 가진 코치 겸 컨설턴트이다. 초판은 2007년에 나왔으며, 여러 언어로 번역되어 오랫동안 코칭 매뉴얼로 활용되어 왔다. 코칭에 있어서의 협동관계와 그 전제로서의 원칙, 공감의 중요성, 코칭의 주체로서의 클라이언트, 세션의 구조, 코치의 자질, 학습 트레이닝 교재 등 코칭의 실천을 처음 배우는 사람이 봐야 할 책으로 유익하다.

Law, H. (2013). *The psychology of coaching, mentoring and learning*. 3rd ed. Malden, MA: Wiley-Blackwell.

　　코칭과 멘토링을, 서로 교환 가능한 촉진적인 어프로치(퍼실리테이션)로부터 지시적인 어프로치(지시)까지의 연속체로 파악하고, 학습(지식이나 스킬의 습득)에 관한 심리학에 근거하고, 코칭/멘토링의 만능 모델을 제안하고 있다. 그 모델의 틀 안에서 인지행동, 게슈탈트, 내러티브 등 임상심리학의 기법을 통합적으로 활용하고자 하는 점이 본서의 접근방식상 특징이다.

Cox, E., Bachkirova, T., & Clutterbuck, D. (2014). *The complete handbook of coaching*. 2nd ed. London: Sage.

초판은 2010년 출판되었다. *Handbook of coaching psychology*에서 거론된 어프로치 외에, 존재론적 코칭, 초자아(transpersonal) 접근, 긍정심리학적 접근, 교류분석(transactional approach) 등과 같은 접근법이 다수 수록되어 있다. 성과 코칭, 임원코칭, 라이프코칭 등에 대한 설명과 윤리, 슈퍼비전, 정신 건강과의 관련 등 전문가에게 있어서 실천에 관한 문제들에 대해서도 충실히 다루고 있다. 제2판에서는, 생활 습관이나 스트레스 관리에 관한 코칭에 대해서 설명하는 '건강과 웰니스의 코칭'과 최신의 효과 연구와 향후 연구 과제에 대해 논한 '코칭 연구'라는 장이 추가됐다.

▶ 코칭에 관한 고전

武田 建^{타케다 켄} (1985), 「コーチング―人を育てる心理学(코칭–사람을 키우는 심리학)」 誠信書房.

본서의 저자 타케다 켄은 일본 코칭심리학의 선구자라고 말할 수 있는 상담 심리학자이다. 다케다는 행동이론을 스포츠코칭에 응용한 선구자이다. 아직 서구에서도 스포츠 심리학이 체계화되기 전인 1977년에 미국의 미식축구코치협회에서 '코칭심리학'이란 제목의 강연을 하였다. 그 후 스포츠코칭의 실천에 관한 기초 이론과 경험을 정리한 것이 본서다. 행동코칭은 현대코칭심리학에서도 주요한 이론 중 하나이다. 본서는, 스포츠 이외의 코칭 영역에도 응용가능하고, 시대를 초월하여 전승되어야 할 저작이다. 다케다는 이외에 「リーダーシップの条件(리더십의 조건)」(大和書房)과 「コーチングの心理学(코칭의 심리학)」(日本YMCA同盟出版部)도 썼다.

Whitmore, J. (1992). *Coaching for performance: Growing people, performance and purpose*. London: Nicholas Brealey.

본서는, 유럽에서 코칭을 확산시킨 위트모어가 1992년에 집필한 서적이다. 코칭 모델로서 가장 유명한 GROW모델이나 목표 설정을 위한 SMART, PURE,

CLEAR와 같은 아이디어가 소개되어 있다. 그 외에 코치의 역할이 알기 쉽게 정리되어 있다. 2003년 제3판을, 2009년에 제4판이 출간되었다.

▶ 특정 접근법과 기초 이론에 관한 서적

Neenan, M. & Dryden, W. (2002). *Life coaching: A cognitive behavioural approach*. London: Routledge.

인지행동코칭에 관한 대표적인 서적이다. 특히 인지행동 접근방식에 관해 기본적인 이해와 스킬을 갖고 있는 사람이 코칭에서 구체적인 활용 사례를 배우는 데 효과적이다. 문제해결, 시간관리, 장기목표에 대한 지속적인 대처, 비판에 대한 대응, 자기주장, 결단 등 라이프코칭의 주요 테마에 대해 인지행동코칭에서는 어떻게 대응할 것인지 구체적으로 정리되어 있다.

Hall, M. & Duval, M. (2004). *Meta-coaching: Volume 1, Coaching change for higher levels of success and transformation*. Clifton, CO: Neuro-Semantics.

인지행동과학자인 Hall과 ICF 시드니 지부의 공동 회장을 지낸 Duval의 공저이다. 메타코칭은 코칭에 하나의 포괄적인 이론적 틀을 제공하였다. 즉, 언어와 의미론, 자기 의식, 변화, 마음-몸-정서 시스템, 자기실현 능력 등 5가지 차원에 대한 프레임워크를 이용하여, 메타적인 고차원의 상태로 이끌어 가는 방식으로 클라이언트를 지원하는 코칭모델이다. 메타코칭에는 인본주의심리학이나 자아초월(transpersonal) 심리학을 중심으로 다양한 심리학적, 사회학적 주장들이 포함되어 있다. 또, 코치에게 필요한 스킬과 그 기준을 명확하게 정의하고 있는 점도 본서의 특징이다.

O'Connor, J. & Lages, A. (2009). *How coaching works: The essential guide to the history and practice of effective coaching*. London: A & C Black.

ICC(국제코칭연맹)의 공동 설립자이자 15년 이상 세계를 돌며 코칭을 해온 저자들이 존재론적(ontological) 입장에서 코칭의 성립과 이론, 효과에 대해서 체계적으로 정리한 책이다. 존 위트모어, 페르난도 플로레스, 앤서니 그랜트 등이 책을 추천하였고, 그들 자신의 코칭과 관련한 칼럼을 집필하고 있다는 점도 주목할 만하다.

Kimsey-House, H., Kimsey-House, K., & Sandahl, P. (2011). *Co-active coaching: Changing business, transforming lives*. London: Nicholas Brealey.
　　본서는 CTI(코치 트레이닝 인스티튜트)가 제공하고 있고 ICF 인증 프로그램인 코액티브 코칭의 매뉴얼이다. 초판은 1998년에 출판되었다. 본서에서는 코액티브 코칭의 개요를 이해할 수 있을 뿐만 아니라, 경청과 관련한 반영, 명확화, 조망, 비유, 인지 등 구체적인 스킬을 들고 있으며, 또한 연습을 통해 그 스킬을 훈련할 수 있게 되어 있다. 또, 권말의 tool kit에는 체크 리스트나 기록지 등, 실제 코칭에서 활용할 수 있는 양식이 다수 수록되어 있다.

「ポジティブ心理学」島井哲志 編(2006) ナカニシヤ出版.(긍정심리학, 시마이 테츠시 편, 2006, 나카니시야 출판)
　　본서는 긍정심리학의 발전과정에 관한 텍스트이다. 긍정심리학의 시작부터, 흐름, 긍정적인 감정, well-being, 긍정적 요인 등 긍정심리학의 주요 테마까지, 2000년대 초까지의 국내외 연구 성과가 집약되고 있다.

Seligman, M. E. P. (2011). *Flourish: A visionary new understanding of happiness and well-being*. New York: Atria Books.
　　긍정심리학의 창시자인 마틴 셀리그먼이 2002년 저서, *Authentic Happiness: Using the New Positive Psychology to Realize Your Potential for Lasting Fulfillment*를 출판하고 9년 뒤 최신 연구 성과를 바탕으로 집필한 책이다. 행복이론에서 웰빙이론까지 다뤘다. 새로운 이론에서는 전작에서 다룬 '긍정적인 감정', '전념 약속(engagement)', '의미/의의'에 덧붙여 '달성'과 '관계성'을 행복의 구성요소로 하고, 측정 시점의 긍정적인 감정에 좌우되는 인생의 만족도가 아닌, 지속적 행복(flourish)의 향상을 목적으로 한다.

▶ 코칭심리학에 관한 학술 잡지

International Coaching Psychology Review
발행주체: 영국심리학회 코칭심리학 분과, 호주심리학회 코칭심리학 분과
발행 초년: 2006

The Coaching Psychologist
발행주체: 영국심리학회 코칭심리학 분과
발행 초년: 2005

The International Journal of Evidence Based Coaching and Mentoring
발행주체: 영국 Oxford Brooks 대학교
발행 초년: 2003

Coaching: An International Journal of Theory, Research, and Practice
발행주체: AC(Association for Coaching)
발행 초년: 2008

Coaching Psychology International
발행주체: 국제코칭심리학회(International Society for Coaching Psychology)
발행 초년: 2008

사항색인

역자 약력

박호환

아주대학교 경영학과 교수
고용노사관계학 박사(Illinois대 Urbana-Champaign)
아주대 협상코칭연구센터장
(전) 아주대 경영대학장, 경영대학원장
(전) 한국인사관리학회장
서울중앙지법 조정위원
PCC(국제코칭연맹), NLP Practitioner

이은희(시노 카에데士野 楓)

일본 도쿄코칭협회(TCA) 회장
아주대 경영대학원 코칭전공 겸임교수
서울 출생, 부산 동래여고 졸업
일본 관동학원대학 경영학과 졸업
일본 (주)코스모인터내셔널 21 대표
ICF-Japan 이사
MCC(국제코칭연맹)

감수자 약력

최해연

한국상담대학원대학교 상담학과 교수
한국상담대학원대학교 상담센터장
성격심리학 박사(서울대학교)
상담심리사 1급, 코칭심리사 1급(한국심리학회)
한국상담심리학회 이사
한국코칭심리학회 이사

편저자 약력

니시가키 에츠요(西垣悦代)

칸사이(関西)의과대학 의학부 심리학교실 교수
박사(학술)
재단법인 생애학습개발재단 인정 코치
일본코치협회 인정 메디컬 코치
Certificate in Coaching(Centre for Coaching, UK 認定)
국제코치연맹 일본지부 개인파트너
인정심리사
주저: 「발달·사회로 보는 인간관계」(편저, 北大路書房, 2009)
담당: 1장, 2장, 4장 1절, 4장 3절(공저), 4장 5절, 칼럼 1(공저), 칼럼 7. 칼럼 8(공저), 칼럼 10

호리 타다시(堀 正)

군마(群馬)대학 명예교수
방송대학 군마학습센터 객원교수
문학석사
주요 번역서: 「코칭심리학 핸드북」(감수, 감역, 가네코책방, 2011)
담당: 4장 3절(공저)

하라구치 요시노리(原口佳典)

주식회사 코칭펑크 대표이사
주식회사 커리어 크리에이츠 대표이사
비즈날리지 주식회사 대표이사
국제코치연맹 일본지부 이사
주저: 「사람의 힘을 끌어내는 코칭 기술」(平凡社, 2008).
「100개 키워드로 배우는 코팅 강좌」(創元社, 2010)
담당: 8장

코칭심리학개론

초판발행	2021년 4월 30일
지은이	니시가키 에츠요(西垣悦代)·호리 타다시(堀 正)·하라구치 요시노리(原口佳典)
옮긴이	박호환·이은희(시노 카에데)
감 수	최해연
펴낸이	안종만·안상준
편 집	조보나
기획/마케팅	정연환
표지디자인	최윤주
제 작	고철민·조영환
펴낸곳	(주) **박영사**
	서울특별시 금천구 가산디지털2로 53, 210호(가산동, 한라시그마밸리)
	등록 1959. 3. 11. 제300-1959-1호(倫)
전 화	02)733-6771
f a x	02)736-4818
e-mail	pys@pybook.co.kr
homepage	www.pybook.co.kr
ISBN	979-11-303-1277-4 93180

* 잘못된 책은 바꿔드립니다. 본서의 무단복제행위를 금합니다.
* 역자와 협의하여 인지첩부를 생략합니다.

정 가	17,000원